Samenkorn

Einer aus der Schar

Autobiografische Erzählung

Nikolaj Sisov
1933 – 2003

Auflage 5.000

© 2006, Licht im Osten e.V. – Russische Ausgabe
© 2022, Samenkorn e.V. – Deutsche Ausgabe

Aus dem Russischen von Hanna Maurer
Übersetzungslektorat und Layout: Oleg Merkel
Umschlag: Irina Schulz (Bild), Oleg Merkel
Druckerei: Finidr, Tschechien

ISBN 978-3-86203-300-3

Samenkorn e.V.
Liebigstraße 8, 33803 Steinhagen

www.samenkorn.shop

Inhaltsverzeichnis

Vom Autor 9

1. Kindheit und Jugend
Auf einem Feld gefunden 13
Die Eltern 17
Die Kindheit 21
Eine salzige Beschäftigung 26
Die gesäte Lüge 31
Das erste bewusste Gebet 34
Im Krankenhaus 40
Das Kriegsende 44
Die Schulzeit 48
Nikolajs zweite Geburt 53
Ein Festmahl 59
Die Früchte der Bekehrung 62
Aktive Jugend 69
Die erste Bibel 80
Die Arbeit 83
Christen in den Nachkriegsjahren 94
Das Studium 97

2. Beim Militär
Die Militärschule 109
Sibirischer Tiger 114
Im Feuerofen der Prüfungen 119
Der weitere Dienst 125
Pilot Erster Klasse 131
Die Entscheidung 134
Einige Erinnerungen 141
Nach Hause 147

3. Ziviles Leben
Als Chefmechaniker 159
Nikolaj und der Hypnotiseur 161

Die Folgen des Konzerts	165
Neue Prüfungen	173
Der öffentliche Prozess	179
In Mittelasien	186
Die Spaltung	192
Die Heirat	196

4. Geistlicher Dienst

Vorbereitung zum Dienst	207
Die Wahl zum Ältesten	209
Schwierigkeiten im Dienst	220
Freuden und Segen im Dienst	261

5. Dienst in Sankt Petersburg

Der Umzug	327
Arbeit und Dienst	328

6. In Amerika

Im Ausland	347
Der Dienst in Amerika	351
In Kliniken	352
Auferweckt zum Leben	355
Zum Nachdenken	358

Nach diesem sah ich, und siehe, **eine große Schar**, *die niemand zählen konnte, aus allen Nationen und Stämmen und Völkern und Sprachen; die standen vor dem Thron und vor dem Lamm, bekleidet mit weißen Kleidern, und Palmzweige waren in ihren Händen. Und sie riefen mit lauter Stimme und sprachen: Das Heil ist bei unserem Gott, der auf dem Thron sitzt, und bei dem Lamm!..*

Das sind die, welche aus der großen Drangsal kommen; und sie haben ihre Kleider gewaschen, und sie haben ihre Kleider weiß gemacht in dem Blut des Lammes. Darum sind sie vor dem Thron Gottes und dienen ihm Tag und Nacht in seinem Tempel... Und sie werden nicht mehr hungern und nicht mehr dürsten; auch wird sie die Sonne nicht treffen noch irgendeine Hitze; denn das Lamm, das inmitten des Thrones ist, wird sie weiden und sie leiten zu lebendigen Wasserquellen, und Gott wird abwischen alle Tränen von ihren Augen.

Offenbarung 7:9-10, 14-17

Vom Autor

Dieses Buch wurde auf die innige Bitte der Familie des Autors geschrieben, die viele Fakten und Ereignisse aus dem Leben von Nikolaj Sisov kannte und wünschte, dass diese für sie und ihre Kinder aufbewahrt werden. Im September 2002 schenkten die Kinder dem Jubilar ein umfangreiches Buch mit leeren Seiten und eine Schachtel Kugelschreiber mit dem Wunsch: Bis zum nächsten Geburtstag das ganze Buch mit Erinnerungen aus seinem Leben und seinem Dienst zu füllen.

Ein Weiser sagte: »Junge Menschen träumen. Die Alten erinnern sich.« Und so beschloss ich am Ende meines irdischen Lebens, mich an die vergangenen Zeiten zu erinnern und den Wunsch meiner Familie zu erfüllen – ihr meine Erinnerungen zu hinterlassen.

Deshalb ist dieses Buch meiner lieben Frau, meinen lieben Kindern und Enkeln gewidmet. Es erzählt vom Leben eines Christen aus der großen göttlichen Schar von vielen ähnlichen, deren Leben gleich schwer war und in deren Leben Gott seine Güte und Gnade reichlich erwiesen hat. Deshalb soll dieses Buch »Einer aus der Schar« heißen, im Sinne: einer von vielen.

Obwohl das Buch auf wahren Begebenheiten basiert, ist es keine Autobiografie, sondern ein literarisches Werk, eine Erzählung. Hier sind auch abstrakte Überlegungen und Ratschläge aufgeführt; und manchmal werden bestimmte Handlungen und Ereignisse bewertet.

Nikolaj ist keine erfundene Figur und auch kein Prototyp, sondern ein realer Mensch, der nicht wenige Schwierigkeiten und Nöte hatte. Aber diese Schwierigkeiten lähmten ihn nicht. Im Gegenteil: Sie führten ihn zur Erkenntnis der Wahrheit und in den Dienst für den wahren Gott, und sie halfen ihm, treu zu bleiben bis ans Ende.

Der Autor beansprucht kein vollkommenes literarisches Werk und bittet den Leser um Nachsicht für stilistische Mängel.

Dieses Buch schrieb das Herz, ohne jegliche Tricks, mit dem einzigen Ziel: Sich an die große Güte und die Wohltaten Gottes zu erinnern, die Dankbarkeit gegenüber Gott im Herzen zu bewahren und die Hoffnung auf den Herrn bei anderen zu festigen, so wie es im Psalm 19:3 heißt: »Es fließt die Rede Tag für Tag, Nacht für Nacht tut sich die Botschaft kund.«

Zu Beginn dieser Arbeit bittet der Autor den Herrn um Hilfe für das Beschreiben von Nikolajs Leben, damit allein Gott im Himmel geehrt wird, denn alles kommt von ihm und alles gehört ihm. Nicht uns, nein, sondern deinem Namen sei Ehre!

Meiner Frau, meinen Kindern und allen, die direkt oder indirekt an diesem Buch mitwirkten und es veröffentlichten, gilt meine innige Anerkennung. Ich danke euch herzlich, indem ich zu Gott bete – um seinen Segen und eine großzügige Belohnung für euch alle!

Möge der Herr euch belohnen!

Nikolaj Sisov

Erster Teil

Kindheit und Jugend

Auf einem Feld gefunden

Nikolaj ist am 11. September 1933 zur Welt gekommen. Es ist nicht möglich seinen Geburtsort genau zu nennen, denn er kam nicht in einem Krankenhaus zur Welt, nicht zu Hause, wie es damals üblich war, sondern auf einem namenlosen Feld.

Es ereignete sich weit weg, in Westsibirien, wo der Sommer immer trocken und heiß ist, und im Winter eisiger Frost sowie starke Schneestürme toben, die über Nacht ein Haus im Schnee begraben können. Zu dieser Zeit waren in Sibirien schon fast überall Kolchosen (Kollektivwirtschaften) errichtet worden. Es gab aber einzelne Gutsbetriebe, die noch nicht in eine Kolchose eingegliedert wurden. Sie besaßen eigenes Land und Vieh: Schafe, Kühe, Schweine, Pferde. Die Besitzer solcher Bauernhöfe wurden Kulaken genannt. In eine solche Familie wurde Nikolaj hineingeboren.

Anfang September begann auf den Feldern die Ernte. Zuerst wurde der Weizen geerntet. Dabei wurde nicht nur jeder trockener Tag, sondern jede Stunde geschätzt. Deswegen begaben sich alle bereits vor Sonnenaufgang aufs Feld und kehrten erst bei Anbruch der Dunkelheit zurück. Alle waren dabei: Männer, Frauen, Alte und Kinder. Arbeit gab es für alle, sogar für kleine Kinder, die den Erwachsenen Wasser oder Kwas zum Trinken brachten.

Im Jahr 1933 wurde (laut Volksweisheiten) ein kalter und langer Winter erwartet, der früher als gewöhnlich einbrechen sollte. Deshalb beeilten sich alle mit der Getreideernte. An jenem unvergesslichen Morgen des 11. September fuhr der Vater von Nikolaj mit seiner Frau, den älteren Kindern und einigen Saisonarbeitern zur Weizenernte.

Auf dem Feld angekommen, begann der Vater mit den Männern und dem älteren Sohn mit der Sichel den Weizen zu schneiden. Die Mutter mit den Frauen und der älteren Tochter sammelten das Geschnittene auf und banden die Garben. Die kleineren Kinder stellten mehrere Garben zu sogenannten Puppen zusammen, damit sie trockneten.

Sie arbeiteten friedlich und eiferten um die Wette. Bereits zum Mittagessen waren die Männer weit voraus. Um Zeit zu sparen, beschlossen sie, getrennt zu essen. Die kleineren Kinder brachten einen Teil der Verpflegung den Männern – Brot, Speck, Eier, Kartoffeln und Kwas. Die übrigen aßen dort, wo sie die Garben gebunden hatten.

Gegen Abend war der ganze Weizen abgeerntet, fast alle Garben gebunden und zu Puppen aufgestellt.

Als der Vater den Pferdewagen zu den Frauen und Kindern steuerte, um sie für den Heimweg abzuholen, war es bereits dunkel. Erwachsene und Kinder stiegen schnell in den Wagen; die Kleineren, die schon eingeschlafen waren, trugen sie auf den Armen; der Vater lenkte die Pferde heimwärts.

Als sie ein Stück des Weges gefahren waren, rief plötzlich die Mutter erschrocken:

»Nikita, wir haben den Sohn vergessen!«

»Welchen Sohn?«, fragte der Vater erstaunt und blickte alle an.

»Unseren Sohn, der heute geboren ist«, stammelte die Mutter leise und senkte ihren Blick.

Der Vater schaute sie verwundert an, begriff alles, machte eilig kehrt und jagte die Pferde zurück auf das Feld.

Fast auf dem ganzen Feld standen Garbenpuppen. Alle gleich! Wo war bloß das Kind? Sie durchquerten das ganze Feld, aber fanden es nirgends.

Sie begannen von neuem. Langsam von einem Ende des Feldes bis zum anderen schauten sie unter jede Garbenpuppe. Laut Mutter musste der Knabe irgendwo unter einem Garbenbündel liegen.

Nach dem Mittagessen hatte sie den Jungen geboren. Sie wickelte das Neugeborene in ein Tuch und legte es unter ein Garbenbündel, um es von der heißen Herbstsonne und einem möglichen Regen zu schützen. Als sie sich ein wenig ausgeruht hatte, machte sie sich wieder an die Arbeit.

Da auf dem Feld sämtliche Garbenpuppen standen, konnte die Mutter den heiß ersehnten Garbenbündel nicht erkennen. Sie suchten lange. Schließlich fanden sie das Kind: Der Knabe schlief friedlich, entweder weil er sich schon müde geschrien hatte, oder er war einfach geborgen. Neben ihm lag ein leeres Mulltuch, das die Mutter zu einem Schnuller mit aufgeweichtem Brot geformt hatte. Mit Freuden drückte die Frau ihr Kind an die Brust und rief: »Gepriesen bist du, Herr! Preis sei dir! Er wurde gefunden! Gefunden!«

Die Rückfahrt war nachts. Am Wegesrand, in den Wermut-Gebüschen, bildeten sich Rudel von hungrigen Wölfen. Ihr Heulen erschreckte die Pferde, die sich hin und her warfen, und der Vater konnte sie kaum zähmen. Die Mutter saß in der Kutsche, weinte den ganzen Weg vor Freude und wiederholte:

»Herr, Preis sei dir für Nikolaj! Ehre sei dir!«

Zu Hause angekommen, heizte der Vater die Sauna, badete den neugeborenen Sohn, reichte ihn anschließend der Mutter und sprach:

»Nimm Mutter unseren Nikolaj und behüte ihn. Ich habe mir solche Sorgen gemacht, als wir ihn suchten. Aber er ist ein Glückskind. Wenn ihn die Wölfe heute Abend nicht gefressen haben, so werden ihn auch sonstige ›Wölfe‹ nicht fressen.«

Die Mutter war überrascht, dass der Vater dem Sohn bereits einen Namen gegeben hatte. Da sie es aber gewohnt war, nicht zu widersprechen, schwieg sie und fragte den Vater erst am nächsten Morgen, warum er ihn Nikolaj genannt habe, obwohl keiner in der Verwandtschaft so hieß. Der Vater antwortete nicht weniger überrascht:

»Nun, du hast doch auf dem Rückweg immer wieder gesagt ›Herr, Preis sei dir für Nikolaj!‹ Ich bin einverstanden; er soll Nikolaj heißen.«

Die Mutter lächelte und erklärte, dass sie den Arbeiter Nikolaj damit meinte, der den Neugeborenen gefunden hatte. »Deshalb habe ich Gott für Nikolaj gedankt«, erklärte sie.

»Nun«, bemerkte der Vater, »der Junge soll auch Nikolaj heißen. Möge auch er irgendeine Mutter erfreuen. Er hatte eine ungewöhnliche Geburt, und auch sein Leben wird ungewöhnlich werden.«

So blieb es bei Nikolaj, dem neunten Kind in der Familie des Großbauern Nikita. Aber es war nicht das Letzte. Denn Nikita liebte Kinder und wiederholte oft die Worte aus Psalm 127: »Siehe, Kinder sind eine Gabe des Herrn, die Leibesfrucht ist eine Belohnung. Wie Pfeile in der Hand eines Helden, so sind die Söhne der Jugend.«

Diesen Gedanken hat William Shakespeare vor mehreren hundert Jahren in einem Sonett wiederholt:

Für wahr! Es wird ein zehnfach Glück dir bringen,
Wenn du in zehn der dein'gen froh dich siehst.
Wie soll dich dann der herbe Tod bezwingen,
Wenn du in Kind und Enkel lebst und blühst.

Nikita drückte den Wunsch nach vielen Kindern einfacher aus: »Ich will nicht, dass es auf meinem Hof mehr Katzen und Hunde gibt als Kinder!«

Wahrscheinlich hat Nikolaj den Wunsch nach vielen Kindern von seinem Vater geerbt!

M*öge der Herr euch alle segnen, meine zahlreichen Geschwister, in der Hoffnung, dass die Kinder nicht nur hier auf der Erde, sondern auch in der Ewigkeit euch erfreuen werden! Betet und erzieht, führt sie zum Herrn, stärkt den Glauben eurer Kinder, und Gott wird euch belohnen!*

DIE ELTERN

Nikita, Nikolajs Vater, zählte zu den wohlhabenden Bauern in seinem Heimatdorf Istimis, das in den unendlichen Weiten Sibiriens lag. Er hatte ein großes, schönes Haus, einige Ochsen, Kühe und Schafe. Auf dem weitläufigen Hof tummelten sich Gänse, Hühner und Truthähne. Im Stall grunzten Schweine und Pferde wieherten. Ein Dreigespann war für die Fahrten in die Stadt bestimmt. Die anderen Pferde waren Arbeitspferde: Holz für den Winter schleppen, Felder pflügen und besäen, die Ernte in die Scheunen fahren, den Weizen dreschen, das Korn in die Mühle transportieren und im Winter das Stroh vom Feld holen. Das alles war das Los der Ackergäule, von denen es nicht wenige gab.

Um seinen großen Betrieb in Ordnung zu halten – rechtzeitig pflügen, säen, die Ernte einbringen, für den Winter das Futter für das Vieh mähen und vieles mehr – stellte Nikita Saisonarbeiter ein, die fast jedes Jahr die gleichen waren. Er war ein guter Meister, der seine Arbeiter nicht ausnutzte. Die Angestellten wohnten gleich nebenan in einem schönen Haus. Nikita bezahlte sie gerecht und gut. Er vertraute ihnen die Leitung des Betriebes an, und so blieben die Arbeiter gern von Jahr zu Jahr bei ihm.

Im Dorf wurde Nikita geschätzt. Er war ein guter Bauer. An Festtagen strömten sämtliche Kinder in sein Haus, um Leckereien zu bekommen, von denen es immer welche gab, und um mit dem Dreigespann auszufahren. An Feiertagen hatte Nikita immer drei Pferde im bemalten Reisewagen oder am großen Schlitten eingespannt, saß mit großem Vergnügen auf dem Bock und jagte den Wagen oder den Schlitten übers Feld. Und den Taubenliebhabern verschenkte er für die Zucht ein Paar seiner Felsentauben. Auch die Erwachsenen schätzten Nikita. Er war ein fröhlicher Witzbold, gesellig, gutherzig und nicht geizig. Er teilte mit anderen seine Geräte, den Weizensamen, Geld und sogar die Pferde. Nikita war immer ein willkommener Gast.

Nur der Dorfgeistliche konnte Nikita nicht leiden, was er auch offen zum Ausdruck brachte. Aber auch Nikita pflegte ihm gegenüber keine besondere Zuneigung. Nikitas scharfe Kritik, seine Witze und Erzählungen über das Väterchen kamen dem Geistlichen zu Ohren, und dies erboste ihn umso mehr. Besonders böse war der Priester im betrunkenen Zustand, was öfters vorkam – und das lastete Nikita dem untreuen Diener Gottes an. An solchen Tagen blieb der Priester lieber im Haus, um nicht Nikita zu begegnen. Denn sonst waren seine Witze nicht nur zu hören, sondern zu spüren: Nikita verband dem Geistlichen die Hände hinter dem Rücken und schickte ihn nach Hause. Wenn der betrunkene Priester unterwegs hinfiel, konnte er mit gebundenen Händen nicht aufstehen und lag stundenlang am Boden – nicht ohne Zuschauer. Beim nächsten Gottesdienst zahlte er Nikita alles zurück. Er nannte ihn eine gottlose Bestie, einen Randalierer und überhäufte ihn mit Verwünschungen; er rief die Gläubigen dazu auf, den »vom Glauben abgefallenen« zu meiden. Aber mehr als ihn aus der Kirche auszuschließen, konnte der Priester nicht tun. Und ausgeschlossen hatte er Nikita längst.

Böse war der Priester auf Nikita auch wegen der Tauben. Nikita war stolz auf sie. Er hatte so viele, dass er sie selber nicht mehr zählen konnte. Es waren Tausende. Er hatte sie vom Vater geerbt, einem leidenschaftlichen Taubenfreund. Diese Tauben setzten sich überall auf die Kirche, wodurch die Simse und Außenwände der Kirche ein wüstes Aussehen erhielten. Nikita aber sagte dem Priester:

»Liebes Väterchen, das sind doch Gottes Vögelchen, seine Schöpfung, und Gott erlaubt nicht, über sie zu erzürnen.«

Der Priester hatte Angst, sich beim geistlichen Oberhaupt über Nikita zu beklagen, denn so konnte seine Alkoholsucht bekannt werden, und dafür hätte man ihn nicht gestreichelt. Also lebten sie im gleichen Dorf; zwar nicht in Harmonie, aber zu einer Schlägerei kam es auch nicht.

Die Mutter von Nikolaj war ein armes Waisenkind. Sie verlor sehr früh ihre Eltern und wuchs bei Onkel und Tante auf. Schon als Jugendliche begann sie in wohlhabenden Häusern zu arbeiten, zuerst als Tagelöhnerin und später als Kindermädchen. Mit sechzehn Jahren kam sie als Köchin in das Gasthaus eines reichen Kaufmannes. Dort traf sie zum ersten Mal Nikita, als er mit seinem Vater diesen Kaufmann geschäftlich besuchte und dort übernachtete. Sie war ein schlankes, hübsches Mädchen und eine Meisterin in allem, was ihr in die Hände kam. Sie konnte auf Kinder aufpassen, nähen, stricken, spinnen und sehr gut kochen. Nikita verliebte sich auf den ersten Blick und wollte sie heiraten.

Nikitas Vater war mit der Wahl des Sohnes einverstanden, weil eine so gute Arbeiterin für ihre große Wirtschaft genau richtig war. Bald besuchten sie wieder den Händler. Diesmal gestand Nikita Chavroscha (so hieß das Mädchen) seine Liebe. Aber ihn erwartete eine Enttäuschung. Der Händler beabsichtigte sie mit einem entfernten, armen Verwandten zu verheiraten, damit sie ihm als Arbeiterin für immer erhalten blieb. Doch Nikita gab nicht so schnell auf. An diesem Abend verhandelten Nikita und sein Vater lange mit dem Kaufmann, um Chavroscha zu gewinnen. Der Händler wollte nichts hören. Doch weil er geldgierig war und das Dreigespann seiner Gäste erblickte, willigte er schließlich ein. Michailo, Nikitas Vater, liebte dieses Dreigespann und war keineswegs mit diesem Tausch einverstanden. Doch nach langen Gesprächen wurde vereinbart, dass sie in einer Woche das Dreigespann bringen und die Braut abholen. Zwischenzeitlich musste der Kaufmann die Brautaussteuer vorbereiten. In dieser Nacht redete Nikita mit dem Mädchen und es gab ihm sein Ja.

Zu Hause erklärte Nikita seinem Vater, dass er mit Chavroscha geplant hätte, sie in zwei Tagen aus dem Haus des Händlers zu entführen. Der Vater hingegen wollte die Abmachung nicht missachten und bat Nikita, mit seinen Plänen zu warten. Aber die erste Liebe ließ Nikita keine Ruhe, und er entführte sie in der Nacht. Weil Michailo ein ehrlicher Mann war, spannte er seine drei geliebten Pferde ein und brachte sie dem Händler. Als der Kaufmann morgens seine Angestellte nicht vorfand, wohl aber die Pferde im Hof entdeckte, freute er sich, weil er nun für Chavroscha keinen Brautpreis zahlen musste. So führte Nikita – hoch zu Ross – die Braut zu sich nach Hause.

Die Hochzeit wurde gefeiert und das junge Paar lebte in Liebe und Einklang, freundlich und fröhlich. Der Schwiegervater Michailo und die Schwiegermutter Fekla mochten Chavroscha sehr. Sie liebten ihre fröhliche und offene Art; sie war fleißig, gehorsam und liebte alle ungeheuchelt. Die Schwiegermutter hatte ihre Schwiegertochter besonders gern, weil sie so pflichtbewusst war. Im Haus erledigte sie alles schnell und gut, und das sogar mit Freude. Der Schwiegervater schätzte vor allem ihre Kochkünste.

So lebte Chavroscha in ihrer neuen Großfamilie, umgeben von Liebe und Fürsorge. Sie liebte alle und dankte Gott dafür, dass er ihr Leben nach einer schweren Kindheit als Waise so segnete.

Nach einer gewissen Zeit baute Michailo für Nikitas Familie nebenan ein Haus. Aber noch viele Jahre kam er zum leckeren Mittagessen seiner geschätzten Chavroscha.

Chavroscha bekam Kinder, die sie, wie jede Mutter, sehr liebte und nicht selten mehr entschuldigte als notwendig war. Der Vater war mit seinen Kindern überglücklich. Er liebte und verwöhnte sogar fremde Kinder, wie viel mehr nun seine eigenen! Er bestrafte sie nie körperlich. Im Gegenzug liebten die Kinder ihre Eltern und waren gehorsam.

Auch heute sieht Nikolaj von seinen Kindern eine herzliche innige Liebe, und dafür dankt er Gott!

Die Kindheit

Nikolaj erlebte eine schwere Kindheit. Bereits vom dritten Tage seines Lebens – noch in Windeln – verbrachte er den ganzen Herbst auf Feldern, wo seine Eltern arbeiteten. Nach der Weizen-, Hafer- und Hirseernte wurden die Sonnenblumen geschnitten, dann wurden Kartoffeln, Rote Bete und Rüben geerntet. Spät im Herbst, als es bereits regnete, widmete man sich dem Kohl. Nikolaj sah seine Mutter selten. Sie war immer beschäftigt: auf dem Feld, im Garten, im Haus und im Stall – überall war sie gefragt, überall wartete Arbeit auf sie.

In jenem Jahr war der Winter nicht weniger hart. Der Vater wurde ins Gefängnis gesteckt (in einen tiefen wasserlosen Ziehbrunnen), weil er seine Kühe und Pferde der Kolchose verweigerte. Nachdem all sein Vieh aus dem Hof gewaltsam abgeführt wurde, kehrte der Vater zurück nach Hause. Es blieb weiterhin unruhig: Er musste ständig in die Bezirkshauptstadt zu Anhörungen und überall wurde seine Ernte gesucht. 1933 herrschte eine Hungersnot. Daraufhin wurden den selbständigen Bauern der sogenannte Ernteüberschuss weggenommen. Den Bauernfamilien hinterließ man nur einen kleinen Teil des Vorrats und verdammte sie zum Hungern. Alle hätten »Überschuss«, der beschlagnahmt wurde. In Nikitas Hof blieb nur ein Sack Mehl, eine Flasche Sonnenblumenöl, ein Kübel mit Sauerkraut und Kartoffeln, die in einer Ecke im Keller lagen. Und das für eine elfköpfige Familie!

»Wo hast du die Ernte versteckt? Wo sind deine Vorräte?« Diese Fragen bekamen Nikita und seine Frau ständig zu hören. Der Winter hatte erst begonnen, aber in Nikitas Haus wurde weder tagsüber noch nachts irgendwelcher »Überschuss« gefunden.

Bereits in guten Tagen ahnte der Vater diese schwere Zeit. So hatte er in der Mühle seine ganze Weizen- und Hirseernte zu Mehl gemahlen. Er machte auch Sonnenblumenöl. In dunklen regnerischen Herbstnächten brachte

Nikita das in Säcken verschlossene Mehl und die Kartoffeln zum See. In Holzfässern befand sich Öl. Er versenkte alles im Wasser, wo es einige Jahre aufbewahrt werden konnte. An den Säcken bildete sich eine Teigkruste, doch der Inhalt blieb völlig frisch. Die verschnittenen Kohlköpfe vergrub er im Schnee, von dem es in jenem Herbst genug gab. Um sie zu finden, musste man diese Verstecke kennen.

Die Staatsmänner suchten vergebens und beschlossen mit dem »hinterlistigen Großbauer« abzurechnen. So kam Nikita als ein Saboteur und Feind der Kolchosen ins Gefängnis. Er floh aus dem Gefängnis und wurde ein Entlaufener. Die Behörden suchten zu Hause und bei Verwandten nach ihm. Nach zwei Jahren vergeblicher Mühe stellten sie die Suche ein, erklärten ihn für tot und seine Frau zur Witwe. In diesen zweieinhalb Jahren tauchte Nikita manchmal zu Hause kurz auf und brachte der Familie die versteckten Lebensmittel aus dem See. Später zeigte er seinem älteren Sohn Vassilij das Versteck mit dem Mehl und Öl. Danach übernahm Vassilij die Versorgung der Familie mit den Lebensmitteln aus dem See.

So vergingen mehr als drei Jahre. Erst als die Dorfbehörden Nikitas Haus nicht mehr beobachteten, kehrte er in einer kalten Herbstnacht zurück. Er schlich zum Pferdestall der Kolchose. Mit einem speziellen Pfiff lockte er sein geliebtes Pferd. Als es das Signal seines früheren Herrn erkannte, riss es sich vom Strick los und lief zu ihm. Der Vater spannte das Pferd an einen kleinen Wagen, fuhr damit nach Hause, lud seine Frau und die Kinder darauf und jagte das Pferd die ganze Nacht hindurch, so weit wie möglich von Zuhause weg.

Bei Tagesanbruch hielt er im Arbeiterdorf Kupino an. Er tauschte sein Pferd gegen zwei Ochsen aus, spannte diese vor den Wagen, erhielt für das Pferd noch etwas Geld sowie Lebensmittel und fuhr nach Kulunda, um Arbeit zu suchen. Dort gab es nämlich eine große Eisenbahnstation und Industriebetriebe.

Dort blieb Nikita. Bald darauf arbeitete er am Bau eines großen Kornspeichers. Nikita war ein guter Zimmermann und gefiel seinem Vorgesetzten, der ihm bald seinen Posten überließ und selber wegfuhr. Er stellte ihm noch eine Bescheinigung aus, damit Nikita einen Personalausweis bekam. Damals wurde die Bevölkerung gezwungen, sich einen Personalausweis ausstellen zu lassen.

Es war 1937 – das Jahr mit schwierigen Umständen für viele Menschen, auch für Christen. Bei einer Anzeige oder dem geringsten Verdacht wurden Hausdurchsuchungen durchgeführt und Menschen verhaftet. Irgendwann kam auch Nikita an die Reihe. Im Frühjahr 1938 erschienen unbekannte Leute in seiner kleinen Hütte, die er aus Ton und Schilf gebaut hatte und stellten alles auf den Kopf. Sie fanden nichts Verdächtiges, außer einer großen Bibel, die das Eigentum der Familie seit dem Krieg von 1914 war. Die Bibel wurde beschlagnahmt und der Vater abgeführt.

Im großen Büro, wohin sie Nikita brachten, begann das Verhör. Wo wohnte er früher? Warum war er hier? Was machte er während der Revolution? Sei er mit der sowjetischen Regierung zufrieden?.. Die Untersuchungskommission wartete offensichtlich auf jemanden. Sie stellten die Fragen hastig und gleichzeitig an mehreren Personen, die festgenommen wurden. Ohne eine Antwort abzuwarten, stellten sie die nächste Frage und unterbrachen sich gegenseitig. Sie wirkten nervös. Als dann jemand von der Kommission ausrief: »Es reicht!«, entließen sie die Betroffenen und schrien: »Los, der Nächste!«

Auch Nikita kam dran. Der Bauführer legte ein gutes Wort für ihn ein:

»Dieser ist ein echter Arbeitsmensch, schuftet wie ein Pferd. Er interessiert sich nicht für Politik.«

Die anderen winkten ab und Nikita wollte sich schon zum Ausgang begeben, als eine laute Bassstimme ihn stoppte:

»Halt! Komm zurück! Sag mal, mein Guter, woher hast du diese Bibel? Besitzt du noch andere Bücher?«
»Nein«, antwortete Nikita, »ich habe keine andere Literatur; ich lese nicht. Diese Bibel habe ich als Trophäe aus Deutschland nach dem Krieg mitgebracht.«
Der Staatsdiener griff nach dem Buch und blätterte darin. Sie war uralt. Die ersten Seiten fehlten.
»Christ?«
»Ja«, antwortete Nikita.
»Welcher Glaube?«
»Orthodox.«
»Das sehe ich, dass du orthodox bist.«
»Woran sieht man das?«
»Weil man deine Alkoholfahne von weitem riecht!«
Das stimmte. Bevor Nikita abgeführt wurde, trank er für den Mut schnell ein großes Glas Wodka, was jetzt nicht nur zu riechen, sondern auch zu erkennen war.

Nikita lächelte, nahm die Bibel und ging.

Die Eltern von Nikolaj waren tatsächlich orthodoxe Christen. Sie lebten in einem Dorf. Danach waren sie auf der Flucht. Später arbeitete der Vater auf dem Bau in zwei Schichten und kam spät abends nach Hause. Die Mutter putzte in der Schule, die älteste Schwester und der ältere Bruder arbeiteten auch. Nikolaj war mit seinem Bruder, der drei Jahre älter war, und mit seinem jüngeren Schwesterchen zu Hause. Obwohl Nikita nie die Kirche besuchte, las er immer die Bibel: auf der Arbeit mit seinen Freunden und in seiner Familie.

In Nikolajs Gedächtnis blieben schöne Erinnerungen an gemeinsame Samstag- und Sonntagabende im Sommer; und im Winter gab es solche Abende fast täglich. Die ganze Familie versammelte sich. Gemeinsam, an einem großen Tisch, aßen sie das Abendbrot. Dann kuschelten sich die kleineren Kinder auf dem großen, warmen russischen Ofen. Die Mutter setzte sich mit irgendeiner Handarbeit dazu. Sie strickte, nähte oder spann. Die älteren Kinder hockten neben der Mutter. Der Vater saß am Tisch, auf dem eine Petroleumlampe stand, und las Geschichten aus der Bibel vor. Die Kinder hörten interessiert zu, und manchmal schliefen sie beim Lesen der Bibel ein.

Nikitas Familie kam langsam auf die Beine. Sie vergrößerten ihr Haus. Im Hof gab es wieder Hühner, Gänse, eine Kuh und einige Schafe. Nikolaj lebte in einer friedlichen und fröhlichen Familie.

Doch plötzlich kursierten beunruhigende Nachrichten: Es könnte Krieg geben. Die Menschen begannen Vorräte an Salz, Zündhölzer und Lebensmittel anzulegen. Die Läden standen leer und Brot wurde immer seltener geliefert.

Und dann, wie ein Blitz aus heiterem Himmel: Deutschland erklärte der UdSSR den Krieg. Der Krieg begann. Nikolaj war siebeneinhalb Jahre alt. Seine Kindheit war nun zu Ende. Wie schade, denn die Kindheit ist eine Zeit, die sich nicht wiederholt; allerdings kann man in die Kindheit zurückkehren!

Jemand sagte: »Die Kindheit sind die glücklichsten Jahre des Lebens, aber nicht für alle!«

Wenn Nikolaj seine Enkel betrachtet, so sagt er ihnen oft, dass sie das, was sie haben, schätzen und Gott für die guten Jahre und seine Gnade danken sollen!

Liebe Kinder, freut euch darüber, dass ihr Eltern habt, dass ihr in einer guten und friedlichen Zeit lebt, dass ihr nicht Hunger leidet, dass ihr eine glückliche Kindheit habt. Dankt Gott für das alles! Damit es nicht nach dem Sprichwort geschieht: »Haben – nicht schätzen, beim Verlieren weinen.«

Eine salzige Beschäftigung

Nach der Ernte auf den Feldern und im Garten, wenn der Herbstregen endete, begann für die Mutter und Nikolaj die Zeit der Salzernte. Ja, ja... das ganz gewöhnliche Salz. Während des Krieges gab es in den Läden kein Salz. Aber ohne Salz kann bekanntlich kein Essen zubereitet werden. Salz und Brot sind gleichermaßen notwendig und wertvoll.

Habt ihr schon mal für das Salz gedankt, das wir täglich haben? Nein? Dann dankt heute Gott für das wunderbare Salz, das Christus selbst eine gute Sache nannte!

Nikolajs Mutter kannte noch aus ihrer Jugendzeit einen Salzsee, der ungefähr 70 Kilometer von Kulunda entfernt lag. Dorthin fuhr die Mutter mit ihrem Sohn auf einer Kalesche, die von einer Kuh gezogen wurde. Nach drei Tagen kamen sie bei diesem See an und machten sich gleich an die Arbeit. Nikolaj stieg bis über die Knie ins kalte Wasser und schöpfte mit einem Sieb das frische Salz vom Grund des Sees. Das mit Kies vermischte Salz schüttete er in einen Eimer und beugte sich erneut ins kalte Wasser, bis der Eimer halbvoll war. Dann lief er ans Ufer, schüttete alles in ein größeres Sieb und rannte dann umher, um die durchgefrorenen Beine etwas zu wärmen. Sobald er sich ein bisschen erwärmte, musste er wieder ins kalte Wasser steigen und mit der Arbeit fortfahren. Am Tag stieg er 50 bis 70 Mal ins Wasser. Gegen Abend schwollen seine Beine auf und wurden wegen der Kälte und dem Salz ganz rot.

In der Nacht am Feuer erholten sich seine Beine, die in eine Decke eingewickelt waren, und sahen wieder normal aus. Indessen stand ein neuer Tag bevor, vor dem den Jungen graute, weil der schwere Vortag noch nicht vergessen war. Aber es war notwendig. So schritt er ohne Murren wieder ins kalte Seewasser, rannte am Ufer herum in der Hoffnung, sich etwas zu wärmen. Die Mutter trennte das Salz vom Sand mit einem Sieb und schüttete es in den Wagen, der mit einer Plane bedeckt war. Sie arbeiteten bis zur Dämmerung. Nebenan weidete ihre Kuh. Nach zwei Tagen war der kleine Wagen voll. Der Salzgeschmack blieb noch einige Tage im Mund haften. Diese Beschäftigung nannten sie »Salz kratzen«. Nikolaj erinnerte sich sein ganzes Leben daran, aber es war nicht die schlimmste Erinnerung.

Die Mutter ermutigte Nikolaj so gut sie konnte. Sie wiederholte die Volksweisheit: »Faulheit ist die Mutter aller Laster; und wo aufrichtig gearbeitet wird, dort blühen wunderschöne Blumen!«

Er bemühte sich und arbeitete ohne zu murren, obwohl es nicht einfach war!

Kinder, liebt die Arbeit! Helft euren Eltern und alten Menschen – und ihr werdet euch herzlich freuen! Außerdem wird Gott euch für die guten Taten der Liebe belohnen. Der kleine Jesus half auch seinem Vater und er half mit Liebe und Eifer. Habt immer die gleiche Gesinnung wie Jesus!

Die Rückfahrt dauerte etwa eine Woche. Zum einen, weil der mit Salz beladene Wagen schwer war; zum anderen hielten sie mehrmals an und nutzten Umwege durch umliegende Dörfer, wo die Straßen besser waren. Somit nahm die gesamte Reise zwei Wochen in Anspruch.

In den Dörfern wurde angehalten und verkauft. Die Menschen nahmen das Salz gern ab und brachten dafür Lebensmittel: Eier, Mehl, Hirse, Mais, Sonnenblumenkerne, Weizen, Brot, Speck und alles Mögliche, sogar lebende Hühner und Ziegen. Das alles wurde schön im kleinen Wagen gestapelt. Das Salz wurde immer weniger dafür die Lebensmittel mehr. Es waren zusätzliche Vorräte für den Winter, für den langen, eisigen sibirischen Winter.

Es wurden zwei bis drei solche Reisen im Herbst unternommen. Die Heimkehr war immer eine Freude. Denn es ging nach Hause; und das Zuhause zieht Kinder besonders an. Außerdem waren sie gut versorgt. Ein Stückchen Weißbrot, ja, sogar mit Speck oder Sauerrahm war Nikolajs schöne Belohnung für seine schwere Leistung. Und die Mutter ließ es ihm schmecken.

Aber manchmal war der Rückweg schwierig. Eines Tages, etwa fünfzehn Kilometer vor dem Zuhause, war es notwendig, an der Mühle zu übernachten, weil der Abend anbrach. Aber Nikolaj wollte unbedingt zu Hause im Warmen schlafen, und so überredete er seine Mutter weiterzufahren, denn um Mitternacht würden sie ankommen. Die Kuh war auch müde und zog nur mühsam den Wagen. In etwa zwei Stunden wurde es dunkel. Das Heulen von Wölfen war zu hören, wovon es zu jener Zeit in Sibirien genügend gab.

Wölfe waren eine Plage. Im Winter, wenn sie hungrig waren, drangen sie in die Dörfer, stürzten in die Scheunen und töteten alle, die sie fanden: Schafe, Kälber, Kaninchen, Kühe und sogar Hunde. Im Sommer, wenn Wölfe nicht so hungrig waren, zerrissen sie Tiere und ließen sie liegen oder schleppten sie aus dem Dorf. Wölfe essen selten Kadaver. Damals gab es viele Menschen, besonders Melker und Hirten, die von Wölfen getötet wurden. Deshalb versprach eine Begegnung mit diesen Tieren nichts Gutes.

An jenem Abend, als Nikolaj und seine Mutter auf dem Heimweg waren, begegneten sie Wölfen. Zuerst hörten sie von weitem ihr Heulen. Als sie später auf einem Feldweg fuhren und sich den Wermut-Gebüschen näherten, die zu beiden Seiten wuchsen, wurde das Heulen deutlicher und einmütiger. Die Wölfe scharten sich zum Rudel. Die sonst folgsame Kuh wurde unruhig: blieb stehen oder ›galoppierte‹ wie ein Pferd. Es blieb nichts anderes übrig, als sie an den Zügeln zu nehmen und neben ihr zu laufen, um sie zu beruhigen.

Das durchdringende Heulen war ganz in der Nähe – plötzlich tauchten die Wölfe auf. Sie rannten im Rudel und versperrten den Weg. Und nun? Zurück zur Mühle, wo Menschen waren, wo es eine Scheune gab und die Kuh geschützt wäre? Doch die Kuh ließ sich nicht zum Umkehren bewegen. Sie scharrte, schlug mit den Hufen auf die Erde, blickte wild umher und war kaum zu zähmen.

Frau und Kind versuchten den Wagen selber zu wenden, hörten aber bald damit auf, denn hinten war ein noch größeres Wolfsrudel – die Augen blitzten in der Dunkelheit, wie kleine Feuerflammen.

Eine Sackgasse: vorne und hinten hungrige wilde Tiere. Aus Erfahrung war bekannt, dass sich Wölfe vor Feuer fürchten. Zündhölzer gab es damals nicht und das Feuer wurde durch Schlagen von Eisen auf Stein gemacht – bis es funkte. Nikolaj fand schnell einen Stein. Im Wagen war noch etwas Kerosin, das die Mutter immer mit sich nahm, um unterwegs die Wunden der Kinder und der Kuh zu versorgen. Hastig zog der Junge sein Hemd aus, befeuchtete es mit Kerosin und begann mit dem Stein auf das Metallrad des Wagens Funken zu schlagen. Gleichzeitig beteten Mutter und Sohn zu Gott. Nikolaj wusste aus früheren Erfahrungen, dass Gott ihnen helfen kann. Innig, von ganzer Seele schrien sie zu Gott. Sie baten nicht nur um ihr Leben, sondern auch für die Kuh, die ihre Familie ernährte.

Endlich sprang ein Funke auf das Hemd und der Stoff begann zu glimmen. Mit aller Kraft pustete Nikolaj auf die Stelle, als plötzlich eine Flamme entfachte und ihn beinahe im Gesicht traf. Er stand auf, hob die brennende Fackel in die Höhe und lief auf die Wölfe zu. Die gierigen Tiere gaben widerwillig ihren Platz auf, fletschten mit den Zähnen, wichen zurück und verschwanden mit eingezogenen Schwänzen im dichten Wermut.

Die Kuh zitterte am ganzen Leib vor Schreck und rannte vorwärts. Vorne auf dem Weg gab es keine Wölfe, um so mehr hinten. Auch seitwärts erschallte ihr böses Heulen.

Sie näherten sich wieder von hinten. Wenn Nikolaj mit der brennenden Fackel nach hinten rannte, wichen die Wölfe zurück, doch dann blieb die Kuh stehen; wahrscheinlich aus Angst. Nikolaj eilte wieder nach vorne, damit die Kuh ein Stück weiter lief. Dann wieder nach hinten. So hetzte Nikolaj hin und her. Irgendwann brannte das Hemd nicht mehr, es glühte nur, aber beim Schwenken mit dem Stock flogen noch einige Funken. Endlich endeten die Sträucher. Die Wölfe blieben im Wermut zurück, denn der Feldweg führte auf eine große Straße. Hier schossen die vorbeifahrenden Fahrer sie nieder, was von den Behörden bewilligt und gefördert wurde. Die Kuh beruhigte sich und trabte ruhig weiter, müde und mitgenommen.

Weit nach Mitternacht erreichten die Händler endlich ihr Zuhause. Müde, eingeschüchtert, aber glücklich betraten sie ihre Hütte, fielen auf die Knie und dankten Gott für seine wunderbare Rettung. Danach waren sie nie mehr mit der Kuh nachts unterwegs. Sie wollten sie nicht verlieren, denn sie ernährte die Familie.

Nikolaj kannte Märchen über Wölfe – wie gut, gütig und nützlich sie seien, richtige Menschenfreunde. Doch diese Fabeln waren für diejenigen, die den Wölfen nie begegnet waren und sie nicht kannten. Wölfe waren und sind Raubtiere und lechzen nach frischem Blut. Nikolaj bekam öfters ihre wahre ›Güte‹ zu Gesicht.

Christus spricht von der großen Gefahr für die Christen. Er vergleicht seine Jünger mit Lämmern unter den Wölfen. Es lohnt sich nicht, Christus zu widersprechen, um die Freundlichkeit der Wölfe beweisen zu wollen. Er verstand auch die andere Wahrheit: Echte Wölfe fürchten das Feuer und verschwinden, aber es bleibt unmöglich, den Wölfen im Schafspelz auszuweichen. Sie kann allein Gott bändigen!

Nach diesem Erlebnis wiederholte Nikolaj oft, dass Gott auch vor Wölfen bewahren kann. Er hatte es erlebt.

Und die Mutter fügte hinzu, dass der Herr nicht nur vor Wölfen bewahren kann, sondern auch vor dem Tod – nachts und tagsüber, wenn es nötig ist, aber Gott darf nicht versucht werden. Wir sollen auf Gott hoffen und ihm vertrauen, aber in keinem Fall ihn versuchen! Nikolaj prägte sich das für immer ein!

Lest Matthäusevangelium 4:5-7 und vergesst nicht, dass der Teufel auch die Heiligen versucht.
An dieser Stelle möchte ich zwei Aussagen von berühmten Männern anführen. Lev Tolstoi schrieb: »Das, was wir Glück nennen, und das, was wir Unglück nennen, beides ist gleicherweise von Nutzen, wenn wir es als eine Prüfung verstehen.«
Konstantin Uschinski sagte: »In Versuchungen ist Mut angesagt. Aber nicht derjenige ist mutig, der sich auf die Gefahr stürzt, sondern derjenige, der in der größten Gefahr die innere Furcht unterdrückt und dabei die Gefahr bedenkt, ohne sich der Angst zu unterwerfen.« Der Herr ist mit uns, wenn wir mit ihm sind. Er bewahrt uns vor schwersten Versuchungen und Angst!

DIE GESÄTE LÜGE

In den schweren Kriegsjahren erhielt die Bevölkerung in Sibirien Kartoffeln, die außerhalb der Stadt gepflanzt werden durften. Denn es gab nicht genügend Arbeiter in den Kolchosen, um auf allen Feldern Weizen zu säen. So konnten die Menschen auf den leerstehenden Feldern für sich Gemüse anpflanzen, vor allem Kartoffeln.

Nikolajs Mutter setzte im Frühjahr möglichst viel, um im Herbst einen größeren Vorrat für den langen sibirischen Winter anzulegen. Kartoffeln haben in den Kriegsjahren allen geholfen. Jeden Tag wurden Kartoffeln gekocht und gebraten und sie verleideten nie. Sie waren die Grundnahrung.

In den kulundischen Steppen gab es weder Pilze, Beeren, Früchte noch Fisch. Hier gab es keine Wälder, Seen, Flüsse oder Sümpfe. Ergänzende Nahrung war nirgends zu finden. Die ganze Hoffnung der Menschen war, das Gesäte im Frühjahr im Herbst zu ernten. Deshalb wurde im Frühling so viel wie möglich gesät.

An einem Frühlingstag nahm die Mutter Nikolaj und seinen kleinen Bruder mit aufs Feld. Sie pflanzten Kartoffeln, Rüben, Rote Beten. Gegen Abend wollten sie auch Erbsen setzen, doch es war schon spät und alle waren müde. Deshalb beendeten sie ihre Arbeit.

»Also gut, Kinder, morgen werdet ihr die Erbsen selber pflanzen«, entschied die Mutter

»Natürlich!«, stimmten die Kinder sofort ein und freuten sich über den Aufschub.

Am nächsten Tag gingen Nikolaj und sein Bruder aufs Feld und begannen mit der Aufgabe. Sie gruben die Erde um, zogen Reihen, legten die Erbsen hinein und bedeckten sie mit Erde. Diese Arbeit war nicht besonders schwer, aber vom ständigen Bücken hatten sie schon bald genug. Da hatte Nikolaj eine Idee: Wäre es nicht besser, einen Teil der Erbsen zu essen, als in die Erde zu legen? Sie müssten sich weniger bücken und der Magen würde sich auch freuen, denn im Frühling gab es wenig zu essen. Er berichtete seinem Bruder davon. Dieser stimmte freudig zu. Einmütig führten sie die großen Erbsen in den Mund und die kleinen und runzligen warfen sie in die Erde, und einige Lücken wurden einfach zugeschüttet. Die Arbeit ging schnell voran. Sie kehrten zufrieden zurück und wurden sogar von der Mutter gelobt.

Einige Zeit später gingen die Mutter und Nikolaj aufs Feld. Die Kartoffeln keimten, daneben die Rüben; aber die Erbsenreihen waren halbleer und die wenigen Schösslinge sehr mager.

Die Mutter betrachtete dieses traurige Bild und fragte:

»Warum keimen die Erbsen so schlecht?«
»Wahrscheinlich kommt es noch«, entgegnete Nikolaj schnell.
»Mal schauen«, zweifelte die Mutter.

Einige Tage später begaben sich Nikolaj und seine Mutter wieder aufs Feld, um die Kartoffeln anzuhäufen. Nikolaj hatte Angst. Jetzt erkannte er die von ihm gesäte Lüge: Die Erbsen keimten kaum.

»Komm, mein Sohn, wir sehen mal nach, warum die Erbsen so schlecht wachsen?«, beschloss die Mutter.

Sie grub die Stellen, wo es keine Keimlinge gab frei – und fand keinerlei Erbsen. Die Mutter blickte schweigend auf Nikolaj. Er errötete, senkte den Kopf und bekannte, dass er und sein Bruder die Hälfte der Erbsen aufgegessen hatten. Dabei dachten sie, dass es niemand erfahren würde. Doch schließlich kam der Tag, an dem die Lüge aufgedeckt wurde.

Gleich auf dem Feld erklärte die Mutter ihrem Sohn, dass die Lüge früher oder später entdeckt wird; aber der gesäte Same geht auf und bringt bis zu hundertmal mehr Frucht. Man muss sich nur gedulden.

»Genauso ist es im Leben. Auch wenn der Mensch seine Übertretungen und Sünden versteckt, irgendwann kommen sie alle ans Licht; dann wird man die gesäte Frucht ernten müssen«, sagte die Mutter.

An diese Lektion erinnert sich Nikolaj noch heute, obwohl inzwischen mehr als sechzig Jahre vergangenen sind. Als er damals unter Tränen Buße tat, vergab ihm seine Mutter. Und sie hatte nicht nur vergeben, sondern schickte ihn ein Jahr später allein aufs Feld, um Erbsen zu säen. Er erwiderte ihr Vertrauen und durfte im Sommer eine reiche Ernte einbringen. Die Erbsen hingen an großen Sträuchern und erfreuten das Auge.

Wenn Nikolaj das Erntelied hört: »Was säst du, mein Freund, im Frühling: Liebe oder Feindschaft?« – dann erinnert er sich immer an jene Lektion mit der Saat und Ernte.

Apostel Paulus schreibt, dass sowohl Sünde als auch Taten, gute und schlechte, vor Gott nicht verborgen bleiben (1Tim 5:24-25). Es kommt die Zeit und Gott wird das Verborgene der Finsternis ans Licht bringen (1Kor 4:5). Jeder wird nach seinen Taten gerichtet werden, wie das Wort Gottes es sagt. Lest den ersten Korintherbrief 3:11-15! Die Lüge ist eine kleine Sünde, aber sie führt in den Feuersee, weil sie vom Teufel kommt (Offb 22:15; Joh 8:44). Jemand sagte: »Der Teufel ist der Vater der Lüge. Aber er hat seine Erfindungen nicht patentieren und es gibt jetzt viele Konkurrenten.« Aber diese Konkurrenten tun einem leid, denn sie werden auf grausame Weise getäuscht und verfehlen das Ziel! Die Lügner kommen nicht in das Reich Gottes (Offb 21:27). Aber heute lügen solche Menschen, tricksen, verstellen sich und sehen oft wie Wahrheitsverkünder aus! Martin Luther sagte dazu: »Die Lüge windet sich wie eine Schlange, ob sie kriecht oder ruht; erst wenn sie tot ist, dann ist sie gerade und aufrichtig!«

DAS ERSTE BEWUSSTE GEBET

Da Nikolaj in einer gläubigen, orthodoxen Familie aufgewachsen und erzogen wurde, wusste er von Kindesbeinen an, dass es Gott gibt. Er glaubte an seine Allmacht, aber er betete nicht gern. Nikolaj meinte, Gott sei ungerecht zu ihm, weil er sowohl seinen ältesten Bruder als auch seinen Vater im Krieg sterben ließ und er mit seiner Mutter viel leiden mussten. Aber mit acht Jahren sprach er sein erstes bewusstes Gebet, ein sehr herzliches Gebet.

Während des Weltkrieges in den vierziger Jahren erhielt jede Familie eines gefallenen Rotarmisten eine Brotration für die Kinder. Zu diesem Zweck wurden jeden Monat Gutscheine ausgehändigt, mit denen man täglich Brot oder eine monatliche Ration an Mehl besorgen konnte.

Die Mutter nahm lieber Mehl, weil es mit irgendwelchen Kräutern, Kleie, Presskuchen, Sägemehl und ähnlichem vermischt werden konnte. Somit gab es täglich mehr zum Essen als lediglich einen Brotlaib. Außerdem konnte sie aus dem Mehl kleine Knödel, Oladi (russische Pfannkuchen) und sogar Fladenbrot zubereiten.

Doch um das Mehl vor der Ladenschließung zu erhalten, mussten die Menschen sehr lange anstehen. Deshalb standen Einige schon am frühen Morgen vor dem Laden; und einige besonders Abgehärtete begaben sich bereits am Abend dorthin und übernachteten vor der Tür. Dafür waren sie dann die Ersten und bekamen ihr Mehl bis zum Mittag.

An einem Frühlingstag im Jahr 1942 gingen Nikolaj und sein älterer Bruder auch abends zum Laden, um Mehl zu erhalten. Sie waren unter den zehn Ersten. Der Frühling war kalt. Die Kälte drang den beiden Jungen bis in die Knochen. Sie und andere liefen herum, sprangen und stießen sich gegenseitig, um nicht zu erfrieren. Aber in der zweiten Nachthälfte waren sie übermüdet und durchgefroren. Sie setzten sich an die Mauer des Ladens, drückten sich dicht aneinander und beruhigten sich. Die Brüder beschlossen, abwechselnd zu schlafen. Irgendwann musste auch Nikolaj wachen und auf die Gutscheine aufpassen. Er drückte sie fest in seine Hand und presste sie an seine Brust unter die Wattejacke. Bekanntlich ist das Schlafbedürfnis vor Sonnenaufgang am stärksten. Trotz aller Mühe konnte Nikolaj nicht länger wach bleiben und nickte ein. Als er aufwachte, waren die Gutscheine weg – jemand hatte sie gestohlen. Er begann sie zu suchen, fragte die Menschen, wühlte in den Taschen – doch die Gutscheine blieben verschwunden.

Da öffnete der Laden. Zusammen mit den ersten zehn Kunden traten auch die beiden Jungen ein und erklärten der Verkäuferin, was geschehen war. Aber sie konnte ihnen nicht helfen. Mit senkenden Köpfen schleppten sich die Brüder nach Hause.

Dort angekommen, blieb Nikolaj draußen stehen, weil er sich schuldig fühlte und Angst hatte. Er wusste, dass seine kranke Mutter, der jüngere Bruder und die Schwester auf das Mehl warteten. Also kehrte er um und eilte wieder zum Laden, in der Hoffnung die Gutscheine zu finden. Doch er fand nichts. So sehr er auch die Verkäuferin anflehte, sie gab ihm kein Mehl. Er musste nach Hause. Plötzlich tauchten in seinem Gedächtnis die letzten Worte seines Vaters auf. Er zuckte zusammen. Der Vater sagte beim Abschied, dass er Gott um Brot bitten soll, wenn sie mal keins haben sollten. Dieser Gedanke durchdrang Nikolaj. Er kniete sich direkt auf der Straße im Schnee nieder und betete sein erstes bewusstes Gebet. Er flehte den Allmächtigen an, ein Wunder zu tun, damit die Familie nicht hungern muss. Nikolaj vergaß die Zeit; er betete lange und inbrünstig. Er bemerkte die vorbeilaufenden Menschen nicht; er betete.

Als er aufstand, war er sich sicher, dass Gott sein Gebet erhört hatte, ihm die Gutscheine zurückgibt und die Mutter tröstet. Mit dieser Hoffnung lief er zum Laden zurück, aber wieder fand er nichts. Das nahm ihm jedoch nicht den Glauben an das erhörte Gebet. Nikolaj wartete auf ein Wunder. Er ging und schaute vor die Füße, in der Hoffnung seine Gutscheine zu finden, bis er wieder am Haus ankam. Mehrmals lief er den Weg auf und ab; er fürchtete sich mit leeren Händen zu Hause zu erscheinen. Die ganze Zeit wartete er auf seine Gutscheine. Er sah, wie einige Male der ältere Bruder und die Mutter aus dem Haus kamen, weil sie auf ihn warteten. Die Mutter rief ihn herein, aber er traute sich nicht, da sein Schuldgefühl ihn plagte.

Erst spät am Abend betrat Nikolaj die Hütte und begann zu weinen. Die ganze Familie wusste bereits, was geschehen war. Nikolajs Mutter schimpfte nicht. Sie senkte nur ihren Kopf und Tränen liefen ihr über die Wangen. Nikolaj eilte zur Mutter und sprach:

»Mama, ich habe gebetet. Gott hat mich erhört. Er wird ein Wunder tun und wir werden die Brotkarten finden.«

Die Mutter wusste, dass Nikolaj auch früher betete, aber nicht glaubte. Deswegen freute sie sich jetzt: »Beten muss man natürlich mit Glauben, aber nicht Gott vorschreiben wie genau er helfen soll. Du wartest jetzt auf die Gutscheine, aber Gott kann das Brot auch auf andere Weise schicken, so wie er es will.«

Die Mutter schlug allen Kindern vor, Gott erneut um Brot zu bitten, denn in diesem langanhaltenden Winter hatten sie im Haus keine Vorräte mehr, außer den Kartoffeln und Sonnenblumenkernen, die für die Saat aufbewahrt wurden. Und diese wurden wie der Augapfel gehütet.

Zusammen knieten sie nieder und beteten mit Tränen. Als sie aufstanden, erfüllte sie eine Erleichterung und Hoffnung.

Es wurde Abend und dunkel. Um Kerosin in der Lampe zu sparen, gingen sie früher ins Bett. Alle schliefen ein, nur Nikolaj nicht. In dieser Nacht wurde sein Glaube auf die Probe gestellt. Er war gespannt, auf welche Weise Gott sein Gebet beantworten würde. Er wartete immer noch auf die Scheine. Er stellte sich vor: »Gleich klopft jemand an, die Tür öffnet sich – und wir bekommen die ersehnten Brotkärtchen.«

Nikolaj schlich leise zum Eingang im kalten unbeheizten Flur, um als erster dieses Wunder zu erleben. Und wieder machte Gott nicht das, was er erwartete. Plötzlich winselte ihr kleiner Hund namens Kukla (Puppe) an der Tür. Nikolaj verstand, dass sie herauswollte. Er öffnete die Tür und Kukla verschwand in der Dunkelheit.

Nun wartete er auf ihr Bellen – sicher würde jetzt eine fremde Person die Gutscheine bringen. Er wollte unbedingt als erster das Wunder sehen. Viele Minuten, gefühlte Stunden vergingen, doch das Bellen sowie der Hund selbst blieben weg... Plötzlich ein Geräusch – jemand kratzte an der Tür: Kukla war zurück. Ein ungewöhnliches Bellen weckte in Nikolaj die Neugier. Er öffnete die Tür – und jauchzte vor Freude:

»Preist Gott! Er hat unser Gebet erhört! Ein Wunder!«
Auf der Treppe saß Kukla und vor ihr lag ein ganzer, dunkler Brotlaib, frisch und warm. Kukla blickte gierig und mit hungrigen Augen auf das Brot, hob den Kopf und bellte. Dann schaute sie wieder auf das Brot und bellte vor Freude. Auf Nikolajs Schreien erwachte die ganze Familie. Alle wollten das Wunder sehen.

Nikolaj nahm das Brot, drückte es an sich und rief: »Ich habe doch gesagt, dass Gott uns Brot geben wird! Schau, Mama, hier ist Brot!«

»Ja, preist Gott! Er hat uns erhört und Brot geschickt, und nicht die Gutscheine«, antwortete die Mutter sanft und blickte Nikolaj zärtlich an.

Der Junge verstand und wiederholte:

»Ja, Brot, keine Gutscheine!«

Erneut knieten sich alle direkt am Eingang nieder und dankten Gott für das Brot, das er ihnen geschenkt hatte. Danach schnitt die Mutter das erste Stück ab und gab es Kukla. Anschließend teilte sie das Brot ein: Frühstück, Mittagessen und Abendessen. Jeder erhielt ein Stück frisches Brot, das sie schon lange nicht mehr gegessen hatten…

Es war noch dunkel in der Hütte, da vernahm die Mutter ein Rascheln im Schrank, in dem gewöhnlich die Lebensmittel aufbewahrt wurden. Jetzt öffnete sie ihn und – wieder ein Wunder! Auf dem mittleren Regal lag in der Ecke ein Häufchen Maiskörner, mehr als ein Glas voll. Wahrscheinlich teilten die Mäuse ihre Vorräte mit der Familie. Der Mais wurde sofort gemahlen und die Mutter kochte einen leckeren Brei.

Nikolaj war den ganzen Tag fröhlich und zufrieden. Vor dem nächsten Einschlafen wartete er wieder auf ein Wunder. Am frühen Morgen weckte Kukla Nikolaj wieder mit ihrem freudigen Gebell. Er öffnete die Tür und entdeckte einen Brotlaib und die freudig springende Kukla. Und in der Ecke im Schrank – wieder ein volles Glas Mais.

So ging es einen ganzen Monat lang: Brot und Mais – bis sie wieder neue Gutscheine für das Mehl bekamen.

Gott befahl einem kleinen Hund und den kleinen Mäusen, die hungrige Familie zu versorgen!

Der neugierige Junge wollte unbedingt herausfinden, woher Kukla das Brot hatte. Eines Tages rannte Nikolaj ihr hinterher. Die Spuren führten zum neugebauten Krankenhaus für Kriegsverwundete. Dort schlüpfte Kukla durch ein Loch im Zaun und verschwand. Nach einigen Minuten erschien sie mit einem Brot zwischen den Zähnen. Unterwegs machte sie etwa dreimal Halt, legte das Brot in den Schnee, ruhte aus, schnappte wieder das Brot und lief weiter. Und zu Hause erhielt Kukla ihre Portion.

Dreißig Jahre später wird Nikolaj davon seinen Kindern erzählen, die es sich kaum vorstellen können, dass es im ganzen Haus kein Essen gab. Verwundert und naiv wird die kleine Tochter fragen:

»Ihr seid aber komisch. Wenn es kein Brot gab, warum habt ihr nicht eine Suppe gegessen oder eine Wurst aus dem Kühlschrank geholt?«

Nikolaj dankte Gott lebenslang dafür, dass seine Kinder und Enkel keinen Hunger leiden mussten. Und er erinnerte sie daran, wie wichtig es ist, immer ein dankbares Herz zu haben und das Brot zu schätzen. Das wird er nie vergessen! Jenes Ereignis lehrte ihn, dass Gott innige Gebete erhört! Aber er erhört und handelt auf seine Weise und zu seiner Zeit. Er gebraucht dafür Umstände, Menschen und sogar Hunde und Mäuse. Man muss nur glauben und warten können, wie die Bibel es sagt. Die Hoffnung ist immer besser als die Verzweiflung (Ps 37:3-4).

»Und wir müssen immer hoffen!«, schreibt Goethe. Umso mehr wir Christen!

Hoffnung und Geduld sind die weichsten Kissen, auf die wir bei Entbehrungen unseren Kopf legen können, um auf den Trost des Herrn zu warten!

Und eine weitere wichtige Lektion zog Nikolaj aus diesem Erlebnis: Brot ist Leben und wertvoll! Brot ist der größte Reichtum für die Menschen und ein Land. Ein

Land, das kein Brot hat, ist ein armes Land. Allein mit großem Reichtum und Bergen von Gold kann man verhungern! Deswegen lehrte Nikolaj seine Kinder, das Brot zu schätzen, es zu bewahren und nicht auf die Erde zu werfen oder zu zertreten.

»Wenn jemand von euch«, lehrte er seine Kinder, »ein Stück Brot auf der Erde sieht, so legt es ins Gras für die Vögel und Tiere.« So sind Nikolajs Kinder aufgewachsen – mit einer Hochachtung vor dem Brot. So lehren sie heute ihre Kinder, die das Fehlen des täglichen Brotes noch nicht kennen.

Bewahrt das Brot, meine Kinder, und esst es allzeit mit Dankbarkeit! Und vergesst nicht, das Brot mit den Hungernden zu teilen! So lehrt Christus.

IM KRANKENHAUS

Eine alte östliche Weisheit lautet: »Das Leiden schleicht sich unter das Dach aller Lebenden; das Sterbliche kann nicht immer gesund bleiben.«

So war es auch mit Nikolaj. Im Frühjahr 1945 brach in Sibirien eine Typhusepidemie aus. Nikolaj und sein Neffe Leonid erkrankten. Bereits nach wenigen Tagen verloren beide Jungen das Bewusstsein und mussten ins Krankenhaus. Weil Leonid noch klein war, durfte seine Mutter bei ihm bleiben. So wurde die ältere Schwester von Nikolaj die Pflegerin der beiden Kinder, die mehr als zwanzig Tage bewusstlos waren und hohes Fieber hatten – über vierzig Grad.

Der Typhus wütete mit aller Kraft, besonders unter den Kindern. Krankenhäuser waren überfüllt, Medikamente reichten nicht aus, die Kranken wurden nicht ausreichend gepflegt, täglich wurden dutzende Tote weggetragen. Aber Nikolaj und Leonid waren in guter Obhut, denn sie hatten eine liebevolle Pflegerin. Sie erfuhr von den Ärzten, dass für die Rettung der Kranken Penicillin notwendig war, ein teures Medikament, das damals eine Mangelware war. Die Mutter und die ältere Schwester beschlossen, ihre Kuh, die Ernährerin der Familie, das Kalb und das Schaf zu verkaufen, um die Sterbenden zu retten. Das ganze Geld, das sie dafür bekamen, gaben sie den Ärzten für die Penicillin-Injektionen, die alle zwei Stunden verabreicht werden mussten. Bald kamen die Kinder zu sich, was die Mütter sehr erfreute, aber nicht die Söhne. Denn als sie bewusstlos waren, spürten sie die Spritzen nicht. Aber jetzt! Jede zweite Stunde eine Spritze, eine nach der anderen. Der ganze Körper schmerzte bereits von den Stichen. Wenn die Krankenschwestern kamen, hatten die Jungen Angst und weinten. Doch es wurde gespritzt und gespritzt...

Einen Monat später, nach Beginn der Penicillin-Behandlung, konnten die Kinder sich im Bett aufrichten. Aber der Typhus plagte sie immer noch und brachte Komplikationen mit sich: Leonid bekam Kopfschmerzen, verlor das Gedächtnis und die geistige Entwicklung blieb zurück; und Nikolaj litt unter Beinschmerzen. Er konnte weder stehen noch gehen. Die Ärzte versicherten zwar, dass er später wieder laufen würde, aber die Beine würden dann schnell ermüden und lebenslang schmerzen. Nikolaj begann zuerst zu krabbeln und anschließend langsam durchs Krankenhaus zu gehen, in dem er sich an Betten und Wänden stützte.

Nach zwei Monaten kam der Tag der Entlassung. Eine junge hübsche Ärztin, eine Jüdin, behandelte die Beiden. Einen Tag vor der Entlassung untersuchte sie die Kinder und verkündete:

»Wenn ihr morgen genauso brav seid wie heute, dürft ihr nach Hause!«

Das war eine erfreuliche Nachricht: für die Mütter und die Söhne. Das Krankenhaus war ihnen verleidet! Aber zum Abschluss wollte Nikolaj noch viel Brot essen, da er wusste, dass sie zu Hause wenig davon hatten. Er merkte sich den Ort, wo abends das Brot aufbewahrt wurde und als alle schliefen, stand er leise auf, schlich zum Schrank und nahm einen ganzen Laib Schwarzbrot. Vorsichtig lief er nach draußen, versteckte sich hinter einer Ecke des Krankenhauses und brach ein Stück nach dem andern ab, bis der ganze Laib aufgegessen war. Auf die gleiche Weise holte er sich den zweiten Brotlaib und verschlang auch diesen mit großem Appetit. Danach schlich er ins Krankenhaus zurück, legte sich in sein Bett und schlief ein.

Gegen Morgen bekam er fürchterliche Magenschmerzen. Er wälzte sich im Bett und fand keine Ruhe. Die Krankenschwester konnte nicht helfen und gab ihm irgendwelche Tabletten. Sie verständigte die Ärztin, die über die plötzlich auftretenden Beschwerden sehr verwundert war. Sie eilte ins Krankenzimmer und rief:

»Nikolaj, was ist geschehen? Warum bringst du mich in Verlegenheit? Ich wollte dich doch heute entlassen!«

Das meinte sie von ganzem Herzen, denn sie gewann diese beiden stillen Jungen lieb und behandelte sie zärtlich wie eine Mutter. Sie fragte ihn aus. Wann begannen die Schmerzen? Wie tat es weh? Wo? Und was hatte Nikolaj zuletzt gegessen?

Nikolaj wusste, dass sein Magen ihn deshalb plagte, weil er zu viel gegessen hatte. Aber er hatte Angst der Ärztin zu beichten, dass er unerlaubt Brot genommen, ja, gestohlen hatte. Er war schuld und man würde ihn vielleicht stark ausschimpfen und sogar bestrafen.

Die Schmerzen wurden immer heftiger.

Schließlich konnte Rosa, so hieß die Ärztin, das Vertrauen des Jungen gewinnen und überredete ihn, die Wahrheit zu sagen. Sie versprach nicht zu schelten. Nikolaj bekannte, dass er nachts zwei Laibe Schwarzbrot gegessen hatte, weil es zu Hause keins gab und er wenigstens einmal im Leben nach Herzenslust Brot essen wollte. Die Augen der Ärztin füllten sich mit Tränen und sie sprach leise:

»Armer Junge! Du hättest sterben können. Gut, dass du mir die Wahrheit gesagt hast. Jetzt werden wir dich retten; wir werden den Magen leeren und dann wird alles gut!« Die Krankenschwester sollte alles vorbereiten. Doch Nikolaj begann so zu schluchzen, dass die Ärztin erschrak. Als sie begriff, dass er keinen leeren Magen haben wollte und deshalb weinte, lachte sie. Der Knabe bestimmte:
»Alles bleibt drin! Ich lasse es nicht zu, dass mein Magen geleert wird.«
Nikolaj legte sich auf den Bauch, um ihn zu schützen.
»Gut, Nikolaj! Bleib so liegen. So können wir besser arbeiten.«
Sogleich drehte sich Nikolaj auf den Rücken.
»Ich lasse es nicht zu! Das erste Mal im Leben habe ich genug Brot gegessen!«, weinte er.
Rosa beugte sich über ihn, legte ihre Hand auf seinen Kopf und versprach mit Tränen:
»Wenn du jetzt mitmachst, schenke ich dir bei deiner Entlassung drei Weißbrote! Sonst stirbst du!«
Nikolaj glaubte ihr, aber er fragte trotzdem nach:
»Ist das wahr! Lügen sie mich nicht an?«
»Mein Junge, ich verspreche es dir vor Gott!«
Nun war Nikolaj einverstanden, dass sein Magen geleert wird. Bis zum Mittag blieb er noch im Krankenhaus. Dann rief ihn die Ärztin ins Büro, in dem bereits seine Mutter wartete. Die Ärztin öffnete einen Schrank und Nikolaj erblickte fünf große Laibe Weißbrot. Solches Brot hatte er in seinem ganzen Leben nicht gesehen.
»Nikolaj, das ist für dich!«, verkündete die Ärztin. »Alles für dich!«
Der Junge starrte auf das Brot und konnte es nicht glauben.
»Alles?«, fragte er skeptisch. »Aber sie haben mir drei Brote versprochen, und hier sind fünf.«
Mit Tränen in den Augen dankten die Mutter und Nikolaj der Ärztin für dieses kostbare Geschenk. Behutsam wickelten sie die Brote in ein ebenfalls geschenktes Lei-

nentuch. Da die Ärztin wusste, dass Nikolaj jeder Schritt schmerzte, sollte ihr Kutscher ihn nach Hause bringen.
Die Mutter und Nikolaj bedankten sich erneut ganz herzlich bei der gütigen Ärztin für das Weißbrot, für die erfolgreiche Behandlung und wünschten ihr Gottes Segen. Glücklich fuhren sie nach Hause, um auch ihrer Familie eine Freude zu bereiten.
Dort knieten sich die Mutter und die Kinder nieder und dankten Gott für seine Liebe. Sie dankten für die nette Ärztin, die ihnen so viel Brot geschenkt hatte.
»Es gibt noch gute Menschen auf dieser Welt«, bemerkte die Mutter.
Und Nikolaj fügte hinzu:
»Und Gott sendet sie auf unseren Weg.«
»Er sendet sie zur rechten Zeit! Wir sollen nur warten können, mein Sohn«, ergänzte die Mutter.

Ja, Gott schenkt uns seine Segnungen direkt oder durch gute Menschen. Wir müssen nur das Warten lernen, um alles in Fülle zu bekommen. Wie es im Hebräerbrief 10:36 heißt: »Denn standhaftes Ausharren tut euch not, damit ihr, nachdem ihr den Willen Gottes getan habt, die Verheißung erlangt.« Und wie eine Volksweisheit sagt: »Es braucht sehr viel Geduld, um Geduld zu lernen!«

DAS KRIEGSENDE

Im Mai 1945 war der Krieg zu Ende. Für den 9. Mai wurde ein nationaler Feiertag ausgerufen – der Tag des Sieges. Zu dem Zeitpunkt war Nikolaj noch im Krankenhaus, aber er konnte schon schleppend auf die Straße gehen.
Er erinnert sich gut an jenen Tag, als morgens im Krankenzimmer laute und fröhliche Stimmen jauchzten. Alle Kranken, die irgendwie laufen konnten, gingen nach

draußen. So schleppte sich auch Nikolaj auf die Straße. Dort waren Maßen von Menschen; sie lachten, umarmten und küssten sich gegenseitig. Die Luft erfüllte ein ohrenbetäubendes Sirenengeheule der Autos und Züge, während Trommeln und Trompeten alles mit feierlichen Märschen übertönten. Aus dem Megafon erklang ständig die Stimme des Radiosprechers Levitan: »Der Krieg ist zu Ende und wir sind Sieger!«

Eine solche allseitige laute Freude hatte Nikolaj noch nie erlebt! Fremde Menschen umarmten sich, tauschten Geschenke aus und warfen Blumen in die Menschenmenge. Die auf den Mauern des Krankenhauses sitzenden Patienten bekamen auch Blumen. Auf Bollerwagen wurden gratis süße Getränke, Fruchtsäfte und Päckchen mit gebratenem Mais verteilt. Kinder hatten schulfrei, Erwachsene mussten nicht arbeiten. Den ganzen Tag verbrachten die Menschen auf der Straße und sangen.

Bald darauf kehrten die ersten Soldaten zurück. Der Bahnhof in Nikolajs Wohnort war ein Eisenbahnknotenpunkt. Deshalb reisten dort die Soldaten aus dem ganzen Gebiet ein. Jedes Mal, wenn welche ankamen, gab die Lokomotive ein besonderes Pfeifen von sich, wie ein feierliches Signal. Mit demselben Laut antworteten alle Züge, die vor Ort waren. Dieses Pfeifen der Lokomotive war sogar in allen umliegenden Dörfern zu hören, somit wussten alle, dass wieder Soldaten nach Hause kamen. Dann stürzte eine Menschenmenge, Alt und Jung, dicht gedrängt, zum Bahnhof, um die Rückkehrer abzuholen. Auch Nikolaj lief mit seinen Schulkameraden hin.

Einmal ging auch seine Mutter zum Bahnhof. Mit welchem Jubel begegneten sich die Verwandten! Sie umarmten sich und weinten vor Freude. Wie glücklich strahlten die Gesichter derjenigen, die nach der langen Trennung ihre Lieben wieder sahen. Aber die Mutter stand da und weinte. Auch Nikolaj weinte. Er weinte vor Kummer und Trauer, weil er seinen Vater nie wieder sehen sollte, nie würde er ihm auf dieser Erde begegnen. Warum? Warum kehrten andere zurück, und sein Vater war umgekommen? Warum? Warum würde die raue Vaterhand nie mehr seinen Kopf streicheln und warum durfte er keine glücklichen Minuten auf Vaters Schoß verbringen? Er fühlte sich so schutzlos, so einsam. Sofort war er bereit mit der Mutter nach Hause zu gehen. Die Mutter begab sich nicht mehr zum Bahnhof...

Doch der Junge fand es interessant, die heimkehrenden Soldaten zu beobachten: ohne Arm, ohne Bein, mit großen Verbänden um die Brust oder um den Kopf. Aber sie konnten laufen und sprechen... In solchen Minuten träumte Nikolaj davon, wenigstens einen Vater mit Beeinträchtigung zu haben. Er würde ihm immer und überall helfen, alles für ihn tun, ihn schätzen... Dabei erinnerte er sich auch an vergangene Tage: Wenn sein Vater von der Arbeit heimkehrte, spielte Nikolaj lieber draußen mit den Kindern. Manchmal war er ungehorsam und schätzte wenig die Gemeinschaft mit ihm... Und jetzt? Jetzt wollte er alles nachholen, aber der Vater fehlte und würde niemals zurückkommen.

Wenn Nikolaj manchmal zuschaute, wie Väter ihre Kinder umarmten, wie sie ihnen entgegenliefen, wie sie mit ihnen spielten, wünschte er, dass die Mutter wieder heiratete. Mit vierzig Jahren wurde sie Witwe. Aber sie wollte nicht erneut heiraten, obwohl sich einige Möglichkeiten ergaben.

Es ist gut für die Kinder, wenn sie eine Mutter haben. Aber völlig glücklich sind die Kinder, die auch einen liebevollen Vater haben.

Kinder, sorgt für eure Väter. Seid bestrebt dem Vater etwas Gutes zu tun, geht ihm mit Freuden entgegen, wenn er von der Arbeit kommt. Wenn er sich ausruht, so bringt ihm Wasser oder Tee, umarmt ihn, schmiegt euch an ihn, damit er euch etwas Interessantes erzählt – denn Väter wissen viel. Schätzt sie, denn sie werden nicht immer bei euch sein. Bald werden sie weg sein!

Und ihr, Eltern, schenkt euren Kindern mehr glückliche Minuten der Gemeinschaft, spielt mit ihnen, sprecht mit ihnen, umarmt und küsst sie. Denn sie werden blitzschnell heranwachsen und nicht mehr auf eurem Schoß sitzen und spielen wollen. Aber die Erinnerungen an die Kindheit und die Gemeinschaft mit euch werden sie nie vergessen!

Nachdem Nikolaj seinen Vater und den Bruder verloren hatte, dachte er oft nach. Warum führen die Menschen Kriege? Wer beginnt damit? Warum muss Blut fließen? Warum bringen die Menschen ihre Mitmenschen um? Wie können wir Kriege verhindern? Und Nikolaj beschloss in seinem Herzen: Wenn er groß ist, wird er etwas dafür tun, damit die Menschen sich nicht gegenseitig bekriegen...

Doch als Nikolaj erwachsen wurde, erkannte er, dass die Kriege in der Welt nicht aufhören werden. Im Gegenteil: es werden mehr. Es bekämpfen sich nicht nur verschiedene Länder und Völker, sondern auch Brüder. Und nicht nur auf den Schlachtfeldern werden Menschen verstümmelt und getötet, sondern auch in friedlicher Umgebung, in Familien, in Gesellschaft und sogar in Kirchen.

Vergebens sind alle Anstrengungen und Bemühungen, um Verleumdungen, Feindschaft, Hass und Rache auszulöschen... Angestachelt vom Teufel kämpfen die Menschen ununterbrochen bis zum Tod. Ehen gehen kaputt, Verwandte streiten, Gemeinschaften verfeinden sich, Kirchen spalten sich, Brüder laufen auseinander, viele stöhnen und sterben an Wunden... Und die Menschen kriegen weiterhin, als wäre das ihre wichtigste Beschäftigung in dieser Welt!

Wie wenig Freude haben die Menschen auf dieser Erde! Denn sie suchen die Freude dort, wo sie nicht zu finden ist. In Gott haben die Christen bereits auf dieser Erde eine vollkommene, ewige Freude, unabhängig von den Umständen! Schon in alten Zeiten sagte Avicenna: »Die

irdische Freude ist nur ein Augenblick angesichts der Ewigkeit, die uns erwartet!«
Wie glücklich sind diejenigen, die zum Hochzeitsmahl des Herrn eingehen. Dort herrscht vollkommene Freude, dort gibt es keinen Krieg mehr, keine Mörder, keine Waisen! Dort wird unser lieber Vater bei uns sein!

DIE SCHULZEIT

Nikolaj wurde im ersten Kriegsjahr 1941 eingeschult. Er besuchte gern die Schule und lernte gut. Das Lernen machte ihm Spaß. Noch vor seiner Einschulung las er Michail Lomonossow:

Die Wissenschaft ernährt die Jugend,
Sie spenden alten Menschen Trost,
Ist wie ein Schmuck in guten Zeiten,
Bewahrt im Unglück vor der Not...

Doch das Lernen war nicht einfach. Zum Problem mit der Nahrung kamen noch die Schwierigkeiten mit Kleidung, Schuhen, Lehrbüchern und Schulheften dazu.

Saubere Schulhefte besaß Nikolaj kaum. Deshalb schrieb er, wie auch viele andere Kinder, auf alten Zeitungen und weggeworfenen Büchern, die er auf Dachböden oder in Scheunen fand. Statt Tinte vermischten sie Ruß aus dem Ofen mit Milch oder Wasser, füllten damit Fläschchen und kleine Stoffsäcke und verwendeten sie in der Schule; mit der gleichen ›Tinte‹ schrieben sie auch zu Hause. Als Schreibzeug dienten dabei Hühner- oder Gänsefedern.

Damit die Kinder ihre Kleider unter sich aufteilen konnten, fand der Unterricht auf Wunsch der Eltern in zwei Schichten statt; mit zwei Stunden Pause dazwischen. Die Kinder, die von der ersten Schicht nach Hause kamen, gaben ihre Kleider und Schuhe den anderen, die in der zweiten Schicht die Schule besuchten.

Wenn der ältere Bruder von der Schule heimkehrte, bekam Nikolaj seine Wolljacke und Filzstiefel und eilte nach dem Mittagessen zum Unterricht. So war das im späten Herbst, im Winter und im Frühjahr. Am Anfang und Ende des Schuljahres liefen die Kinder barfuß, um ihre Kleider und Schuhe zu schonen.

Eines schönen Tages marschierte Nikolaj barfuß und ohne Jacke in die Schule. Es war Spätherbst, aber es gab noch keinen Frost. Doch nach Schulschluss schneite es – und schon war der Boden mit Schnee bedeckt und es war sehr kalt ohne Schuhe. Nikolaj rannte, um schneller zu Hause zu sein. Vom Schnee wurden nicht nur die Füße kalt, sondern auch der ganze Körper. Aber er rannte, so schnell er konnte, und überholte die Schüler, die vorher nach Hause gegangen waren. Es waren ältere Schüler. Unter ihnen war der Nachbarjunge namens Mischa. Er trug eine gut gefütterte Lederjacke, eine Pelzmütze und warme Schuhe. Er war immer gut angezogen: Sein Vater war Offizier und schickte seiner Familie oft Lebensmittel und Kleidung.

Als er Nikolaj bemerkte, rief er:

»Hey, du barfüßiger Lumpen, willst du verrecken?«

Und er prustete los. Seine Kameraden stimmten mit ein. Da konnte Nikolaj sich nicht mehr beherrschen. Er stürzte auf seinen Beleidiger, drückte ihn zu Boden und schlug ihn mit seiner Tasche, in der sich die Tinte befand. Die Schläge taten Mischa nicht weh, weil die Mütze und Jacke ihn schützten. Aber die weiße Mütze, die neue Jacke und sein ganzes Gesicht waren nun mit schwarzer Tinte bespritzt. Als Nikolaj bewusst wurde, was er getan hatte, bekam er Angst, raste nach Hause und gestand alles seiner Mutter. Sie tröstete den weinenden Sohn und sprach:

»Lass dich nie auf ihn ein. Sie sind reich und wir arm. Für uns wird sich keiner einsetzen und sie bleiben immer im Recht. So ist diese verlogene Welt.«

Sie ging zu Mischa und seiner Mutter, bat um Verzeihung und schlichtete den Streit, worüber Nikolaj sehr froh war.

Zwei Tage später machte sich Nikolaj wieder auf den Weg zur Schule. Kaum war er im Klassenzimmer angekommen, da teilte ihm die Lehrerin mit, dass der Schulrektor ihn erwartete. Der Schulrektor! Für die Schüler war ihr Rektor eine ganz hohe und unerreichbare Person. Alle hatten Hochachtung vor ihm, ehrten und fürchteten ihn. Selten lud er jemanden zu einem Gespräch ein.

Aufgeregt und angsterfüllt trat Nikolaj an das Büro des Schulleiters. Er blieb vor der Tür stehen und traute sich nicht. Plötzlich sprang die Tür auf und der Rektor stand vor ihm. Er war ein ehemaliger Offizier und trug ein Militärhemd; ein Ärmel war in den Gurt eingesteckt, weil ihm eine Hand fehlte. Die Brust schmückten einige Orden.

»Nun, komm herein, du Raufbold!«, lud der Rektor ein.

»Erzähl mir, weshalb du ihn so gedrescht hast?«, befahl er streng, aber gutmütig.

Nikolaj bekannte alles und erzählte, dass er als »barfüßiger Lumpen« beschimpft und ausgelacht wurde. Mit Tränen in den Augen fügte er hinzu:

»Bin ich denn schuld, dass mein Vater und mein Bruder im Krieg umgekommen sind, und dass sein Vater lebt und ihm immer Pakete schickt. Ich weiß, dass ich schuld bin, aber meine Mama hat schon um Vergebung gebeten.«

»Die Mutter – ist das eine. Aber du musst den Mut fassen und dich auch bei Mischa und seiner Mutter entschuldigen.«

Nikolaj versprach, das noch am selben Tag zu tun. Der Rektor kam auf Nikolaj zu, drückte ihn kräftig und strich ihn mit seiner noch verbliebenen Hand über die Haare:

»Weiche solchen Leuten aus dem Weg. Reize sie nicht. Und sollte es zur Schlägerei kommen, dann prügele sie tot. Geh jetzt, aber erzähle niemandem von unserem Gespräch, außer deiner Mutter.«

Vor Freude ergriff Nikolaj seine Hand und begann sie zu küssen.
»Lass das«, sagte der Mann. »Geh!«
Der Junge eilte zur Tür.
»Halt, bleib stehen!«, rief der Rektor ihm nach. In das strahlende Gesicht des Jungen blickend, befahl er: »Geh jetzt nicht ins Klassenzimmer, sondern nach Hause! Morgen kommst du wieder zur Schule.«
»Und meine Schultasche?«, frage Nikolaj überrascht.
»Die Schultasche holst du morgen. Mit so einem strahlenden Gesicht verlässt man das Büro des Schulleiters nicht«, fügte der Mann hinzu.
In großer Dankbarkeit erinnert sich Nikolaj an seine erste Begegnung mit ihm. Dieser Mann war für ihn ein Bild der Gerechtigkeit. Mischa, der ihn beleidigt hatte, zog bald um und tauchte nicht mehr auf. Und Nikolaj beschloss, gerecht zu sein und auch Schuldige zu beschützen, wenn sie zu hart verfolgt werden. Dafür setzte er sich immer ein!

H*eute wird die Gerechtigkeit mit Füßen getreten, auch von Gläubigen. Wie ein berühmter Dichter sagte: »Die Schwachen werden unterdrückt, vor dem Starken wird geschwiegen, und die Tränen fließen und fließen...«*
Wie schade, dass Christen das höchste Gebot Gottes vergessen haben, indem sie anderen Leid zufügen.

Im Leben von Nikolaj gab es auch viele andere Fehlgriffe und unbedachte Taten. Eines Tages, als er von der Schule kam, versuchte er seine Mutter zum Heiraten zu überreden. Diese Idee brütete er längere Zeit aus und sprach mit ihr darüber. Die Mutter lächelte und bat, das Thema nicht mehr zu erwähnen. Doch einmal forderte sie Nikolaj auf, sich zu ihr zu setzen und offen zu erklären, weshalb er darauf beharrte.
»Wahrscheinlich versucht jemand, dich dafür zu benutzen; mir sagt keiner was.«

Darauf erzählte Nikolaj eine Geschichte, die sich in seiner Klasse abgespielt hatte. Er hatte einen Mitschüler namens Georg. Er war ein stiller und bescheidener Junge. Auch er hatte keinen Vater und sein Familienname war Namenlos. Viele Streithammel der Klasse hänselten ihn deswegen und verprügelten ihn sogar. Also versuchte er erst mit der Schulglocke oder etwas später zur Schule zu kommen, um den anderen aus dem Weg zu gehen.

Irgendwann erschien er früher als gewöhnlich in der Schule, sprang auf eine Schulbank, was er früher nie getan hatte, und teilte voller Freude mit:

»Ich bin nicht Namenlos! Ich bin nicht mehr Namenlos!«

»Was bist du denn?«, wunderten sich die Schulkameraden.

»Ich? Nun bin ich Namhaft! Ich bin Namhaft! Versteht ihr?«

Niemand verstand etwas. Dann ertönte die Schulglocke. Die Lehrerin betrat das Klassenzimmer mit einem großen Mann in Militäruniform: ein Offizier mit Orden. Die Lehrerin stellte ihn vor:

»Das ist Georgs Papa!«

Alle verstummten und viele blickten eifersüchtig zu Georg hinüber. Der neue Vater ging auf Georg zu, umarmte ihn und strich ihm über den Kopf. Seitdem wurde Georg nicht mehr beleidigt.

Nikolaj wusste, dass Georg seine Eltern sehr früh verloren hatte, als ihre Stadt zerbombt wurde. Er kam ins Waisenhaus, wo er den Familiennamen Namenlos erhielt. Später nahm ihn eine gutherzige Mitarbeiterin vom Waisenhaus zu sich. Dann heiratete sie einen ehemaligen Offizier mit dem wohlklingenden Familiennamen Namhaft. Auch er hatte seine Familie verloren. Er adoptierte Georg und machte ihn somit Namhaft. Aus diesem Grunde sehnte sich Nikolaj danach, dass seine Mama auch heiratete. Sein Vater würde ihn beschützen und die Mitschüler würden ihn nicht als »Vaterloser« beschimpft.

Als die Mutter sich die Geschichte von Georg angehört hatte, antwortete sie bestimmt:

»Nein, Nikolaj! Ich hatte deinen Vater Nikita geheiratet, weil ich ihn sehr liebte. Ich liebe ihn heute noch. Deshalb brauche ich keinen anderen.«

Nikolaj erinnert sich mit großer Achtung an seine Mutter. Sie wurde mit vierzig Jahren Witwe, noch als junge Frau. Ihr ganzes Leben bewahrte sie eine tiefe Liebe zu ihrem Mann, dem sie einst Treue geschworen hatte, was sie auch ehrenhaft erfüllte.

Das geschieht nicht oft, besonders in unserer Zeit. Wie viele junge Ehepaare verwerfen die Treue. Wie viele Lügen, wie viel Untreue gibt es!..

Gott hält die Treue sehr hoch: die Treue zu ihm, zum Ehepartner, im Dienst für ihn. Deswegen erinnert er uns in Offenbarung 2:10: »Sei getreu bis in den Tod, so werde ich dir die Krone des Lebens geben!« Treu sein in allem, überall und immer!

Die Treue ist eine der schönsten Blumen, die in der Natur selten zu finden ist!

NIKOLAJS ZWEITE GEBURT

Nikolajs erste Geburt war nicht wie bei allen Menschen, genauso seine zweite, die geistliche Geburt.

Sie ereignete sich am 21. Januar 1949. Das war ein Verdienst des Heiligen Geistes und seiner Mutter.

Die Mutter war eine sehr gottesfürchtige orthodoxe Christin. Im Haus standen in allen Ecken allerlei Ikonen: Christus, Maria, Nikolajs Beschützer Michael und Heilige. Besonders viele standen in der Ecke im Flur am Esstisch.

Morgens und abends zündete die Mutter eine Kerze an, stellte sie vor die Ikonen und betete kniend zu Gott.

Sie betete lange und weinte. Die Kinder verstanden, dass sie im Herzen eine Last trug: drei Männer waren im Krieg gefallen – ihr Mann, Sohn und Schwiegersohn. Die älteste Tochter zog deshalb mit ihrem kleinen Sohn wieder zu der Mutter. Die ständigen Herzattacken machten das Leben der Mutter noch trauriger.

Auch wenn der Krieg zu Ende war, einige Soldaten zurückkehrten und die Kolchosen aufgebaut wurden, hatten viele Familien nicht genügend Brot. Renten wurden noch nicht bezahlt. Außer den Brotgutscheinen bekamen Familien von gefallenen Rotarmisten keine weiteren Hilfen. Nikolajs Familie war keine Ausnahme.

Doch eines Tages war die Mutter wie verwandelt. Sie kam ganz glücklich von der Kirche und berichtete freudig:

»Nun, Kinder, ich habe Gott gefunden. Gott gefunden!«

Sie begann ein für die Kinder unbekanntes christliches Lied zu singen: zum ersten Mal, seit sie ihren Ehemann verloren hatte. Sie war eine begabte Sängerin. Später hörten die Kinder ihre Stimme oft zu Hause und in der Versammlung der Gläubigen, wo sie die Lieder anstimmte. Die Kinder staunten über eine solche Veränderung ihrer Mutter und fragten sich, was geschehen war.

»Mama, hattest du Gott nicht schon früher! Haben wir denn nicht zusammen zu Gott gebetet? Es war doch Gott, der uns so viel geholfen hat? Warum sagst du dann: ›Ich habe Gott gefunden?‹ Er hängt doch an den Wänden unseres Hauses!«

Als sich alle etwas beruhigt hatten, erzählte die Mutter, wie sie auf dem Heimweg von der orthodoxen Kirche eine Bekannte getroffen hatte, die sie zum Gottesdienst der »lebendigen Gläubigen« mitnahm. So war sie zum ersten Mal im Gottesdienst der Evangeliums-Christen-Baptisten. Bei ihrem ersten Besuch bekehrte sie sich. Bis zu ihrem Tod mit 88 Jahren liebte sie evangelische Gottesdienste, besuchte sie regelmäßig und diente dort mit Gebet und ihrer wunderschönen Stimme.

Am nächsten Tag nach ihrer Bekehrung entfernte sie alle Ikonen und brachte sie in die Scheune. Die Kinder wunderten sich. Gestern noch behandelte sie die Ikonen so liebevoll, schmückte sie mit schönen Tüchern, staubte sie ab und zündete Kerzen vor ihnen an; und nun brachte sie alle Ikonen in die Scheune und entsorgte sie.

»Mama, was tust du?«

Nikolajs ältere Schwester meinte, dass Mama den Verstand verloren hätte, und sie beriet sich sogar mit einem Arzt, der empfohlen hatte, die Mutter zu einer Untersuchung zu schicken.

Aber die Mutter lächelte:

»Das sind Götzen, Kinder. Das sind Gemälde, die Menschen gemacht haben. Gott verbietet sie anzubeten. Wir sollen nicht durch Ikonen zu Gott beten, sondern immer und überall, denn Gott ist allgegenwärtig!«

»Wer hat das gesagt?«, fragten die Kinder.

»Niemand hat mir davon erzählt. Gott selber offenbarte es mir!«

Bald darauf zeigte sie in der Bibel die Begründung für ihr Verhalten:

»Hier, lest! Gott sagt über die Ikonen folgendes...«

Und sie las den Propheten Jesaja 44:10-20...

Einige Menschen, die verschiedene und teilweise sehr zweifelhafte Informationen aufschnappen, fahren durch die Gemeinden und wollen mit ihrer ›Erkenntnis‹ unter den Christen glänzen. Sie behaupten, dass die Menschen ohne ihre Erkenntnis verlorengehen. Doch sie vergessen das Wort unseres Erlösers: »Der Beistand aber, der Heilige Geist, den der Vater senden wird in meinem Namen, der wird euch alles lehren und euch an alles erinnern, was ich euch gesagt habe.« (Joh 14:26) Das bestätigt sich in unseren Eltern, die wenig gebildet oder Analphabeten waren, die aber den Willen Gottes erfüllten und sorgfältig, mit großer Treue und Liebe, die reine Lehre des Evangeliums für ihre Kinder bewahrten.

Nach ihrer Bekehrung wurde die Mutter sofort fröhlich, sie war nicht mehr so finster und traurig. Auf ihrem Gesicht und in ihrer Stimme lagen Ruhe und Seelenfrieden. Sie begann zu singen, sie betete weiterhin zu Gott, aber nicht mehr mit Schluchzen und ohne das Kreuzzeichen. Es geschah eine Wiedergeburt von oben, plötzlich und sichtbar!

Auch die Kinder freuten sich mit ihrer Mutter, weil sie die Veränderung zum Guten beobachteten. Nur die ältere Schwester war unzufrieden und meinte, die Mutter sei zu den Baptisten übergelaufen und hätte damit ihren orthodoxen Glauben verraten. Die anderen Kinder stritten mit ihr, um zu beweisen, dass es der Mutter besser geht und es keinen Grund zur Panik gibt. Die Schwester versuchte jedoch die Mutter zu überzeugen und sie gewaltsam ins Krankenhaus zu bringen. Aber als sie den Widerstand der Kinder und der Mutter sah, beruhigte sie sich für eine Zeit.

Gleich am nächsten Sonntag nahm die Mutter ihre Kinder mit zum Gottesdienst. Die ältere Schwester willigte nicht ein. In der Versammlung waren etwa hundert Menschen anwesend: Männer, Frauen, Kinder, Jugendliche. Sie sangen gemeinsam, beteten, hörten die Bibel. Nach dem Gottesdienst gingen sie aufeinander zu, begrüßten sich mit Handschütteln, unterhielten sich, erkundigten sich nach dem Wohlergehen. Dann wurde ein großer Topf mit frisch gekochten Pellkartoffeln auf den Tisch gestellt, sowie eine Dose mit Salz. Ohne Gedränge begaben sich die Anwesenden zum Tisch, nahmen sich Kartoffeln, salzten sie, gingen zur Seite und aßen. Immer wieder wurde ein weiterer Topf mit Kartoffeln hergebracht. Das war unvergesslich. Mit großen Vergnügen begann Nikolaj sonntags diese Versammlungen zu besuchen. Er brachte auch seine Mitschüler zum Gottesdienst mit.

Auch mittwochs gab es Gottesdienste. Nikolaj besuchte auch diese. Wenn er aber in die Schule sechs Stunden in der zweiten Schicht hatte, konnte er nicht rechtzeitig da sein. Deshalb erschien er nicht mehr in der letzten Stunde in der Schule. Die Lehrer bemerkten es und fingen an ihn zu beobachten.

Wochen später rief die stellvertretende Schulrektorin Nikolaj zu sich. Sie tadelte ihn, schrie ihn an, beschimpfte ihn als »Stundist« und »Baptist« und verbot ihm die Gottesdienste zu besuchen. Aber Nikolaj tat es trotzdem. Und zwar nicht nur sonntags, sondern auch mittwochs, wenn er weniger Unterricht hatte.

Nun erschienen auch die Lehrer in der Gemeinde, um zu sehen, wer von den Schülern dort war. Dann machten sie einen Aufstand, holten die Polizei, sodass die Gottesdienste unterbrochen und die Gläubigen auseinander gejagt wurden.

Eine Lösung war notwendig. Und sie wurde gefunden. Im großen Haus der gläubigen Witwe namens Schischlenko, wo die Gottesdienste stattfanden, wurde ein Abstellraum mit Sperrholz abgetrennt. Dieser diente jetzt als Zimmer für die Schüler. Sie konnten dort in Wärme sitzen und auch alles mithören, da die Trennwand nicht bis zur Decke reichte. Dort wurden sie nicht gesehen. Auch wenn die Lehrer ihre Schüler dort nicht mehr trafen, besuchten sie weiterhin jeden Gottesdienst und spionierten. Doch die Andachten verliefen ruhig, weil die Schüler nicht zu sehen waren.

Allerdings wurde der Gottesdienst am 21. Januar 1949 gestört. An diesem Abend schnüffelten vor Ort nur zwei: eine Lehrerin und die stellvertretende Rektorin, die besonders gegen Gott und die Gläubigen war. Nikolaj saß mit seinem Freund im Abstellraum und lauschte der Predigt. Der Prediger sprach davon, dass Adam sich vor Gott versteckte, aber weil Gott ihn sah und mit ihm sprechen wollte, fragte er: »Adam, wo bist du? Warum versteckst du dich vor mir? Ich warte auf dich. Komm heraus! Ich möchte mit dir reden und dir vergeben. Ich will dich trösten und dir Frieden schenken.«

Der Heilige Geist bewegte das Herz von Nikolaj. Sein Gewissen verklagte ihn wegen allen seinen Vergehen und

Sünden. Nikolaj versuchte abzuwinken: Er trank keinen Wodka, wusste nicht einmal wie Alkohol schmeckte, er rauchte nicht, flirtete nicht mit Mädchen, hatte keine schlechten Freunde, er war kein Dieb.

Aber der Prediger rief Adam immer lauter zu Gott. Nikolaj und sein Freund drängten sich an die Holzwand, um durch kleine Löcher im Holz besser zu hören. Sie lehnten sich an die Wand. Plötzlich krachte die dünne Holzwand ins Zimmer und mit ihr auch Nikolaj und sein Freund.

Obwohl die Brüder und die Hausbesitzerin von den Schülern wussten, waren sie über ihr unerwartetes Erscheinen sehr überrascht, um so mehr die beiden Lehrerinnen.

Alle waren schockiert. Aber Nikolaj kniete sich nieder und begann laut zu beten:

»Herr! Ich bin hier. Ich bin hier, Herr! Ich will dir gehören. Vergib mir alle meine Sünden und bleibe bei mir! Vergib mir alles! Ich komme zu dir!«

Er erinnerte sich an seinen Ungehorsam gegenüber der Mutter, an Mischa und sein mit Tinte verschmiertes Gesicht, an die gesäte Lüge, und an vieles, vieles mehr... Völlig niedergeschlagen weinte er und betete. Auch die Gläubigen weinten. Nur die Spione saßen stumm da. Als Nikolaj sich vom Beten erhob, streckten ihm alle die Hände entgegen und gratulierten ihm, weinten vor Freude über die Vergebung, das Glück und den Frieden, die ein Menschenherz empfangen hatte. Dann eilte Nikolaj ohne Mütze und Mantel nach draußen. Ohne den beißenden Frost wahrzunehmen, rannte er nach Hause, rannte und sang:

O, du, den ich nicht preisen wage,
Mein Schöpfer, Schöpfer aller Welt,
Zu dir bin ich von ganzem Herzen,
Von ganzer Seele stets bestrebt...

Wer leuchtet mir mit Sonnenstrahlen
So hell in schöner Tagespracht?

Wer leuchtet hell mit Sternenflammen
Ins Schweigen einer dunklen Nacht?..
Mein Herr!..

Sein Singen erschallte laut in der eisigen Januarluft. Vor lauter Freude war es Nikolaj nicht kalt, sondern heiß. Am Himmel über ihm leuchteten die Sterne besonders klar und das Rauschen des Windes glich Engelsflügeln. Das war der 21. Januar, den Nikolaj niemals vergessen wird – der Tag seiner zweiten Geburt, seiner geistlichen Wiedergeburt! Die Geburt aus Wasser und Geist! Sein Herz überfüllte eine große Freude.

Als Nikolaj zu Hause ankam, umarmte und küsste er den ihm entgegenkommenden Hund Kukla. Als Nikolaj sie wieder losließ, sprang sie um ihn herum und bellte fröhlich. Auf diesen Lärm trat die ältere Schwester aus dem Haus. Sie schaute auf den ohne Jacke im Hof herumspringenden Nikolaj und den Hund und seufzte:

»So weit haben diese Stundisten den Bengel gebracht: Er ist verrückt geworden!«

Nikolajs Freude war wirklich groß. Eine Freude, die Christus seinen Jüngern versprach: »Niemand soll eure Freude von euch nehmen.« (Joh 16:22) Aber es kann keine echte herzliche Freude geben, solange das Gewissen schmutzig ist. Deswegen muss man Buße tun, solange man lebt und einen klaren Verstand hat!

So wurde der 21. Januar für Nikolaj zum Tag seiner zweiten Geburt, seiner Wiedergeburt.

Ein Festmahl

Nikolaj besuchte bereits lange vor seiner Umkehr zu Gott die Gottesdienste und kannte deswegen viele Brüder persönlich. Darunter gab es viele Prediger, die er mochte:

Ilja Bakumenko, Feoktist Subbotin, Prokop Mazenko und andere. Bruder Mazenko war Pastor und leitete die Gemeinde. Am folgenden Sonntag nach seiner Bekehrung lud Nikolaj mit dem Einverständnis seiner Mutter zum festlichen Mittagessen zwei Brüder ein, die er sehr schätzte. Noch vor der Morgenversammlung hatte die Mutter Pellkartoffeln gekocht und Oladi (Pfannkuchen) aus Kleie mit Kartoffeln vorbereitet. Nikolaj holte aus dem Keller Sauerkraut und Gurken und schnitt Süßwurzeln, die statt Zucker für den Tee dienten.

Nach der Morgenversammlung beeilten sich Nikolaj und die Mutter nach Hause, weil die Brüder zugesagt hatten. Bald kamen die Brüder Subbotin und Bakumenko zum Mittagessen. Sie standen am Tisch, Nikolaj sprach das Tischgebet und lud zum Essen ein. Alle setzten sich, nur Bruder Subbotin blieb stehen. Er stand da und weinte. Er brach ein Stück vom Oladi ab und fragte die Mutter, woraus sie diese gemacht hatte und warum es auf dem Tisch kein richtiges Brot gab.

Die Mutter erklärte, dass sie Brot-Gutscheine für einen Monat erhalten und damit Mehl beziehen. Das Mehl vermischt sie mit Kleie, damit es doppelt so viel gibt. In die Kleie fügt sie Sägemehl hinzu und daraus werden Oladi zubereitet.

»Heute sind die Oladi aber nur aus Kleie, ohne Sägemehl«, ergänzte sie.

Bruder Subbotin bedeckte sein Gesicht mit beiden Händen und schluchzte:

»O, Gott! Meine Schweine essen besseres Brot, als das, was diese Schwester ihren Kindern gibt.«

Er eilte aus dem Haus, sprang auf sein Motorrad der Marke IZH-49 und verschwand. Aber schon bald kehrte er zurück und trug einen Sack Mehl ins Haus; verschwand erneut und erschien kurz darauf mit einem Kanister Sonnenblumenöl. Schließlich sagte er:

»Nun, Schwester, bereite jetzt für uns Oladi zu! Aber richtige, ohne Sägemehl!«

Kurze Zeit später schmückten frische, goldbraune, große Oladi den Tisch. Der Duft von Sonnenblumenöl stieg den Kindern in die Nase und verstärkte den Appetit. Was war das für ein Festessen! Zum ersten Mal seit Kriegsbeginn konnte die Familie sich mit echtem Weißbrot satt essen.

Von diesem Tag an mussten sie nicht mehr hungern. Bruder Subbotin versorgte sie mit Mehl und Öl. Er war im Krieg und wurde verwundet. Nach der Rückkehr arbeitete er in einer Kolchose als Mähdrescherführer und hatte immer genügend Weizen und Brot.

Bruder Bakumenko lud sonntags Nikolaj und andere Kinder immer nach dem Morgengottesdienst zu sich ein und bewirtete sie mit duftendem, kräftigem Borschtsch und leckerem Kompott oder Kissel.

Der Hunger ist das beste Gewürz zum dürftigen Essen, aber dem Gesättigten schmecken auch die Süßigkeiten nicht süß. Wer das nicht erlebt hat, der wird es nicht verstehen!

Somit hatte die Begegnung mit den Gläubigen nicht nur einen guten Einfluss auf Nikolajs Seele, die den Erlösungsweg kennengelernt hatte, sondern auch auf seinen Leib: Er musste nicht mehr hungern!

Weil Nikolaj hungern musste, hat er jetzt Mitleid mit Hungernden und hilft so viel er kann. Seine Familie war immer bereit, einen Gast zu bewirten! Das bereitet ihm bis heute eine große Freude!

Wie viele hungrige Menschen gibt es heute noch, darunter auch Kinder! Und viele Menschen, darunter auch Gläubige, werfen Brot und andere Lebensmittel in den Müll. Das ist ein Verbrechen, sowohl vor Menschen als auch vor Gott. Hört auf damit! Denkt an diejenigen, die verhungern! Wenn ihr Überfluss habt, so haben sie Mangel! Sucht nach Möglichkeiten und Geld, um Leidende zu sättigen. Der Herr schätzt es hoch. Lest darüber im Matthäusevangelium 25:31 und weiter. Lest und lebt nach diesem Wort, um die Einladung zum Hochzeitsmahl des Herrn zu erhalten und an seiner ewigen Freude teilhaftig zu sein.

DIE FRÜCHTE DER BEKEHRUNG

Nach der Bekehrung begann Nikolaj sein Leben anders zu sehen und es wurde von anderen Gedanken geprägt. Er hatte jetzt ein Ziel im Leben. Hier einige Ereignisse...

Als Nikolaj die Gemeinde zu besuchen begann, gefiel ihm alles, nur eins nicht. Dort gab es viele Deutsche, die er überhaupt nicht mochte, ja sogar hasste. Es waren doch Deutsche, die seinen geliebten Vater und den älteren Bruder Vassilij getötet hatten. Sie brachten ihm Hunger und Leid. Sie zerstörten das friedliche Leben der Menschen. Sie waren daran schuld, dass er Halbwaise wurde. Ihretwegen erkrankte die Mutter und war einsam. Für ihn waren alle Deutsche gleich: Faschisten und Mörder!

In den Kriegsjahren wurden alle Deutsche, die in der Ukraine und im Wolgagebiet lebten, nach Sibirien und Zentralasien verbannt. Deutsche gab es in Schulen, in Fabriken und in Kirchen, da sie mehrheitlich gläubige Menschen waren. In der örtlichen Gemeinde machten sie eine gute Hälfte aus.

Die Deutschen verwirrten Nikolaj. Er wich ihnen aus, er fürchtete sie. Aber der Geist Gottes zog den Jungen trotzdem in die Gemeinde. Nach den Gottesdiensten vermied er es jedoch, sie mit einem Handschlag zu begrüßen.

Es ist erstaunlich, wie Gott die Menschen verändert. An jenem denkwürdigen Abend, als Nikolaj sich bekehrte, gratulierte ihm als Erstes ein Mädchen, Tanja Mazenko. Der erste von den Glaubensbrüdern, der ihn kräftig umarmte und küsste, war der Deutsche Alexander Rogalskij.

Schon kam der nächste Deutsche, Gavril Kuhn. Sie umarmten und küssten ihn wie ihren eigenen Sohn. Nikolaj schaute sie an und staunte über sich selbst: Das waren doch Deutsche, aber in seinem Herzen verschwand der Hass. »Wahrscheinlich bin ich krank«, dachte er.

Am nächsten Sonntag streckte Nikolaj mit großem Vergnügen den Deutschen zur Begrüßung die Hand entgegen und empfand eine für ihn unbegreifliche Liebe für sie! Dann verstand er, dass der Heilige Geist ein Wunder bewirkt hatte: Wenn er im Menschen Platz einnimmt, verwandelt er den brennenden Hass in innige Liebe. Natürlich waren deutsche Brüder nicht schuld am Tod von Nikolajs Vater und Bruder. So begann er die Deutschen ungeheuchelt zu lieben: mit der Liebe Gottes.

Seitdem hatte Nikolaj sogar mehr deutsche Freunde als russische. So ist es bis heute. Er verspürte nie wieder eine feindselige Einstellung gegenüber Deutschen oder anderen Nationen. Im Gegenteil, in seinem langjährigen Dienst in einer russisch-deutschen Bruderschaft waren die meisten Helfer Deutsche. Sie lebten und arbeiteten einmütig miteinander und es gab nie Probleme auf diesem Gebiet.

Darüber hinaus wurde irgendwann bekannt, dass Deutsche von der Wolga zum Bahnhof gebracht und dort zurückgelassen worden waren. Zusammen mit anderen ging auch Nikolaj mit seiner Mutter zum Bahnhof und sie nahmen eine deutsche Familie auf. Es war eine Mutter mit drei Kindern. So lebten sie lange Zeit zusammen: auf dem engsten Raum, aber friedlich.

Unter den Christen gibt es keinen Nationalismus! Das darf nicht sein! Der Herr liebt alle Menschen und niemand hat das Recht sich über den anderen zu stellen. Denn Gott ist der Schöpfer aller Menschen, und keiner ist daran schuld, dass er anders ist! Die Christenheit ist eine Bruderschaft! Aus allen Völkern und Sprachen – eine Bruderschaft, eine Familie!

Ist das nicht ein Wunder Gottes? Preis sei dir, Herr, auch für dieses Wunder! Denn keine Partei, keine Organisation oder irgendeine Macht hat es geschafft (und wird es nie schaffen), Menschen aus verschiedenen Völkern in einer freundlich gesinnten Familie zu vereinen. So etwas gibt es nur unter Christen, die im Heiligen Geist vereint sind. Sie leben und werden weiterhin als eine Familie leben!... So denkt Nikolaj heute. Er erlebt die Kraft und die Schönheit der Verheißung Christi.

Die Wiedergeburt weckte in Nikolaj sogar den Wunsch zu dem grausamen Herrn Sapelko zu fahren. Sapelko war ein Vorsitzender der nahegelegenen Kolchose. In den Kriegsjahren verprügelte er erbarmungslos Frauen und Jugendliche, die auf den Feldern Weizen vom Boden aufsammelten. Eines Tages rächte sich Nikolaj, indem er hinterlistig ein Metallstück in Sapelkos Stirn schleuderte.

Inzwischen war Sapelko krank und bettlägerig. Nur mit Mühe konnte Nikolaj ihn wiedererkennen, diesen damals stolzen Machtmenschen. Jetzt war er fast blind, schwach und abgemagert. Er brauchte Hilfe, um sich im Bett aufzurichten.

Nikolaj bekannte ihm, dass er damals mit einer Steinschleuder auf ihn geschossen hatte. Er bat um Vergebung und bezeugte, dass er jetzt an Gott glaubte, der ihm den notwendigen Mut gab. Sapelko fing an zu weinen und versicherte seine Vergebung. Gleichzeitig gestand er, dass er sehr hart zu ihm und den anderen gewesen war. Auch er bat um Vergebung und flehte Nikolaj an, für ihn zu beten. Nikolaj betete sogleich. Sie waren versöhnt.

Nach einigen Tagen besuchte Nikolaj ihn wieder und brachte ihm einige von Hand geschriebene Bibelverse und folgendes Lied: »Fern von Gott – bist du ein kleines Boot in Macht der Meereswogen...« Als Sapelko ihm von ganzem Herzen dankte, erzählte Nikolaj vom Verbrecher am Kreuz, dem Jesus die Sünden vergab. Danach betete Nikolaj zu Gott, dass er auch Sapelko zur Buße führt und

ihm die Sünden vergibt, damit seine Seele nicht verloren geht.
Der Hass gegenüber Sapelko wurde in die Liebe Gottes verwandelt. Nikolaj besuchte seinen ehemaligen Feind noch einige Male und schenkte ihm Aufmerksamkeit und Kleinigkeiten, die Sapelko mit großer Freude annahm. Später folgte seine Familie dem ärztlichen Rat und zog an einen anderen Ort. Somit endeten die Besuche, aber nicht die Gebete.

Des Weiteren veränderte Nikolajs Wiedergeburt seine Einstellung zu Kriegsspielen, die unter den Kindern besonders in den Kriegsjahren und danach beliebt waren. Nikolaj zerbrach seine Steinschleuder und warf sie weg. Auch den Revolver aus Kupferrohren, die Rauchgranate, mit Sand gefüllten »Kanonen«, Bogen, Pfeile und ähnliches zerstörte er. Das interessierte ihn nicht mehr.

Als Nikolaj später eigene Söhne hatte, kaufte er ihnen nicht solche Spielzeuge; und verbot ihnen auch, etwas Ähnliches zu basteln. Er erzog sie zur Barmherzigkeit und zum Mitleid gegenüber allen Menschen und der ganzen Schöpfung Gottes. In seinem Haus gab es kein einziges Kriegsspielzeug – bei keinem seiner sieben Kinder. Die Kinder wuchsen als Pazifisten auf. Sie bewahrten einen liebevollen Umgang mit Tieren, sogar Würmern, Käfern und Pflanzen gegenüber. Worüber sich Nikolaj als Vater sehr freute.

L*iebe Kinder und Jugendliche, wie sieht es bei euch mit solchen Spielen und Spielsachen aus?*
Überprüft eure Spielzeuge: denn der Krieg ist schlecht und schrecklich, er bring den Tod! Kriegsspiele motivieren dazu, anderen Menschen Schmerzen zuzufügen. Sie verhärten das zärtliche und feine Kinderherz. Sie machen es gefühllos und hart. Sie verändern einen guten Menschen zum Gewalttäter und Verleumder.
Und ihr, Eltern, helft euren Kindern damit: Spiele, Filme, Spielzeuge und Unterhaltung. Wenn wir nicht verhin-

dern, dass Grausamkeit in den Herzen der Kinder Wurzeln schlägt, wenn wir ihre Begeisterung für den Krieg nicht auf friedliche Aktivitäten umlenken, wenn wir ihnen erlauben, mit Spielzeugpistolen aufeinander zu schießen, dann wird es ihnen später leicht fallen, die Hand gegen Menschen zu erheben, die ihnen im Weg stehen, und oft auch gegen ihre Eltern!
***Verschiebt es nicht auf morgen!** Helft den Kindern, die Begeisterung ihrer Altersgenossen richtig einzuschätzen und weist sie auf gute Spiele und Beschäftigungen hin, die ihre Talente und ihren inneren Reichtum fördern. Stärkt in Kindern einen wertschätzenden Umgang mit der lebendigen Schöpfung Gottes.*

* * *

Als Teenager und in der frühen Jugendzeit versuchte Nikolaj Gedichte zu schreiben, wie fast jeder in diesem Alter. Es gab kaum sauberes Papier, und es wurde auf alten Zeitungen geschrieben. Nikolaj wünschte sich ein neues Heft für seine Gedichte. Einmal bemerkte er, wie seine Chemielehrerin auf einem Stuhl ein Heft vergessen hatte. Er wartete bis alle weg waren und nahm das Heft. Darin war nur eine Seite beschrieben. Er riss sie heraus und hatte nun ein Heft für seine Gedichte.

Doch als Nikolaj sich bekehrt hatte, erinnerte ihn sein Gewissen an diese Sünde. Der innere Frieden war gestört. Er kaufte drei saubere Hefte (diese waren inzwischen erhältlich) und ging damit zur Schule. Dort wartete er auf die Lehrerin. Als sie herauskam, lief er auf sie zu und bekannte alles. Die Lehrerin war sehr erstaunt und sagte:

»O, ich habe gar nicht bemerkt, dass ein Heft liegen blieb. Ich dachte, ich hätte es irgendwo verloren.«

Nikolaj bat sie um Verzeihung und reichte ihr drei neue Hefte. Sie wollte sie nicht annehmen und erklärte eindringlich, dass sie zu Hause genügend Hefte habe.

Doch Nikolaj erwiderte, dass sein Gewissen ihn nicht in Ruhe lässt, solange sie diese drei Hefte nicht bekommt.

Sie nahm die Hefte an und fügte nachdenklich hinzu: »Wir alle müssten Buße tun. Jeder hat etwas zu bekennen!«

Ab diesen Tag mochte Nikolaj die Chemielehrerin und hatte in dem Fach sehr gute Noten, und auch sie schätzte ihn. Ein Jahr später schenkte Nikolaj ihr ein kleines Büchlein, in dem er seine Lieblingsverse aus der Bibel und Lieder notiert hatte. Die Lehrerin freute sich sehr über dieses Geschenk. Schade, dass ihre Wege sich bald trennten. Obwohl Nikolaj sie nie wieder gesehen hatte, betete er für ihre Bekehrung.

* * *

Noch vieles erlebte Nikolaj nach seiner Bekehrung... Erwähnt soll nur noch die Geschichte darüber, wie Gott in Nikolajs ›Krieg‹ mit dem Atheismus eingriff.

In der achten Klasse besuchte Nikolaj eine Abendschule und arbeitete in einem Produktionsbetrieb. Auf diese Weise bekam er etwas Taschengeld für das Mittagessen. Dieses Geld sparte er für den ›Kampf‹.

Während eines solchen erbitterten Kampfes brachte ihn der liebe Glaubensbruder Ilja Bakumenko zum Nachdenken. Nikolaj saß am brennenden Ofen; er zog aus seiner Tasche Bücher und Broschüren heraus, zerriss und warf sie ins Feuer.

»Was machst du, Nikolaj?«, fragte der Bruder interessiert.

»Ich verbrenne atheistische Literatur«, antwortete Nikolaj erhobenen Hauptes.

»Wozu machst du das?«, forschte dieser nach.

»Ich kämpfe gegen Satan.«

»Und woher hast du das alles?«, interessierte sich der Bruder.

»Ich kaufe sie im Laden.«

»Kaufst du viele?«

»Jeden Monat zwei Taschen.«

»Und wie lange machst du das schon?«

»Fast ein Jahr«, antwortete Nikolaj und öffnete die zweite Tasche.
»O!«, rief der Bruder aus. »Was für ein Kämpfer!« Nikolaj erhob sich. Ermutigt von diesem Kompliment, erzählte er freudig, wie er Geld vom Mittagessen spart und damit atheistische Literatur kauft.
»Ich habe sehr viel Literatur verbrannt!«, fügte er hinzu.
»Und wie viel Geld hast du damit verbrannt?«, entgegnete der Glaubensbruder traurig. »Und wie viel Essen blieb deinem Magen deswegen erspart! Setz dich mal zu mir und lass uns über deinen Kampf gegen Satan und den Atheismus sprechen. Du bist ein großer Eiferer für Gottes Sache. Aber dein Eifer ist unüberlegt«, begann der geschätzte Bruder seine Rede.

Weiter erklärte er, dass je mehr solche Literatur verkauft wird, desto öfters wird sie gedruckt, was dem Staat Gewinn bringt. So können die Atheisten immer mehr Literatur herausgeben, und das tun sie mit großer Freude.

»Willst du ihnen diese Freude bereiten?«, fragte er.

Sie rechneten aus, wie viel Geld in den Ofen geworfen wurde. Es stellte sich heraus, dass Nikolaj für diese Summe ein gutes, gebrauchtes Fahrrad hätte kaufen können.

»Aber du hast es verbrannt. Kämpfen muss man anders. Verändere die Beziehung der Menschen zur Sünde und zu Gott. Predige das Evangelium wo immer es möglich ist. Viele Menschen lesen diese Literatur gar nicht, aber sie glauben auch nicht an Gott. Lieber Bruder, kämpfe gegen Satan und den Atheismus, aber auf eine andere Art und Weise.«

Nikolaj erkannte seinen Fehler und beendete diesen sinnlosen Kampf. Er beschloss, sich der Verkündigung des Evangeliums zu widmen. Danke, Gott, für den Rat von Bruder Bakumenko! Noch vor seiner Taufe begann Nikolaj in kleinen Gruppen von Gläubigen zu predigen.

W*ie oft beginnen junge Leute etwas Unüberlegtes. Dabei ernten sie nicht nur finanzielle Verluste, son-*

dern auch moralische. Wenn ihr, liebe Jugend, gläubige Eltern habt, dankt Gott dafür. Zählt sie nicht zu altmodischen Urahnen, die scheinbar das heutige Leben nicht verstehen. Im Gegenteil: Teilt ihnen eure Pläne mit, erzählt ihnen von euren Träumen und fragt sie um Rat. Ihr werdet damit nichts falsch machen!

Eure Wege könnt ihr immer noch gehen, aber vielleicht nicht mehr rechtzeitig bremsen. Nehmt euch Zeit, geht zu erfahrenen Christen oder ladet sie in eure Jugendgruppen ein, um miteinander zu reden.

Organisiert Treffen mit älteren Menschen: Sie werden euch gerne helfen! Eine Volksweisheit sagt: »*Ein altes Pferd verdirbt keine Furche!*«* Versucht nicht überstürzt eure Herzenswünsche zu erfüllen. Beratet euch, erzählt, denkt nach! Die Ratschläge der Alten, die den schmalen Glaubensweg gegangen sind, werden euch vor vielen Irrungen und Gefahren bewahren. Und vergesst nicht zu beten. Der Heilige Geist wird euch lehren, wie und was ihr machen müsst.*

Ja, der Heilige Geist im Herzen verändert unsere Gedanken, Gefühle und sogar unseren Charakter. Denkt an Zachäus, Petrus, Saulus, den Räuber und viele andere.

AKTIVE JUGEND

Unmittelbar nach seiner Bekehrung beteiligte sich Nikolaj am Gemeindeleben und in der Gemeindejugend. Damals zählte die örtliche Gemeinde in Sibirien etwa 150 Mitglieder. Darunter waren etwa fünfzehn Jugendliche. Obwohl diese nicht alle Gemeindemitglieder waren, herrschte unter ihnen Einigkeit, wie in einer guten Familie. Nikolaj half bei der Organisation von Jugendabenden, sowie von Treffen der Jugend mit Christen älterer Generationen. Sie unterstützten Kranke, halfen im Haushalt, auf dem Feld, im Garten und besuchten benachbarte kleine Gruppen von Gläubigen.

Zu der Zeit hatten es die Christen schwer. Während des Krieges unter dem Druck der Alliierten, von denen die Eröffnung einer zweiten Frontlinie erwartet wurde, erlaubte die sowjetische Regierung die Gebetshäuser zu öffnen Gottesdienste zu halten. Gläubige wurden sogar aus Gefängnissen freigelassen. Aber nach dem Krieg trat eine neue Welle der Christenverfolgung ein. Die Gläubigen wurden unterdrückt: in Schulen, auf der Arbeit. Sie erhielten nur schmutzige und schwere Arbeit. Sie wurden nicht in Institute und Hochschulen aufgenommen. Die Gemeinden konnten sich nicht registrieren. Die nicht registrierten Versammlungen wurden auseinandergejagt, Gemeindeleiter und die Gastgeber mussten Geldstrafen zahlen. Über die Gläubigen wurde viel Schlechtes erzählt und geschrieben. Es wurden allerlei schmutzige Geschichten erfunden und in Zeitungen veröffentlicht. Gläubigen Eltern wurde die Erziehungsberechtigung entzogen und Kinder weggenommen. Kurzum, Baptisten galten als Abschaum der Gesellschaft. Sie wurden offen als Volksfeinde bezeichnet, die den Bau des Kommunismus hinderten. Sie wurden mit allen Methoden und Mitteln bekämpft.

Doch ungeachtet des harten Vorgehens der Welt gegen die Gläubigen war die christliche Jugend auf allen Lebensebenen aktiv. Sie besuchten nicht nur die eigene Gemeinde, sondern auch kleinere Gruppen im Umkreis von etwa vierzig Kilometern. Zuerst reisten sie in Güterwaggons, dann auf Fahrrädern, die sie sich dank der Arbeit zulegen konnten, und etwas später waren sie mit kleinen Motorrädern unterwegs. Gewöhnlich fanden solche Treffen am Sonntagabend statt, nach dem eigenen Gottesdienst.

Diese Unternehmungen waren nicht einfach, mal mit lustigen und manchmal mit traurigen Folgen.

Meistens traf sich die Jugend am Bahnhof und suchte nach einem Güterzug, der in die entsprechende Richtung fuhr. Dann kletterten sie in die leeren Güterwaggons oder bei geschlossenen Waggons auf die Plattform – und die Fahrt begann.

Manchmal erreichten sie den gewünschten Ort wohlbehalten. Wenn der Zug kurz vor der Station die Fahrt verlangsamte, sprangen sie von den Waggons herunter. Aber hin und wieder lief es anders. Wenn nämlich der Zug bei der Einfahrt in den Bahnhof grünes Licht bekam, beschleunigte der Lokführer und hielt nicht an. Erst hinter dem Bahnhof mussten die Jungen und Mädchen bei voller Fahrt vom Zug springen. Einige landeten erfolgreich, andere stürzten, schlugen sich an Steinen auf, stießen gegen die neben der Bahnlinie aufgestellten Pfosten, verletzten sich an Händen, Beinen und manches Mal sogar am Gesicht.

Viel schlimmer war es aber, wenn sie mit Heizöl (Masut) übergossen wurden. Das taten manche Bahnarbeiter, die den Lokomotivführer begleiteten. Ihr Platz war auf der Plattform des letzten Eisenbahnwagens. Sie folgten dem Zug und kontrollierten, dass die Buchsen der Zugräder kein Feuer fingen und nichts abbrannte. Auf den Haltestellen gossen sie das Heizöl in die Räderbuchsen, die während der Fahrt stark erhitzten und rauchten. Deshalb waren ihre Ölkannen immer gut befüllt. Wenn diese Begleiter auf der Plattform eines Wagens junge Menschen entdeckten, so kletterten sie übers Dach zum entsprechenden Waggon und gossen von oben das Öl auf die Jugendlichen. Durch den Fahrtwind spritzte das Öl in alle Richtungen und alles wurde mit dem schwarzen, widerlichen Öl besprengt. Nichts blieb sauber: Köpfe, Gesichter, Hemden, Röcke – alles war schwarz befleckt.

Und so – schwarz und schmutzig, mit Wunden und blauen Flecken, in zerrissener Kleidung – erschienen die Jugendlichen zum Gottesdienst. Trotz allem hatten diese Jungen und Mädchen eine fröhliche Stimmung, gesunden Humor und ermutigende Worte.

Nikolaj erinnert sich heute noch an eine solche Reise. Unterwegs sangen sie folgendes Lied:

Frühen Morgens schöner Jugend,
Wenn die Morgenröte blüht,
Sich dem heil'gen Rufe fügend,
Folgen wir dem Christi Bund.

Für den Dienst am Gottes Acker
Bleiben treu wir bis zum Tod.
Lasst uns dienen treuer, wacher
Bis zum letzten Morgenrot!

Einst fuhr die Jugendgruppe nach dem Abendgottesdienst nach Tabuny, das etwa fünfundzwanzig Kilometer entfernt lag, um die Gläubigen zu besuchen. Sie trafen dort schnell und wohlbehalten ein. Die Hütte, in der die Versammlung stattfand, war überfüllt, da Gäste erwartet wurden, nämlich die Jugend aus Kulunda. Der Gottesdienst verlief gesegnet mit Beiträgen der Jugend: Lieder, Gedichte, eine Predigt – und es bekehrten sich sogar zwei Seelen. Gegen Ende tauchten ein Beamter und ein Polizist auf, aber sie störten nicht. Der Gottesdienst konnte beendet werden und die Gäste durften sich vor ihrer Rückfahrt etwas stärken. Als sie sich von den Gastgebern verabschiedeten, warnte sie der Polizist vor einem Wiederkommen. Er drohte, sie beim nächsten Mal für fünfzehn Tage zu verhaften.

»So, und jetzt bringen wir euch nach Hause«, teilte er mit. »Macht nur keinen Aufstand!«

»Danke! Aber wir haben unsere Fahrräder hier«, bemerkte Nikolaj. »Wir fahren selber zurück.«

»Nein, nein, wir sind ein gastfreundliches Volk und werden euch ehrenvoll begleiten. Eure Fahrräder sind beschlagnahmt, und ihr habt jetzt keine Pferde mehr.«

Ohne einen Verdacht zu schöpfen, verließen die Jugendlichen das Haus. Im Hof standen weitere Polizisten und ein Transporter, in den die Ordnungshüter die Jugendlichen hineinsetzten. Zwei Polizisten setzten sich zu ihnen. Die Tür wurde von außen geschlossen und sie fuhren los. Der Transporter hatte hinten keine Fenster, deshalb war es unmöglich, sich zu orientieren. Die Begleiter lächelten nur und meinten, dass sie selbst das Ziel nicht wüssten.

»Und wer weiß dann, wohin die Reise führt?«, fragten einige Jungen neugierig.

»Der Mann neben dem Chauffeur«, antworteten die Polizisten.

»Und wer ist er?«

»O, eine wichtige Person!«, lachten die Begleiter.

Die Jugendlichen blieben ruhig, legten ihre Reise in die Hand Gottes und begannen zu singen. Das erste Lied war:

Lasst uns den Frühling des Lebens
Und unsre Kräfte dem Heiland weihn!
Siehe, es ist nicht vergebens,
Groß wird der Lohn einmal sein.

Was kann es Schöneres geben,
Als wenn wir dienen dem Herrn
Und unser blühendes Leben
Schenken ihm willig und gern?

Sie sangen aus voller Kehle und den Schluss sogar zweimal:

Sollt' uns Verfolgung begegnen,
Wird es für viele auch schwer,
Uns wird der Ewige segnen,
Wir sind das siegende Heer.

»Sollte das eine Anspielung auf uns sein?«, fragte einer der Beamten.

Erfreut über die Möglichkeit für ein Zeugnis, erklärten die Brüder gern, was damit gemeint war... So kamen sie ins Gespräch. Danach baten die Begleiter die Jugend um weitere Lieder. Wieder ertönte das Lied:

Frühen Morgens schöner Jugend,
Wenn die Morgenröte blüht,
Sich dem heil'gen Rufe fügend,
Folgen wir dem Christi Bund.

»Seid ihr denn alle Deutsche?«, wollte einer der Männer wissen:
»Wie kommen sie darauf? Unter uns gibt es Deutsche, aber auch Russen.«
»Aber das ist doch ein deutscher Glaube, kein russischer.«
Erneut erklärten die Jugendlichen, dass es in allen Ländern Baptisten gibt, weil das Christentum ein Privileg aller Völker ist. Dazu sangen sie ein passendes Lied:

Kein Tempel, keine goldnen Bauten,
Nicht Scharen auserlesner Seeln,
Gemeinden hier bestehn aus trauten
Und bluterkauften, reinen Seeln.

Die Christen komm'n vom hießen Süden,
Vom Osten und vom Westenland,
Von Norden, wo der Schneesturm wütet,
Und von dem weitsten Erdenrand.

»Ich bin Ukrainer«, sprach einer der Aufseher. »Und wir lieben Musik. Könnt ihr ein Lied auf Ukrainisch singen?«
»Natürlich!«, freute sich die Jugend und stimmte ein:

Du kennst, o Heiland, mein ganzes Streben,
Du hörst mein Flehen allezeit.
Du siehst die Tränen in meinem Leben,
Du kennst mein Trachten und mein Leid...

Sie sangen das ganze Lied. Der Mann, der es sich gewünscht hatte, holte ein Taschentuch heraus und wischte sich über das Gesicht. Offensichtlich ging ihm dieses Lied durchs Herz.

Vor lauter Singen und Reden dachte niemand an Schlaf. Obwohl die jungen Leute am nächsten Tag zur Arbeit mussten, waren sie guten Mutes. Sie waren glücklich darüber, diesen Beamten die Wahrheit Gottes und Jesus Christus als den Retter der Welt zu bezeugen.

Während einer Pause zwischen den Liedern bemerkte jemand:

»Wir sind wie Jona im Schiffsbauch: ruhig in Gefahr!«

»Oder wie im Bauch des Fisches: Wir wissen nicht, wohin es geht. Es ist finster, wie bei Jona«, äußerte sich eine Schwester.

Doch ein anderer erwiderte:

»Nein, Jona lief von Gott davon. Aber wir werden weggefahren. Jona widersetzte sich dem Auftrag Gottes, aber wir tun seinen Willen.«

Die Stimmung der Gefangenen war heiter: kein Murren oder Klagen. Alle waren zufrieden und sogar froh darüber, für Christus Bedrängnis zu erdulden.

Da bog das Auto vom Feldweg ab, und es ging über Schlaglöcher.

Alle blickten sich gegenseitig erstaunt an. Wohin? Wozu? So fuhren sie eine ganze Weile.

Endlich hielt das Auto. Die Tür sprang auf und sie hörten den Befehl: »Raus mit euch!« Sie gehorchten. Die Begleiter blieben im Auto. Der »wichtige Mann« stieg auch aus und drohte zum Abschied:

»Wenn ihr noch einmal bei uns in Tabun erscheint, wird es schlimmer.«

Er stieg wieder ein. Das Auto startete, raste davon und verschwand bald aus der Sichtweite. Die Freunde standen verlassen in der Einöde da.

Die Verbannten schauten sich um: rundherum – abgeerntete Felder. Es war eine finstere, mondlose Nacht. Obwohl es noch keinen Frost gab, waren die Herbstnächte kühl.

Wo sind wir? Und wohin weiter? Diese unausgesprochene Fragen zeichnete sich auf den Gesichtern der Jugendlichen ab.

Nachdem sie miteinander gebetet hatten, folgten sie den Spuren des davongefahrenen Autos. Sie führten durch ein gepflügtes Feld und waren gut zu erkennen. Aber auf dem Stoppelfeld vermischten sie sich mit anderen Spuren, die von der Ernte zurückgeblieben waren. Und nun? Sie beschlossen, bis zum Morgen zu warten. Sie setzten sich auf die Erde und dachten an biblische Helden, die viel durchgemacht haben: Leid und Verfolgung, sogar den Tod um Christi willen.

Sie sprachen von denen, die ähnliche Situationen erlebten: Abraham wusste nicht, wohin er ging; Jakobs Reise ins Unbekannte; Moses Wanderung mit dem Volk Israel durch die Wüste; Davids Umherirren in Schluchten und Bergen. Und jemand erinnerte an die Geburt Christi und die Waisen, die von Weitem kamen, um ihn anzubeten; ein Stern führte sie.

»Wenn wir nur einen solchen Stern hätten, der uns den Weg nach Hause zeigen würde!«, träumte jemand.

Alle schauten zum Himmel. Aber dort war kein besonderer Stern zu sehen. Beim Reden verging die Zeit schnell. Es war schon weit nach Mitternacht.

Plötzlich hörten sie von zwei Seiten ein lang anhaltendes Heulen. Nikolaj kannte diese Laute: Wölfe! Es war nicht ganz klar, ob sie von der Jagd zurückkamen oder sich erst dazu aufmachten, doch dass aus dem dichten Wermut um sie herum Wölfe heulten, daran zweifelte niemand.

»Wölfe! Was machen wir jetzt?«

»Wahrlich, der Herr sandte uns wie Schafe mitten unter die Wölfe«, bemerkte Schwester Sina.

Alle schwiegen. Angst ergriff die Freunde. Niemand wollte diesen wilden Tieren begegnen.

Das Heulen wurde immer lauter und kam näher. Nikolaj wusste, dass sie Feuer brauchten. Aber wie? Keine Zündhölzer, kein Papier, nichts! Er lief über das Feld und fand zwei kleine Steine. Er entdeckte einige verdorrte Maisblätter und schlug die Steine aufeinander bis sie funkten. Nach einer Weile fingen die Blätter endlich Feuer. Das war eine Freude. Mit vereinten Kräften machten sie ein Lagerfeuer, indem sie Maisstängel und Wermut brachten. Das Feuer brannte hell und klar.

Inzwischen kamen die Wölfe noch näher. Ihre funkelnden Augen und dunkle Umrisse wurden sichtbar. Sie setzten sich und traten nicht näher ans Feuer. Es wurde schon langsam hell, aber die Wölfe kehrten nicht zurück.

Plötzlich rief ein Bruder laut:

»Preist den Herrn! Der Weg ist frei! Lasst uns gehen!«

Alle blickten verwundert auf ihn, und jemand scherzte:

»Der Bruder hat eine Offenbarung! Er sieht wahrscheinlich den Stern!«

Doch dieser gab nicht nach:

»Gott selbst wird uns den Weg nach Hause zeigen. Schaut doch mal!«, und er deutete mit der Hand auf eine Stelle des Stoppelfeldes, wo keine Wölfe waren.

Alle schauten in die Richtung. Tatsächlich! Eine Seite war frei, während auf den anderen Seiten Wölfe saßen. Sie beteten und nahmen es als Zeichen Gottes an. Sie waren einverstanden über die offene Stelle zu gehen. Sie löschten das Feuer und marschierten singend los:

Furchtbar hier brausen die Wogen des Lebens,
Mächtige Wellen verschlingen mich schier,
Schrecken des Todes mich stets hier umgeben,
Herr, o mein Heiland, ich rufe zu dir.

Herr, o erbarm dich, erzeige mir Gnade.
Grausame Feinde mich drängen, stets hier!
Kräfte verlassen mich schon auf dem Pfade,
O mein Erlöser, ich flehe zu dir!

Diesem Lied folgte ein weiteres:

Jugend hell und klar, Frühling wunderbare
Bringen wir Gott, unserem Herrn.
Alle Ehr gebührt dem, der alles führt,
Nur für ihn wir leben gern.

Sie gingen, sangen und weinten. Die Wölfe begleiteten sie in drei Gruppen: Eine folgte hinter ihnen, die beiden anderen liefen rechts und links von den ›geschlachteten Lämmern‹. So schritt die Jugend im Konvoi der Wölfe. Manchmal machten die Wölfe einen Bogen; dann taten die Freunde es auch und liefen weiter, wie durch einen lebendigen Korridor. Die Sonne ging auf, aber die Wölfe begleiteten immer noch.

Schließlich erreichten sie einen Feldweg. Eine Seite war frei von Raubtieren. Die Freunde dankten Gott für die Wölfe und liefen fröhlich weiter. Die Raubtiere dagegen, die ihre Pflicht erfüllt hatten, kehrten um und verschwanden bald im dichten und hohen Wermut. Der Weg war menschenleer. Endlich erblickten die Freunde in der Ferne ein Fuhrwerk mit zwei Pferden. Aber sie freuten sich zu früh. Als es näher kam, bog der Mann auf dem Bock scharf vom Weg ab und raste davon.

Enttäuscht blickten sich die Freunde an und verstanden gleich, wieso der Mann geflohen war: Ihre Gesichter waren schwarz vom Rauch, die Kleider schmutzig und bei einigen sogar zerrissen. Jetzt mussten sie lachen.

Obwohl niemand wusste, wohin dieser Feldweg führte, schritten die Jugendlichen munter weiter; in Gewissheit, dass die Richtung stimmte, weil Gott sie ihnen durch die Wölfe gezeigt hatte.

Der Weg führte sie zu einem großen Dorf. Hier erfuhren sie, dass es bis Kulunda noch etwa vierzig Kilometer sind. Also wurden sie sechzig Kilometer von zu Hause weggefahren und hatten inzwischen ein Drittel des Wegs hinter sich. Eine Gruppe Christen aus diesem Dorf nahm die Jungen und Mädchen auf. Sie konnten sich wärmen, waschen und frühstücken. Ein gläubiger Bauer namens

Matvej brachte sie mit einem Fuhrwerk nach Hause. Er bat sie, seine Gemeinde mal zu besuchen, was die Jugendlichen später mehrmals taten. Dort gab es auch keine Zwischenfälle, da der Leiter der Kolchose große Achtung vor Gläubigen hatte.

Sie kamen erst nachmittags nach Hause. Für die Arbeit war es zu spät, deshalb versammelten sich die ›Missionare‹ nach einer kurzen Schlafpause. Sie berichteten den Glaubensgeschwistern von ihrer ungewöhnlichen Reise. Nach dem Gehörtem dankten die Geschwister Gott unter Tränen für seine Gnade und Weisheit, aber auch dafür, dass er sogar Wölfe zum Dienst seiner Kinder einsetzte.

Die geretteten Freunde waren zwar müde, aber glücklich und reich mit der Erfahrung beschenkt, dass Gott ihr guter Hirte war. Dieses Erlebnis hatte sie nicht geschwächt, im Gegenteil: Ihre Treue zum Herrn wurde gestärkt und beflügelte zum neuen Dienst, öffnete neue Horizonte. Tabun haben sie anschließend sogar mehrmals besucht. Als sie dann sahen, wie die zwei bekehrten Seelen im Glauben wuchsen, freuten sie sich darüber, dass ihre Prüfung nicht vergeblich gewesen war.

Ein berühmter Spruch lautet:»Junge Leute sehen vor sich Höhen, die sie bezwingen wollen, und die Alten sehen Berge, die sie zu umgehen versuchen.« Das passt am besten zu unseren Freunden. Sie waren jung:

Als Jugend sind wir ernst bestrebt,
Sich für das Gute hinzugeben.
Und Jahre später staunen selbst:
Wie kamen wir auf solch Ideen!

Am folgenden Tag dankte die Jugend erneut dem Herrn für seine Barmherzigkeit. Denn kein Schüler oder Arbeiter bekam Probleme wegen seiner Abwesenheit.

In ihrem Eifer macht die Jugend viele Fehler! Aber, Gott sei Dank, dass die Jugendzeit schnell vorübergeht! Den jungen Leuten wird vorgeworfen: Sie würden meinen, die ganze Welt gehöre ihnen. Allerdings sind die Alten noch öfter der Ansicht: Die Welt würde mit ihnen zu Ende gehen!

Zum Glück verlässt der Herr seine Jünger nicht in der Not, sondern erfüllt seine Verheißung: »Siehe, ich bin bei euch alle Tage bis an das Ende der Weltzeit!« (Mt 28:20) Wenn wir seine Wege gehen und ihm gehorsam sind, dann ist er immer mit uns, so wie es in der Bibel geschrieben steht (2Kor 13:11). Wer gelernt hat, Gott zu vertrauen, der muss sich vor der Zukunft nicht fürchten! Denn Gott ist überall, und die ganze Erde ist des Herrn!

DIE ERSTE BIBEL

Während des Krieges und danach gab es sehr wenige Bibeln. In der ehemaligen Sowjetunion wurden sie nicht gedruckt, und der Import aus dem Westen war verboten. Die Gläubigen lasen die Bibel nachts und nacheinander. Sie schrieben vieles ab, manchmal sogar das ganze Buch.

Nikolaj konnte die Bibel lesen: Eine große Familienbibel des Vaters lag immer auf dem Tisch. Dennoch wünschte er sich eine eigene Bibel, die sich auch für unterwegs eignete. Da er neben der Abendschule bereits arbeitete, sparte er Geld für eine Bibel.

Eines Tages berichtete ihm ein Verkäufer aus der Nachbarschaft, dass im Dorfladen zwei neue Fahrräder geliefert wurden und er eins für sich auf die Seite gelegt hätte. Doch jetzt bot er es Nikolaj an, da er sehr früh zur Arbeit musste und anschließend noch zur Schule. Der gute Mann wollte ihm helfen und ihm das Fahrrad für den Einkaufspreis verkaufen. Schließlich waren Fährräder ein Defizit.

In jenen Jahren war es unmöglich im Geschäft ein günstiges Fahrrad zu bekommen; erst recht ein Importfahrrad zum Einkaufspreis! Auch die Mutter riet:

»Kauf dieses Fahrrad. Die Bibel wirst du noch kaufen!«
»Und wenn plötzlich eine auftaucht und ich kein Geld habe«, zögerte Nikolaj.
»Eine Bibel kann dir nur Gott schicken. Dann wird er dir auch das Geld geben«, versuchte die Mutter zu überreden.

Mit dieser Begründung war Nikolaj einverstanden und kaufte das neue Fahrrad: mit Licht und Bremsen. Ein Fahrrad der Marke Diamant, so stand es auf dem Rahmen. Es funkelte in der Sonne in der frischen Farbe. Er mochte dieses Fahrrad sehr und pflegte es. Es lief sehr gut und Nikolaj erreichte jetzt seine Arbeitsstelle bequemer und viel schneller. Er dankte dafür dem Herrn, dem Nachbarn und der Mutter. Zur Schule lief er weiterhin zu Fuß, da er fürchtete, dass ihm jemand das Rad stehlen könnte.

Einem jungen Arbeitskollegen gefiel dieses Fahrrad sehr, und er wollte es abkaufen. Nikolaj wünschte aber nichts davon zu hören. Doch dieser gab nicht nach. Eines Tages machte er Nikolaj ein Angebot, das eineinhalb Mal höher war als das, was es eigentlich gekostet hatte. Er wurde stutzig, willigte aber nicht ein.

Als sie später miteinander redeten, verriet Nikolaj, dass er Geld für eine Bibel sparte, aber bisher keine fand. Deshalb kaufte er sich dieses Fahrrad, das er sehr mochte und auch dringend brauchte. Sein Kollege schwieg. Dann fragte er:

»Wenn ich dir eine Bibel besorge, eine neue Bibel, gibst du mir das Fahrrad dafür?«

»Was für eine Bibel? Eine große oder kleine?«, erkundigte sich Nikolaj.

»Welche hättest du denn gern?«

»Ich brauche eine kleine, die man gut bei sich tragen kann.«

Obwohl das Fahrrad für Nikolaj sehr wertvoll war, musste er nicht lange überlegen, wie er sich entscheiden würde. Der junge Mann versprach, eine neue, kleine Bibel zu beschaffen.

Nach einigen Tagen rief dieser Mann Nikolaj zur Seite und zeigte ihm eine neue Taschenbibel. Nikolaj nahm sie in die Hand und drückte sie ans Herz. Nie mehr wollte er sich von ihr trennen.

Nikolaj holte sein Rad und überreichte es seinem Freund mit den Worten:

»Jetzt gehört es dir. Pflege es gut.«

Voller Freude nahm der Mann das Fahrrad, schwang sich auf den Sattel und fuhr eine kurze Strecke. Dann blickte er zurück und hielt an. Er kehrte um und fragte unsicher:

»Also tauschen wir wirklich? Hast du es dir nicht anders überlegt?«

»Nein!«, versicherte Nikolaj. »Wir haben schon getauscht. Fahr los!«

Nikolaj drückte die Bibel an sich und ging nach Hause. Dort erzählte er von seinem Tauschhandel. Die Mutter sah die große Freude ihres Sohnes und unterstützte seine Wahl, weil das Wort Gottes das Wertvollste auf dieser Erde ist.

Von da an trennte sich Nikolaj nicht mehr von seiner Bibel. Sie wurde sein ständiger Begleiter. Er las sie in jeder freien Minute. Niemals bedauerte er den Tausch! Er liebte dieses Buch sein ganzes Leben lang! Passend dazu lernte er das Gedicht von Ivan Nikitin auswendig: »Erschöpft vom harten Leben«. Oft erlebte Nikolaj die Wahrheit dieser Worte:

Wie süß sind diese Zeilen,
Das Lesen im Gebet,
Das Weinen und die Lehre,
Die meine Seele hegt!

Und diese Bibel rettete Nikolaj auch sein irdisches Leben. Aber davon später…

Heute will ich allen sagen: Freut euch, dass ihr eine Bibel habt, schätzt sie, erforscht sie! Lernt Bibelverse auswendig! Lest sie überall, bei jeder Gelegenheit – und tut, was sie sagt! Dann gilt für euch die Verheißung Gottes, die im Lukasevangelium 11:27-28 und in Offenbarung 1:3 geschrieben steht. So werdet ihr wirklich glücklich!

Eine Zeitung schrieb: »Lesen Sie unsere Zeitung, um zu wissen, was die Menschen tun!« Daneben stand eine Anzeige: »Lesen Sie die Bibel, um zu wissen, was die Menschen tun sollen!«

Jemand sagte: »Um weise und gebildet zu sein, muss man dreizehn Bücher gelesen haben.« Aber welche, wurde nicht erwähnt. Doch ich behaupte: Lest die Bibel und ihr werdet weise, gebildet und erfolgreich sein! Denn so steht es im Buch Josua geschrieben (Jos 1:8).

DIE ARBEIT

In den sibirischen Gemeinden waren Brüder mit verschiedenen Berufen: Buchhalter, Uhrmacher, Fotografen, Mechaniker, Buchbinder und andere... Während des Krieges konnten Christen ihrem erlernten Berufen nachgehen. Einige Brüder belegten hohe Posten. Doch kurz nach dem Krieg wurden die Gläubigen diskriminiert, entlassen oder auf niedrigere Posten versetzt. Die Jugend wusste es, und deswegen erlernten einige den Beruf ihrer Väter, die sie gern zu Hause ausbildeten. Nikolaj besuchte auch solche Hauskurse nach der Arbeit und der Abendschule. Er lernte die Buchhaltung, das Fotografieren, Bücher und Dokumente binden und Uhren reparieren.

Mit tiefer Dankbarkeit erinnern sich Nikolaj und seine Freunde an ihre Ausbilder. Oft war ihm der Erwerb dieser

Fertigkeiten von Nutzen; und das nicht nur für sich, sondern auch für andere.

In den schwierigen Nachkriegsjahren ermöglichten die Dorfbehörden für Teenager eine Arbeit, die von ihren Vormündern vorgeschlagen wurde. Auch Nikolajs Mutter wählte etwas für ihre Kinder. So begann Nikolaj mit vierzehn Jahren seine Arbeit im Getreidespeicher von »Sagotserno«.

Seine Aufgabe bestand darin, mit Frauen und anderen Teenagern den aus den Kolchosen angelieferten Weizen zu trocknen, der bisweilen feucht war, da er direkt vom Feld kam. Die Arbeiter mussten große Haufen von Weizen »umschaufeln«. Dabei standen sie in einer Reihe und schaufelten den Weizen von einer Seite zur anderen. Sie benutzten Holzschaufeln und mussten die Körner so hoch wie möglich durch die Luft werfen, damit sie trockneten bevor sie im Getreidesilo gelagert oder in einen Waggon verladen wurden. So wurde der Weizen mehrmals am Tag hin- und hergeworfen. Das war ein Knochenjob: den ganzen Tag stehen und viel Kraft aufwenden, um mit anderen Schritt zu halten. Anschließend schmerzten Arme und Schultern.

So arbeitete Nikolaj nur zwei Tage. In dieser Zeit bemerkte er, wie der Verwalter des Getreidesilos abends draußen saß und irgendetwas aufschrieb, durchstrich, das Blatt zerriss, von neuem begann und dabei schrecklich fluchte. Nikolaj erfuhr von Mitarbeitern, dass er jeden Abend einen Bericht an den Direktor der Firma schreiben musste: Wie viel Getreide lieferte jede einzelne Kolchose? Wie viel Weizen wurde auf Waggons verladen und wie viel blieb als Rest im Silo? Der Verwalter war halbgebildet und verlor beim Zusammenzählen immer wieder den Faden, rechnete erneut im Kopf, zählte an den Finger ab, rechnete wieder – und hatte unter dem Strich immer ein anderes Ergebnis. Er fluchte, rechnete erneut und fluchte wieder.

Am zweiten Abend ging Nikolaj nach der Arbeit auf ihn zu und bot ihm seine Hilfe an – dazu benötigte er nur ein

Rechenbrett aus dem Büro. Der Verwalter brachte eins und Nikolaj erledigte innerhalb einer Stunde alle Berechnungen. Er überprüfte sie noch einmal und erstellte einen Tagesbericht: die Annahme des Getreides (einzelner Kolchosen), die Ausgaben und den Rest im Speicher. Der Verwalter freute sich über seine Hilfe und befreite Nikolaj vom Schaufeln. Nun übernahm er die Buchführung: Tagsüber die Nummern der Fahrzeuge mit Getreide sowie die Menge des gelieferten Korns zu notieren. Genauso die Nummer und die Anzahl der Waggons, sowie die Menge des aus dem Speicher beladenen Weizens. Gegen Abend fertigte er eine Tagesübersicht für den Direktor der Firma.

Für Nikolaj war dies eine leichte Arbeit und er hatte außerdem viel Zeit für seine Lieblingsbeschäftigung: Bücher lesen. Er las zu Hause, in der Schule und auf der Arbeit. Aber diese Stelle behielt er nur eine Woche.

Der Direktor hörte von Nikolaj, der die Abrechnungen so geschickt führte und bestellte ihn in sein Büro. Auch der Hauptbuchhalter war anwesend. Gemeinsam prüften sie, wie gut der junge Arbeiter das Rechenbrett auch mit größeren Zahlen beherrschte. Sie begutachteten seine Handschrift und waren zufrieden. Der Hauptbuchhalter setzte den Teenager an einen separaten Tisch und stellte ihn in der Buchhaltung ein. Offiziell schrieb er ihn als Rechnungsführer ein, wo er bis zur zehnten Klasse arbeitete.

Neben der Arbeit im Büro lernte Nikolaj in der Abendschule und fuhr durch die Dörfer, um die Menschen zu fotografieren. Bruder Zygelnik schenkte ihm eine alte Fotokamera der Marke Fotokop (9x12) mit Ständer, einige Filme, Chemikalien für die Entwicklung der Fotos und Fotopapier. Nikolaj verbesserte sich auch darin und hatte zusätzlichen Verdienst.

Bald konnte er seine Familie unterstützen und sich ein kleines Motorrad K-55 leisten.

Das Erlernen von verschiedenen Berufen war auch den anderen Brüdern von Nutzen. Das half der christlichen

Jugend bei der Arbeit, förderte den Kauf von eigenen Transportmitteln und ermöglichte Besuche von anderen Gruppen.

Nach dem Abschluss der Mittelschule (Näheres dazu im anderen Kapitel) blieb Nikolaj ein ganzes Jahr zu Hause, obwohl er an einer Hochschule studieren wollte. Sein älterer Bruder war damals im Militärdienst. Damit die Mutter nicht alleine mit den noch zu versorgenden Schulkindern blieb, durfte Nikolaj seinen Militärdienst verschieben. In dieser Zeit heiratete seine älteste Schwester und zog aus.

Aber Nikolaj brauchte eine Arbeit. In Kulunda wurde von der Eisenbahngewerkschaft ein großer Laden eröffnet. Allerdings befand sich die Verwaltung des Geschäftes in einer anderen Stadt, in Slawgorod. Er bewarb sich dort als Verkäufer in der Lebensmittelabteilung und bekam die Stelle. Dieser Laden besaß auch eine Abteilung mit Industriewaren, in der ein anderer junger Mann verkaufte. Sie vertrauten einander und alles war gut – bis zur Revision. In der Industriewarenabteilung wurde ein Defizit und bei Nikolaj ein Überschuss von mehr als 1000 Rubel aufgedeckt. Laut Gesetz war die Strafe für einen Überschuss größer. Ein Defizit konnte bis zu einer bestimmten Frist beglichen werden, wobei ein Überschuss auf einen Betrug des Verkäufers deuten konnte.

Die Chefbuchhalterin der ORS (Abteilung der Arbeiterversorgung), welche die Revision leitete, befragte Nikolaj genauestens über seine Verkäufe. Sie fragte auch die Kunden aus und entschied, Nikolaj nicht vor Gericht zu ziehen, weil er ein ehrlicher Verkäufer sei. Außerdem stellte sie ihn bei sich als Warenexperten ein.

Es stellte sich nämlich heraus, dass Nikolaj alle Produkte in Packpapier wickelte, wie es in allen Geschäften üblich war, und alles samt Verpackung abwog. Somit nahm er Geld für das Papier ein, das eigentlich kostenlos war. Und das war nicht wenig. Deswegen hatte er in der Kasse 1000 Rubel zu viel. Die Chefbuchhalterin kannte

Nikolaj von den Erzählungen ihrer gläubigen Mutter und schätzte seine Ehrlichkeit. Zusätzlich wusste sie, dass das Bezirkskomitee der kommunistischen Partei und das Exekutivkomitee ihn nicht gern als Verkäufer sahen. Deshalb wäre es besser, die Stelle im Laden aufzugeben.
»Warum?«, fragte Nikolaj erstaunt und naiv.
»Weil du ihre Frauen, die bei dir Lebensmittel kaufen, in die Warteschlange stellst und ihnen nicht gestattest unbegrenzt einzukaufen. Diese ›Elite‹ mag das nicht.«
Anfang der 1950er Jahre gab es sehr wenig Lebensmittel: vor allem Nudeln, Zucker, Öl und Mehl. Deshalb wurde der Einkauf von Lebensmitteln pro Person begrenzt. Für diese Produkte standen die Menschen immer Schlange. Und jene Damen der ›Elite‹ wollten es nicht. Doch Nikolaj lies alle anstehen und beachtete nicht die Briefe des Bezirks- und Exekutivkomitees. Daraufhin befahl ihm der Chef der Arbeiterversorgungsabteilung, diese Damen und Parteimitglieder wöchentlich in zwei zusätzlichen Stunden zu bedienen.

Nikolaj folgte der Anweisung, lud aber zusätzlich seine Glaubensgeschwister ein, in dieser Zeit Lebensmittel zu besorgen. Er teilte sie in vier Gruppen ein, damit nicht zu viele auf einmal kommen und die Lebensmittel für zwei Wochen ausreichten. Zweimal in der Woche, nach Feierabend, bildete sich vor dem Laden eine ›elitäre‹ Schar aus Kommunisten und Baptisten. Das passte den Behörden überhaupt nicht. Sie entschlossen sich, Nikolaj auf eine bessere Stelle zu befördern, um ihn durch einen Mann aus eigenen Reihen auszuwechseln. Seine neue Tätigkeit als Warenexperte übte Nikolaj nur ein halbes Jahr aus. In dieser Zeit ereignete sich viel Interessantes...

Eines schönen Tages betraten das Büro der Arbeiterversorgungsabteilung ein Arzt und eine Krankenschwester. Sie sollten Impfungen gegen irgendeine Epidemie machen. Sie ließen sich im Büro des Chefs nieder. Die Arbeiter wurden nacheinander zur Impfung aufgerufen.

Die Tür ging auf:
»Nikolaj, zur Impfung!«
Er begab sich zur Tür, doch sein Kollege Dmitrij, ein Warenexperte für Industrieprodukte, kam ihm zuvor.
»Nikolaj, ich will mich zuerst impfen lassen, damit ich noch den Bus kriege«, bat er.
»Ist in Ordnung.«
Zusammen gingen sie hinein. Außer der Krankenschwester und dem Arzt waren noch zwei weitere Männer anwesend. Die Krankenschwester war schon aufgestanden und hielt die Spritze in der Hand. Dmitrij krempelte den Ärmel hoch:
»Zuerst mich, sonst verpasse ich den Bus.«
Die unentschlossene Krankenschwester blickte zu den beiden Männern. Sie schwiegen.
»Nein!«, erwiderte sie. »Zuerst ihn!«, und zeigte auf Nikolaj.
Doch Dmitrij ging auf sie zu und bestand eindringlich darauf, als erster geimpft zu werden.
Nikolaj ahnte inzwischen nichts Gutes. Er begann sich ruhig herauszureden:
»Ich habe Zeit. Ich bin mit dem Motorrad hier. Nehmen sie erst ihn dran, solange ich das Hemd ausziehe.«
»Was soll ich tun?«, fragte die Krankenschwester, ohne sich an jemanden zu wenden.
»Machen sie, was verlangt wird. Aber etwas schneller. Die Zeit läuft«, antwortete einer der Beiden.
Sie holte eine andere Spritze und zog aus einer mitgebrachten Flasche eine durchsichtige Flüssigkeit auf.
Dmitrij bekam die Impfung. Während dessen betete Nikolaj innerlich, weil er den Ernst der Lage durchschaute.
»Jetzt sind sie dran«, sagte die Krankenschwester.
Nikolaj ging auf sie zu und fragte:
»Bekomme ich die gleiche Impfung? Dmitrij und ich haben die gleichen Aufgaben und reagieren gleich stark auf Mikroben. Wir arbeiten ja im gleichen Geschäft.«

Die Krankenschwester erblasste, schaute unschlüssig zuerst auf die rosafarbene Flüssigkeit in der Spritze, dann auf die beiden Männer und fragte halblaut: »Was soll ich nun tun?«
Dabei verriet sie die Beiden noch mehr. Es herrschte drückende Stille. Schließlich rief eine genervte Stimme: »Selbstverständlich! Es handelt sich doch um die gleiche Epidemie! Also kriegen alle die gleiche Impfung!«
Mit zitternden Händen füllte die Krankenschwester die Spritze mit der gleichen Flüssigkeit wie bei Dmitrij und impfte Nikolaj sehr nervös. Er sah unterdrückte Tränen in ihren Augen. Beim Anziehen bemerkte er im Augenwinkel, wie die Krankenschwester die Spritze mit der rosafarbenen Flüssigkeit in den Mülleimer warf. Sie packte ihre Tasche und eilte davon.
Am nächsten Tag erfuhr Nikolaj, dass nur er und Dmitrij geimpft wurden. Er war fest davon überzeugt, dass er vergiftet werden sollte, aber Gott ließ es nicht zu und beschützte ihn. Diese Begebenheit war für ihn eine wichtige Erinnerung an die Notwendigkeit des Gebets: täglich und ausdauernd.
Anschließend suchte er in der Klinik nach dieser Krankenschwester. Er fand heraus, dass sie Raissa hieß und an diesem Morgen gekündigt hatte. Außer Nikolaj ahnte niemand den eigentlichen Grund ihrer Kündigung.

Ein anderes unvergessliches Ereignis wurde ein Zeugnis der christlichen und brüderlichen Liebe für Dmitrij.
Im Spätherbst wurden er und Nikolaj zur Revision eines großen Geschäftes in die Stadt Slawgorod geschickt. Sie kamen dort an, fanden das Büro und stellten sich vor. Es war schon spät, deshalb sollte die Revision am folgenden Tag durchgeführt werden.
»Wo können wir übernachten?«, fragte Dmitrij.
»Wir haben keine eigenen Hotelzimmer«, erklärte der Chefbuchhalter. »Ihr könnt es euch hier im Büro bequem machen. Allerdings heizen wir noch nicht und Betten gibt

es hier keine. Dafür gibt es Stühle und viele Ordner. Ihr könnt auf den Tischen schlafen und die Ordner als Kissen benutzen.«

Er deutete auf die Tische und auf einen dicken Stapel Ordner im Schrank. Sie bekamen den Büroschlüssel. Alle Arbeiter hatten Dienstschluss und auch die Putzfrau verabschiedete sich. Es wurde Abend. Durch die Ritzen drang Kälte von draußen hinein. Es gab zwar einen Ofen im Raum, aber der nützte auch nichts. Die Revisoren begriffen, dass es eine lustige Nacht wird.

»Was sollen wir tun?«, fragte Nikolaj.

Dmitrij schlug vor:

»Slawgorod ist eine große Stadt und bestimmt gibt es hier Gläubige, solche wie du. Lass uns dort übernachten.«

»Zuerst muss man sie finden«, bremste ihn Nikolaj.

»Los! Wir gehen und suchen, solange es noch nicht ganz dunkel ist«, bestand Dmitrij.

»Also gut, gehen wir«, willigte Nikolaj ein.

Nikolaj war mehrmals mit der Jugend in dieser Stadt und kannte einige Adressen von Gläubigen. Diese Adressen hatte er mitgenommen und las sie durch. In der Nähe gab es tatsächlich Gläubige. Sie folgten der Anschrift. Nikolaj fand das Haus, betrat den Hof und klopfte an. Der Hausherr öffnete.

»Guten Abend!«, begrüßte ihn Nikolaj. »Ich bin ein Baptist und das ist mein Freund, ein Kommunist. Wir sind auf einer Dienstreise und suchen ein Nachtquartier. Nehmen sie uns auf, im Namen Jesu Christi.«

»Raja«, rief der Mann ins Haus, »hier stehen zwei Fremde und bitten um Übernachtung. Soll ich sie hereinlassen?«

»Natürlich«, erklang eine Stimme und eine junge, hübsche Frau erschien an der Tür. »Sie können doch nicht draußen schlafen. Kommt herein und macht es euch gemütlich«, lud sie die unerwarteten Besucher freundlich ein.

Die Gäste wuschen und wärmten sich, aßen zusammen mit der Familie das Abendessen, legten sich erschöpft, aber zufrieden in die sauberen und warmen Betten – und sanken in einen tiefen Schlaf.

Am frühen Morgen erschallte Dmitrijs erschrockene Stimme:

»Nikolaj, Nikolaj! Ich habe von diesem Geld nichts genommen, wirklich nichts!«, schwor er.

»Was ist denn los?«, erwachte Nikolaj. »Warum schreist du so?«

Dmitrij fing an hastig zu erklären, wie er leise aufstand, um auf Toilette zu gehen, das Licht anknipste, nach draußen ging, wieder hereinkam und dann das Geld auf dem Tisch entdeckte.

»Ich habe es nicht angerührt. Nikolaj, glaub mir, ich habe nichts davon genommen!«, wiederholte er.

Nikolaj ging zum Tisch und fand folgende Notiz: »Wir müssen jetzt zur Arbeit. Macht euch das Frühstück in der Küche warm. Das Geld ist für ein Mittagessen in der Kantine. Ihr seid heute Abend gern willkommen.« Daneben lag nicht wenig Geld.

»Aber ich habe wirklich nichts genommen«, betonte Dmitrij nochmal.

»Höre doch auf!«, unterbrach ihn Nikolaj. »Dich beschuldigt ja keiner.«

»Nicht dass du schlecht von mir denkst«, murmelte Dmitrij.

»Bei uns Christen gilt das Ehrenwort. Deshalb beruhige dich! Nicht genommen – heißt nicht genommen!«

Sie machten sich frisch, frühstückten und machten sich auf den Weg zur Arbeit. Das Geld ließen sie auf dem Tisch liegen.

Der herbstliche Tag ging schnell zu Ende und sie hatten so gut gefrühstückt, dass sie mittags keine Kantine aufsuchten.

Abends sprach Dmitrij erneut das Übernachten an:

»Gehen wir wieder zu deinen Brüdern?«

»Nein! Heute bist du mit deinen Brüdern dran«, lachte Nikolaj.

Endlich war Feierabend. Dmitrij wirkte beunruhigt. Schweigend traten sie nach draußen.

»Nun, wohin gehen wir?«, fragte Nikolaj

»Dahin, wo wir gestern waren«, antwortete Dmitrij sofort.

»Nein!«, beharrte Nikolaj. »Heute gehen wir zu deinen Brüdern.«

»Aber ich habe hier keine.«

»Wie? Sind die Kommunisten nicht deine Brüder?«

»Nein!«, antwortete Dmitrij empört und blieb stehen. »Sie werden uns wirklich nicht aufnehmen!«

»Unsinn«, entgegnete Nikolaj, weil er Dmitrij prüfen wollte. »Wir gehen jetzt durch die Straßen, finden irgendwo Kommunisten und du sagst ihnen: ›Ich bin ein Kommunist, und er ist ein Baptist. Wir sind gekommen, um bei euch zu übernachten. Nehmt uns auf – im Namen von Lenin, Stalin, Marx und Engels. Gebt uns Abendessen und Geld für das Mittagessen. Ich bin euer Bruder!‹«

Erstaunt und verwirrt starrte Dmitrij auf seinen Kollegen und rief dann aufgebracht aus:

»Mein Gott! Sie werden uns nicht aufnehmen, nicht einmal ins Haus hineinlassen! Deine Freunde haben uns doch gestern eingeladen, und auf dem Zettel stand, dass wir kommen sollen. Los, gehen wir dorthin! Bei meinen Leuten funktioniert das nicht.«

Sie blieben einige Minuten auf der Straße stehen. Dann sprach Nikolaj:

»Also gut, gehen wir zu meinen Brüdern!«

Dmitrij war sofort einverstanden. Er beeilte sich und war froh. Diesmal wurden sie wie gute Freunde empfangen. Noch weitere zwei Nächte genossen die beiden Revisoren die Gastfreundschaft der Baptisten.

Nach dieser Dienstreise änderte Dmitrij entschieden seine Meinung gegenüber Gläubigen. Wenn er früher bei jeder Gelegenheit über den Glauben an Gott scherzte,

Baptisten erniedrigte und anschwärzte, so begann er nach dieser Erfahrung sich für diese einzusetzen, insbesondere für Nikolaj. Nun sprach er mit Hochachtung über den Glauben an Gott: »Der Glaube an Gott ist eine persönliche Angelegenheit und niemand in unserem freien Land darf die Gläubigen erniedrigen. Die Christen sind gute und zuverlässige Menschen«, beteuerte er und schilderte jedes Mal die Gastfreundschaft der Gläubigen.»Und du, Kommunist oder Komsomolze, hättest du einen Fremden bei dir im Namen von Marx und Lenin zum Übernachten aufgenommen?«

Bei dieser Frage verstummten alle Atheisten. Später wurde im Büro behauptet, Nikolaj habe Dmitrij bearbeitet.

Er dagegen wusste, dass die christliche Liebe seinen ungläubigen Freund beeindruckte, und er dankte Gott für die Menschen, die Gott dazu gebraucht hatte. Er dankte auch für Dmitrij, in dem Gott mir seiner Güte zu wirken begann.

Nikolaj betete für die Bekehrung seines Kollegen und dafür, dass Gott weiterhin an seinem Herzen arbeitete. Doch die gewünschte Frucht seiner Gebete konnte er zunächst nicht sehen, denn schon bald wurde Nikolaj gekündigt, da er »als Baptist den moralischen Kodex eines Verfechters des Kommunismus nicht erfüllte«.

Nikolaj war sich aber bewusst, dass christliche gute Taten des Glaubens und der Liebe die Menschen zum Nachdenken über Gott hinführen. Er nahm sich fest vor, immer gastfreundlich zu sein. Und Gott ließ diesen Wunsch auch Realität werden. Die Türen seines Hauses und seines Herzens blieben rund um die Uhr offen. Herzlich willkommen bei Nikolaj!

Und wie sieht es bei uns mit der Gastfreundlichkeit aus? Lest was Apostel Paulus dazu an die Römer schreibt (12:13). Einige mögen keine Gäste, obwohl sie selbst gern zu Besuch gehen.

Die einen sagen: »Wenn es keine Gäste gäbe, so wäre unser Haus ein Grab am Friedhof!« Die andere dagegen meinen: »Es gibt keinen schlimmeren Ton als das Klopfen an der Tür!« Und was sagen wir? Laden wir Gäste zu sich nach Hause ein?

CHRISTEN IN DEN NACHKRIEGSJAHREN

Um im Krieg die zweite Front gegen Deutschland zu starten, musste Josef Stalin unter Druck der USA und Großbritannien den christlichen Gemeinden völlige Freiheit gewährleisten. Aber gleich nach Kriegsende wurden die Gläubigen erneut bedrängt. Ihre Gottesdienste wurden verboten. Um die Versammlungen auszuspionieren, wachten Komsomolzen vor den Häusern der Brüder. Sie teilten den Behörden die Adressen mit, verhinderten die Durchführung der Gottesdienste, organisierten Tanzveranstaltungen, sangen Lieder und störten so die Gebetszeiten. Am nächsten Tag wurden der Gemeindeleiter sowie der Gastgeber von Exekutivkomitees des Bezirks einbestellt und bekamen Geldstrafen.

Daraufhin beschlossen die Gläubigen, den Spionen auszuweichen. Jede Woche änderten sie die Anschrift, oft auch die Uhrzeit der Versammlungen. An christlichen Festen wurden Gottesdienste nachts um 2:00 Uhr abgehalten, wenn alle Gegner schliefen.

Im Winter, wenn draußen ein Schneesturm tobte, war es ruhiger. In jenen Zeiten herrschten in Sibirien derartige Schneestürme, dass in zwei Metern Reichweite nichts zu sehen war. Für viele Menschen, die Gott nicht kannten, bedeuteten solche Tage Betrübnis und Langeweile. Für die Christen dagegen waren es Festtage, weil sie sich zum zusätzlichen Gottesdienst versammeln konnten. Sie trafen sich, hielten sich an einem Seil fest und folgten im

Gänsemarsch dem Stärksten, der den Weg kannte. Diese Treffen dauerten auch länger als üblich, denn niemand hatte es eilig: draußen zu arbeiten war ja nicht möglich. Alle ›Spürhunde‹ blieben zu Hause und den Gläubigen lief die Zeit in der Gemeinschaft davon. Der Gottesdienst konnte bis zu drei oder vier Stunden dauern – immer mit dem Mahl der Liebe: Pellkartoffeln, eingelegte Gurken, Sauerkraut, Salz, Tee mit Süßwurzeln satt Zucker und manchmal heiße Piroschki (Teigtaschen) gefüllt mit Kartoffeln und Röstzwiebeln.

Schwieriger war es an klaren Wintertagen und im Frühling. Wenn die Gläubigen bemerkten, dass sie beobachtet wurden, wanderten sie stundenlang durch die Straßen und führten die Komsomolzen immer weiter vom Versammlungsort weg. Zwar verpassten sie somit den Gottesdienst, verrieten aber nichts den Verfechtern des Kommunismus.

Nicht selten war auch Nikolaj ein solcher Wanderer. Eines Tages als er sein Haus verließ, um zum Gottesdienst zu gehen, bemerkte er junge Frauen. Sie folgten ihm dicht auf den Fersen bis zum Haus seines Freundes Gavril Kuhn. Nikolaj wechselte mehrmals die Straßenseite, um sie loszuwerden, doch sie folgten ihm unbeirrt weiter. Gavril wartete bereits auf ihn. Nun gingen sie zusammen weiter. Zu den beiden Frauen gesellte sich eine dritte, die Gavril im Visier hatte. Den Brüdern wurde klar, dass sie belauert wurden – und sie beschlossen zu spazieren, um die Glaubensgeschwister nicht zu stören.

Die Brüder taten so, als würden sie nichts merken. Ohne sich umzudrehen, gingen sie ans andere Stadtende und hofften dabei, ihre Verfolger abzuschütteln. Sie entschieden sich durch den Friedhof zu gehen. Es war Anfang Frühling: kalt und es lag noch viel Schnee. Die drei jungen ›Spurenleserinnen‹ folgten ihnen hartnäckig und bemühten sich, in die Fußstapfen der Männer zu treten. Doch diese machten absichtlich große Schritte. Irgendwann waren die Stiefeletten der Frauen voll mit Schnee.

Sie blieben stehen, schüttelten den Schnee aus den Schuhen, zitterten vor Kälte und gaben schließlich auf, denn weiter lag ein kniehoher Schnee. Die Brüder überquerten den Friedhof und gelangten glücklich zum Gottesdienst, das am anderen Ende der Stadt stattfand. Obwohl sie sich verspäteten, segnete Gott sie reichlich. Und sie freuten sich darüber, dass der sogenannte Schwanz nicht mitkam.

Im Sommer war es mit den Gottesdiensten am schwierigsten. Auf den Straßen spionierten mehr als genügend Pioniere und Komsomolzen. Doch die Christen trafen sich trotzdem. Manchmal war es nur nachts möglich.

Aber was für eine Einheit herrschte in den Reihen der Gläubigen! Was für eine Liebe und Freundschaft schweißte sie zusammen! Wenn jemand fehlte, blieb es nicht unbeachtet. Noch am selben Tag erkundigte man sich nach dem Wohlergehen, obwohl es keine Telefone gab. Wie viel liebevolle Fürsorge und Aufmerksamkeit! Die örtliche Gemeinde lebte wahrlich wie zu den Zeiten der Apostel! Die Gläubigen sorgten füreinander und bemühten sich, keine Gottesdienste zu verpassen.

Die Gemeinschaft der Heiligen! Das gefiel David am meisten: »Die Heiligen, die auf Erden sind, sie sind die Edlen, an denen ich all mein Wohlgefallen habe.« (Ps 16:3)

Wie schade, dass heute, in solchen guten Zeiten, sowohl Junge als auch Alte diese Gemeinschaft nicht schätzen! Wie oft werden Erholung und Vergnügen dem Gottesdienst vorgezogen! Wie wenig Anteilnahme und Liebe erweisen sich die Christen gegenseitig... Und wie lautet das Gebot Christi? »Ein neues Gebot gebe ich euch, dass ihr einander lieben sollt, damit, wie ich euch geliebt habe, auch ihr einander liebt.« (Joh 13:34) Und noch: »Wer sagt: ›Ich habe ihn [Gott] erkannt‹, und hält doch seine Gebote nicht, der ist ein Lügner, und in einem solchen ist die Wahrheit nicht...« (1Joh 2:4)

Der Mensch wurde für Gemeinschaft geschaffen. Er kann nicht allein sein. Aber mit wem ist er zusammen?

Die eine Gemeinschaft macht ihn besser und die andere verführt. Der griechische Philosoph Heraklit schrieb: »Die mit uns lebenden wilden Tiere werden zahm; doch wenn Menschen zusammenleben, betrügen sie einander und werden zu wilden Feinden.« Apostel Paulus schreibt: »Lasst euch nicht irreführen: Schlechter Umgang verdirbt gute Sitten!« (1Kor 15:33)
Mit wem haben wir Gemeinschaft? Wer sind unsere Freunde? Zu wem zieht es uns hin? In welche Richtung gehen alle unsere Wünsche? Seid vorsichtig bei der Wahl, und ihr werdet keine Fehler machen!
Achtet besonders auf eure Kinder. Verpasst nicht den wichtigen Moment, wenn sie ihre Freunde wählen!

DAS STUDIUM

Nikolaj lernte gern und gut. Nachdem er die Schule beendet hatte, träumte er vom Studium.

Die letzten Klassen besuchte er gemeinsam mit zwei anderen Baptisten: Petja Glubotschenko und Tanja Mazenko. Sie saßen zusammen auf der hintersten Bank. Keiner der Lehrer mochte sie, insbesondere die stellvertretende Schulleiterin Elisaveta Petrovna, die Russisch und Literatur unterrichtete.

Dazu hatte sie ihre Gründe. Zum einen unterstützte sie als überzeugte Atheistin weder die traditionelle orthodoxe Religion noch irgendwelche »Sektierer«. Zum anderen mochte sie Nikolaj wegen einer Kränkung nicht, die er ihr zugefügt haben sollte. Das geschah so. Einmal beantwortete Nikolaj im Unterricht alle Fragen richtig, und sie gab ihm trotzdem eine schlechte Note. Das gefiel der Klassensprecherin Lilja Fililevna nicht, weil die Abschlussklasse am besten abschneiden wollte. Als sie mit der Lehrerin stritt, bemerkte jemand aus der Klasse ziemlich laut:

»So ein Satan! Keiner kann's ihr recht machen.«
Und Nikolaj ergänzte:
»Nein, nicht Satan! Schlimmer!«
Elisaveta Petrovna verstand fälschlicherweise, dass Nikolaj sie Satan genannt hätte. Und obwohl sie tatsächlich seine Dienerin und eine Menschenhasserin war, wollte sie es nicht offen zugeben. Das reizte sie. Der Vorfall wurde an den Schulrektor und den pädagogischen Rat herangetragen. Nun wurde Nikolaj über seinen Glauben, seine Beziehung zur Wissenschaft und Satan verhört.
Nikolaj bezeugte freudig der ganzen Lehrerschaft seinen Glauben. Der Herr gab ihm Weisheit, um alle Fragen zu beantworten. Er war dem Herrn dankbar, dass sein Wort auch heute Kraft hat, wie es im Matthäusevangelium geschrieben steht (10:18-20).

Zusätzlich zum Zeugnis seines Glaubens versicherte Nikolaj, dass er die Lehrerin nicht als Satan bezeichnet hatte. Im Gegenteil, er korrigierte denjenigen, der sie Satan genannt hatte. Der Schulrektor wollte die Sache zu Ende bringen und hackte nach, warum Nikolaj sie nicht als Satan hätte bezeichnen können.

Nikolaj erklärte:
»Gemäß der Bibel, die eine Grundlage unseres Lebens ist, glauben Satan und seine Dämonen an den lebendigen Gott, aber Elisaveta Petrovna glaubt ja überhaupt nichts. Wie kann sie dann Satan genannt werden?«
»Das leuchtet ein«, bestätigte der Rektor. »Aber du hast beigefügt, sie sei schlimmer. Was kann schlimmer sein als Satan?«
»Tja, das weiß ich selber nicht«, antwortete Nikolaj.
Alle lachten und entließen ihn, aber Elisaveta Petrovna war zutiefst beleidigt.
Sie war die Tochter eines orthodoxen Priesters, im fortgeschrittenem Alter, unverheiratet, mit einem Männerhaarschnitt, immer finster und böse. Sie blickte fast nie jemanden in die Augen. Wenn sie das Klassenzimmer betrat, murmelte sie: »Guten Tag«, und schielte zur hintersten

Reihe. Dann lächelte sie spöttisch und befahl mit einer bösen Stimme einem der drei Christen: »An die Tafel!« Daraufhin folgte die Prüfung nach dem bekannten Szenario. Egal wie gut jene antworteten, gab sie eine schlechte Note und fügte hinzu:
»Ihr werdet so oder so nicht studieren können.«
Die Schüler dieser 10. Klasse aber mochten diese »Drei Heiligen«, wie die Lehrerin sie nannte. Denn Petja war gut in russischer und deutscher Sprache. Vor dem Deutschunterricht tummelten sich viele Schüler um ihn herum und baten: »Petja, übersetze schnell diese Aufgabe.« Petja übersetzte schnell und richtig aus dem Deutschen ins Russische. Die Schüler notierten sich mit Bleistift die Worte in ihre Bücher, und wenn sie aufgerufen wurden, lasen sie die fertige Übersetzung. Nikolaj schaffte es, während des Unterrichts Diktate und Aufsätze bei zwei-drei schwachen Schülern zu korrigieren, und Hausaufgaben in Mathematik schrieben sogar die besten Schüler von ihm ab. Tanja war bescheiden, still und kein streitsüchtiges Mädchen, das nie jemandem etwas Zuleide tat. Die ganze Klasse mochte diese Drei und hatte sich daran gewöhnt, dass sie Baptisten waren.

Aber die stellvertretende Schulrektorin ließ ihnen keine Ruhe. Bei der Abschlussprüfung benotete sie Tanja mit »Mangelhaft« und die beiden Jungen mit »Ausreichend«. In allen anderen Fächern hatte Nikolaj gute Noten, deshalb machte ihn diese Bewertung sehr traurig. Er träumte vom Studium – und plötzlich diese schlechte Note im Zeugnis!

Als Christ machte er keinen Aufstand und forderte keine Gerechtigkeit – er nahm es hin, wenn auch mit großer Mühe.

Gottes griff anders ein. Die Klassensprecherin Lilja Filileevna richtete eine Fürbitte an den Rektor und an die Bezirksabteilung der Volksschulbildung. Nach vielen Anträgen, mit viel Einsatz der Klassensprecherin und der Komsomolzen bekam Nikolaj für seine Abschlussarbeit eine Zwei. Es zeigte sich, dass er im Aufsatz nur ein Komma zu viel hatte. Man sagt: »Alles, was Gott tut, ist zum Guten!« Oder wie es in der Bibel heißt: »Alles dient zum Besten!« Auch diese offensichtliche Ungerechtigkeit diente zum Wohl. Sie bestätigte Nikolaj in der Meinung, dass diese Welt verlogen ist, und sie erschütterte den Glauben der Komsomolzen an »Verstand, Ehre und Gewissen« der Parteiarbeiter.

Nachdem Nikolaj die Schule beendet hatte, blieb er ein Jahr zu Hause und arbeitete als Verkäufer und Warenexperte, wie bereits erzählt.

Doch der Traum vom Studium blieb bestehen. Nach einem Jahr beschloss Nikolaj zu studieren. Seine Wahl fiel auf Medizin. Er wollte Arzt werden, um Menschen zu heilen. Er zog in die sehr weit entfernte Stadt Tomsk, die Studentenstadt genannt wurde.

Die Aufnahmeprüfung bestand er erfolgreich: mehr Punkte als für die Aufnahme notwendig. Nach einem Monat Feldarbeit saß er mit anderen Studenten im Auditorium – im weißen Kittel. Da schon bei den Feldarbeiten Nikolajs aufgeschlossener Charakter, organisatorische Fähigkeiten und ein Gerechtigkeitsgefühl zum Vorschein kamen, wurde er einstimmig zum Sprecher des Lernteams gewählt.

Nikolaj tauchte völlig in das Medizinstudium ein. Er lernte gut, besuchte regelmäßig den Unterricht, half den schwachen Studenten. Er wurde geachtet, geschätzt und gefragt. Sein Team war ein Vorbild im Lernen und in Disziplin.

Alles lief gut. Aber mit der Zeit entstanden Probleme wegen seiner religiösen Überzeugung. Alle parteilosen Studenten wurden zu Beginn des Studiums unter Druck zu Komsomolzen gemacht. Nur einer nicht, nämlich Nikolaj.

Sie drängten auf ihn ein: studieren und dabei kein Komsomolze zu sein – das ginge nicht.

Das waren die 50er Jahre der Stalinzeit, in der Komsomol und die Partei alles steuerten. Es kam zu Gesprächen mit den Zuständigen, sogar mit dem städtischen

Komsomol-Komitee. Nikolaj bekannte offen, dass er aus religiöser Überzeugung nicht Komsomolze sein konnte. Darauf verstärkten sich die Agitationen. In Gesprächen wurde ihm immer öfters mit einem Verweis gedroht. Das Studium wurde Nikolaj erschwert. Die Sache kam vor den Rektor, der Nikolaj riet, rein formell Komsomolze zu werden und im Herzen das zu bleiben, was er wollte. Doch Nikolaj blieb fest und wollte keine Kompromisse mit seinem Gewissen eingehen.

Schließlich sagte der Rektor:

»Ich schätze deine Ehrlichkeit und Treue bezüglich deinen Überzeugungen. Mit dir würde ich sogar in den Krieg ziehen; ich weiß, du würdest nicht verraten. Aber ich kann dich nicht länger vor der Partei und der Komsomolzen verteidigen. Sie üben Druck aus. Ich muss dein Studium abbrechen. Wenn ich es nicht tue, werde ich entlassen und dich wird man so oder so wegjagen.«

»Aber ich will studieren! Mir gefällt das Studium! Ich möchte Menschen heilen!«, entgegnete Nikolaj.

»Ich weiß«, erwiderte der Rektor, »aber du musst wählen: Gott oder Studium. Beides zusammen geht heutzutage nicht!« Dann fügte er leise hinzu: »Die Seele muss man heilen und nicht den Körper. Schau, sie sind alle krank!«

Er schwieg eine Weile und schlug dann vor:

»Ich habe einen Freund in Nowokusnezk. Er ist Rektor an einer Fachhochschule. Ich schicke dich zu ihm, direkt in das zweite Semester, und gebe dir eine Empfehlung mit. Dort werden zwar keine Mediziner ausgebildet, aber wenn du studieren willst, studiere dort. Vielleicht kommen andere Zeiten und du wirst auch die Medizin schaffen. Ich jedenfalls werde dich in jedem Alter wieder aufnehmen.«

Sie einigten sich, dass Nikolaj wechselt. Somit brach er nach neun Monaten sein Medizinstudium ab und zog nach Nowokusnezk.

Dort wurde Nikolaj dank der Empfehlung an der Fakultät für Bergbau aufgenommen. Im laufenden Semester ging es zum Praktikum in die Bergwerke von Kusbas. Nikolajs Gruppe wurde in den Bergwerk »Kapitalnaja 2« der Stadt Ossinniki gebracht, wo er sich einige Fähigkeiten des Bergbaus aneignete, etwa die des Sprengmeisters.

In Ossinniki gab es eine gute Gemeinde der Evangeliums-Christen-Baptisten unter der Leitung von Pastor Kornej Kröker. Nikolaj besuchte diese Gemeinde, freundete sich schnell mit der Jugend an und war glücklich, dass Gott ihn diesen Weg geführt hatte!

Nach dem dreimonatigen Praktikum war Nikolaj wieder an der Fachhochschule. Doch Satan schlummerte auch hier nicht. Er stürzte sich auf die Christen. Auch Nikolaj bekam das zu spüren. Nach sieben Monaten wurde ihm das Studium verweigert, weil er als einziger Student kein Komsomolze war. Er lernte gut, versuchte nirgends hervorzustechen, gab sich sehr bescheiden, doch das rettete ihn nicht vor der wachsamen Organisation der Komsomolzen. Erneut wurde er dazu gedrängt, Komsomolze zu werden.

Nikolaj hatte seine Meinung dazu und war dagegen, was er den Agitatoren offen bekannte:

»Ich werde nie und niemals den Komsomolzen beitreten; und eure guten Losungen sind eine Heuchelei, denn das habe ich bereits persönlich erfahren.«

Bald darauf griff Satan zu einer anderen Methode. Eines Tages musste Nikolaj zum Rekrutierungsbüro, wo ihm die Einberufung in die Armee ausgehändigt wurde – für morgen!

Nikolaj versuchte zu erklären, dass er momentan studiere. Damals wurden Studenten nicht in die Armee einberufen. Doch das Rekrutierungsbüro war unbeugsam; man gab sogar offen zu, dass die Einberufung nach einem Telefonat mit der Partei zustande kam. Nikolaj verstand, dass alles bereits beschlossen war. Er bat um eine mehrtägige Verschiebung, um sich wenigstens von seinen Geschwistern und seiner verwitweten Mutter zu verabschieden.

Doch vergeblich – sie lehnten ab und drohten sogar: »Wenn du morgen nicht um neun Uhr hier bist, wirst du zu den Deserteuren gerechnet und dann droht das Kriegsgericht. Verliere deshalb keine Zeit: melde dich von der Fachhochschule ab, denn dort wirst du nicht mehr erscheinen.«

Nikolaj betete und beruhigte sich. Er vertraute sein Leben dem himmlischen Vater an. Er brach sein Studium ab und fuhr nach Ossinniki, um sich von der Jugend zu verabschieden.

Die Nachricht über Nikolajs Einberufung verbreitete sich schnell unter den Gläubigen der Stadt. Abends versammelten sich die Christen, um Nikolaj zu verabschieden. Sie sangen viel, lasen Gottes Wort, beteten und gaben Nikolaj gute Wünsche mit. Erst weit nach Mitternacht begaben sich alle auf den Heimweg.

Morgens begab sich Nikolaj zum Rekrutierungsbüro, wo sich einige von der Gemeinde versammelten. Einberufene waren an diesem Tag wenige. Nach dem Abschied wurden die Rekruten mit dem Bus zum Bahnhof gebracht, von wo eine Eisenbahn sie nach Omsk brachte.

Dort formierte sich ein großer Zug mit beheizten Güterwaggons. Hier kamen die Rekruten aus ganz Sibirien an. Zwei Tage später startete der lange Zug in den Fernen Osten zum Dienstort.

Viel später verstand Nikolaj, weshalb Gott ihn diesen Weg geführt hatte und er war dankbar, dass auch in seinem Leben sich das Wort Gottes erfüllte:

»Denn ich weiß, was für Gedanken ich über euch habe, spricht der Herr, Gedanken des Friedens und nicht des Unheils, um euch eine Zukunft und eine Hoffnung zu geben.« (Jer 29:11)

Wenn wir Gott unsere Wege und Pläne anvertrauen, dann lenkt er sie zum Wohl. Wobei er dies nicht so macht, wie wir meinen, denn es steht geschrieben: »Meine Gedanken sind nicht eure Gedanken, und eure Wege sind nicht meine Wege, spricht der Herr; sondern so hoch der Himmel über der Erde ist, so viel höher sind meine Wege als eure Wege und meine Gedanken als eure Gedanken.« (Jes 55:8-9)

Der römische Philosoph Seneca schrieb: »Es ist töricht, Pläne für das ganze Leben zu machen, ohne dabei Herr über das Morgen zu sein.« Doch der Mensch macht Pläne und Gott korrigiert nach seinem Willen! Vertrauen wir Gott unsere Wege und unsere Pläne an, denn das Wort Gottes sagt: »Alle eure Sorge werft auf ihn; denn er sorgt für euch.« (1Pt 5:7)

Im Kreis der Familie.

Nikolaj mit Mutter und Brüdern.

Zweiter Teil

Beim Militär

Die Militärschule

Zwölf lange Tage fuhr der Zug mit den jungen Rekruten nach Wladiwostok. Bereits nach zwei Tagen im Güterwaggon hatte Nikolaj genug: vulgäre Reden, obszöne Witze, Spöttereien und Raufereien sowie Karten- und Würfelspiele. Der Zug glich einem Irrenhaus.

Er stellte sich vor, wie schwer es dort sein wird, wohin einst der verurteilte Satan und alle Dämonen geworfen werden: Spötter, Schläger, alles Unreine und Abscheuliche, Weinen und Zähneknirschen, höllische Atmosphäre. Wie schrecklich wird es dort sein!

Nikolaj taten alle leid, die sündigten und nicht erkannten, dass sie auf direktem Weg zur Hölle sind und das für ewige Zeiten. Er versuchte diese Willkür im Zug aufzuhalten und wollte den jungen Menschen aus dem Evangelium vorlesen, das er bei sich hatte. Er wurde ausgelacht und verspottet. Sie drohten sogar, ihn aus dem fahrenden Zug zu stürzen, wenn er nicht aufhören würde, von Gott zu sprechen.

Während eines Halts am dritten Tag eilte Nikolaj zum sogenannten Stab des Militärzuges – zum Passagierwaggon für Offiziere, von denen die Rekruten begleitet wurden. Er bot sich als Reinigungskraft für ihren Waggon an. Erfreut ließen sie ihn bei sich.

In diesem Waggon heizte Nikolaj den Ofen, kochte heißes Wasser für den Tee der Offiziere, putzte den Boden, reinigte die Toiletten und besorgte an den Haltestellen neue Kohle. Es gab hier zwar viel Arbeit, aber für die Seele war es angenehmer, obwohl auch hier genug geflucht und gespielt wurde. Zumindest hatten die Offiziere keine Schlägereien und warfen keinen aus dem Zug, wie das bei den Rekruten geschah.

Erschöpft von der langen Fahrt und der stickigen Atmosphäre, erreichte Nikolaj endlich Wladiwostok. Nach der medizinischen Musterung wurden 80 Personen, die eine mittlere, aber keine abgeschlossene höhere Bildung hatten, ausgesondert. Sie wurden mit einem Bus in die Stadt Spassk-Dalni, in die Militärschule für Flugzeugmechaniker befördert.

Müde von der durchgemachten Reise, betete Nikolaj intensiv zu Gott, dass sich Ähnliches nicht wiederholte. Und der Herr erhörte sein Gebet.

Bei der Ankunft in der Militärschule mussten sich die Rekruten im Hof aufstellen. Die Fotografen, Friseure, Künstler, Ärzte und Köche mussten vortreten. Auch Nikolaj trat vor. Er war der einzige Fotograf und Künstler. Er bekam zwei Helfer und den Auftrag für das neue Schuljahr die Klassenräume und das Lenin-Zimmer vorzubereiten. An den Wänden sollten Porträts der bedeutenden Heerführer und berühmten Piloten hängen; in den Klassenzimmern – Diagramme und Berechnungen, Zeichnungen vom Aufbau der Flugzeuge und Motoren. Für das Lenin-Zimmer sollte er die Mensa, das Schulgebäude, die Kasernen und die Stabsstelle fotografieren. Auf dem Schulgelände sollte er Schilder mit Slogans und Plakaten anbringen. Es war zwar viel Arbeit, aber eine ruhige und interessante Beschäftigung, die Nikolaj sehr gefiel.

Ganze drei Monate lang schnitzte er, klebte, schrieb, fotografierte und erholte sich an Leib und Seele, während die anderen den Grundkurs der Kämpfer durchliefen. Nikolaj dankte dem Herrn für diese Aufgabe.

Die Zeit der Vereidigung rückte näher. Nikolaj wollte kein Gelöbnis ablegen. Doch wie sollte das gehen? Seine einzige Hoffnung war der himmlische Vater, an den sich Nikolaj mit diesem Problem wandte.

Nun kam der Tag. Weil der Kursleiter diese Vereidigung verewigen wollte, sollte Nikolaj alles fotografieren: den Aufmarsch, das feierliche Gelöbnis, Gratulation durch Vorgesetzte, das gemeinsame Mahl sowie ein Gruppenfoto aller Soldaten und der Vertreter des Militärkreises Fernost. Außerdem musste er bis zum Abend einige Fotos für den angereisten General entwickeln. Nikolaj befolgte den Befehl und begann sogleich mit der Ausführung. Er fotografierte viel und lange die Zeremonie der Vereidigung. Dann eilte er zum Unterrichtskomplex, wo sich das Fotolabor befand. Er schloss sich dort ein, weil die Arbeit dringend war. Bis zum Abend war der Befehl des Kursleiters ausgeführt. Erst nach dem Abendessen bemerkte der General beim Durchschauen der Gruppenfotos, dass Nikolaj auf keinem Foto zu sehen war.

»Ich musste doch fotografieren«, rechtfertigte sich Nikolaj.

»Du hast, so scheint es mir, den Eid nicht abgelegt«, fuhr der General fort.

»Er war doch den ganzen Tag beschäftigt«, verteidigte ihn der Kursleiter.

»Ist in Ordnung«, winkte der General ab. »Trage seinen Namen in die Liste ein!«

So rettete der Herr seinen Diener vom Ablegen des Eides. Außerdem war der Kursleiter ihm gegenüber gut gesinnt. Für das Einhalten der Frist erhielt Nikolaj einen schriftlichen Dank des Kursleiters.

Das Schuljahr begann. Die Rekruten hatten täglich zehn Stunden Unterricht und zusätzlich einige Stunden Praxis auf dem Flugplatz. So blieb zum Marschieren und für den politischen Unterricht fast keine Zeit – zur Freude aller, vor allem zur Freude von Nikolaj. Im politischen Aufklärungsunterricht fand Nikolaj immer einen Grund zum Gehen, um zum Beispiel ein Diagramm für morgen vorzubereiten. Ganz nach dem Befehl des Kursleiters, weil es zu seinen Pflichten gehörte.

Der Herr segnete Nikolaj beim Lernen. Im ersten Halbjahreszeugnis hatte er die Note »Sehr gut« in allen dreizehn Disziplinen. Zu Beginn des zweiten Halbjahres wurde dem Oberst Kursleiter ein höherer Rang verliehen: Generalmajor. Die Soldaten freuten sich darüber, denn er war ein guter Mensch und bei allen beliebt. Nikolaj erhielt dadurch mehr Arbeit. Der neue Generalmajor hatte viele Verwandte in verschiedenen Städten. Alle sollten sein Foto mit dem neuen Dienstgradabzeichen bekommen.

In der Schule war alles gut, außer dem Politstellvertreter (Verantwortlichen für politische Bildung), der Nikolaj nicht mochte und ihm stets zu schaden versuchte. Er führte oft eifrige Gespräche mit ihm, um ihn vom Glauben abzubringen. Denn auf Nikolajs Aktenmappe aus Nowokusnezk stand dick und falsch »Baktist« geschrieben.

»Ich werde dir diesen Irrsinn aus dem Kopf schlagen!«, tobte er. »Ansonsten bekommst du beim staatlichen Examen in Politik ein ›Ungenügend‹ und sie werden dich vom Flugwesen ins Bau-Bataillon versetzen – dort kannst du dann Erde schaufeln...«

Das Schuljahr in der Militärschule für Flugzeugmechaniker verging schnell. Das Jahreszeugnis war fertig und das Staatsexamen rückte näher. Der Politstellvertreter lachte verschmitzt, wenn er Nikolaj begegnete und erinnerte mit seinem ganzen Auftreten an das bevorstehende ernste Gespräch.

Beinahe fing Nikolaj an sich zu sorgen. Doch dann dachte er daran, dass nicht der Politstellvertreter über sein Schicksal entschied, sondern Gott. Er sprach mit seinem himmlischen Vater über dieses Problem und wurde ruhiger. Der Kursleiter wusste von dieser gespannten Beziehung und bemerkte nebenbei:

»Mach dir keine Sorgen, alles wird gut!«

Beruhigt und ermutigt legte Nikolaj eine Abschlussprüfung nach der anderen erfolgreich ab. Am nächsten Tag stand ihm das Schlimmste bevor: das Examen im Fach Politik. Gegen Abend wurde aber bekannt, dass der Politstellvertreter tagsüber nach Chabarowsk bestellt wurde. Und die Prüfung morgen? Es wäre schön, wenn er bis dahin noch nicht zurückgekehrt wäre!

Am folgenden Tag teilte der Politstellvertreter mit, dass er fünf Tage wegbleiben müsse. Die für das Examen zuständige staatliche Kommission aber entschied, die Prüfung nicht zu verschieben, da die Absolventen bereits morgen von Offizieren abgeholt werden sollten. Auch die

Fahrtickets waren schon ausgestellt – die Absolventen sollten zum Ort ihres weiteren Dienstes reisen. Das Examen in Politik verlief anders als erwartet. Anstelle des Politstellvertreters prüfte der Kursleiter selbst.

Als Nikolaj an die Reihe kam, bestimmte der General, ein Stellvertreter der Kommission: »Du sollst keine Zeit verlieren. Gehe und mache deine Kamera bereit, damit du abends das Überreichen der Diplome fotografieren kannst!« Dann fügte er freundlich hinzu: »Die Prüfung gilt damit als bestanden.«

Nikolaj ging – genauer gesagt, er rannte jubelnd, dankte Gott und staunte über seine Macht und Weisheit! Später erfuhr er, dass der Kursleiter für das Fehlen des Politstellvertreters beim Examen gesorgt hatte.

Abends fand die Diplomübergabe statt und das Aushändigen der Offiziersuniformen des Dienstgrades »Technischer Junior Leutnant der Luftstreitkräfte«, auch »Mikro-Major« genannt. Drei Absolventen, darunter Nikolaj, bestanden das Examen mit einer Auszeichnung. Ihnen wurde zusätzlich das Abzeichen »Bester Schüler der Luftstreitkräfte« verliehen.

Am nächsten Tag organisierte der Rektor für alle Absolventen ein Abschiedsmittagessen. Nach seiner Abschiedsrede begaben sich alle nach draußen und stellten sich auf. Die Einteilung wurde vorgelesen: wer, wohin, für welchen Dienst. Die drei Besten wurden aus den Reihen gerufen und standen separat. Jetzt trafen die drei angekündigten Generäle an. Der Rektor hielt erneut eine kurze Rede. Alles wirkte feierlich, aber auch aufregend. Die Trennung nahte. Aber die wünschte keiner. Denn hier herrschte zwischen Soldaten und Lehrern eine freundliche und vertrauliche Atmosphäre.

Ja, wo Menschen einander nichts Böses tun, wo alle Beziehungen auf Vertrauen basieren, dort leben alle in Freundschaft, wie eine Familie. Wenn alle Menschen daran denken würden, wäre das Leben anders!

Vergesst noch folgendes nicht: *Die Atmosphäre um uns herum schaffen wir! Und das ist nicht nur eine Verantwortung den Menschen gegenüber, sondern auch Gott. Christus spricht:»Wer sie [diese Gebote] aber tut und lehrt, der wird groß genannt werden im Reich der Himmel.« (Mt 5:19)*

SIBIRISCHER TIGER

Während der Zeit in der Militärschule ereignete sich Folgendes...

Nach drei Monaten an der Schule erhielten die Rekruten sogenannte Ausgangsscheine. Ungeduldig wartete Nikolaj auf diesen Moment. Er wollte schnellstmöglich Gläubige in dieser Gegend aufsuchen. Mit seinem ersten Ausgangsschein marschierte er den ganzen Tag durch die Stadt und fragte, ob jemand wüsste, wo es eine baptistische Gemeinde gibt. Aber keiner wusste es.

Jetzt wollte er die Christen anders ausfindig machen. Mit dem nächsten Ausgangsschein schlenderte Nikolaj gemütlich durch die Stadt. Er lief möglichst nah an Häusern und Höfen vorbei in der Hoffnung christliche Lieder oder Gespräche über Gott zu vernehmen. Er lief erst an der einen Straßenseite, überquerte sie und ging auf der anderen Seite zurück. Irgendwann waren alle Straßen abgesucht. Alles erfolglos: Er hörte nur lautes Geschimpfe, auch aus Häusern von Gläubigen, wie es sich später herausstellte.

D*ie Suche nach Gläubigen bestätigte erneut die Wahrheit des Evangeliums:»Ihr seid das Salz der Erde. Wenn aber das Salz fade wird, womit soll es wieder salzig gemacht werden?.. Ihr seid das Licht der Welt... So soll euer Licht leuchten vor den Leuten, dass sie eure guten*

Werke sehen und euren Vater im Himmel preisen.« (Mt 5:13-16)
 Wie traurig, dass einige Christen keine Lichter sind. Schlimmer noch: mit ihrer bösen Zunge und ihren schlechten Taten versperren sie den Ungläubigen den Weg zur Erkenntnis Gottes! In Gegenwart von anderen Gläubigen sind sie Heilige – singen sonntags in Gemeinden und predigen wie wahre Lichter Christi! Doch im Leben... im Alltag sind sie völlig anders.

Nikolaj erinnert sich noch an zwei andere Erlebnisse...

* * *

Eines Tages wurde er zum Eingangsbereich gerufen. Dort begegnete er unerwartet seiner Mutter und dem älteren Bruder. Er traute seinen Augen nicht. Der Weg von Altai in den Fernen Osten war weit, anstrengend und teuer. Doch seine Mutter, seine kranke Mutter wollte ihren Sohn besuchen. Sie wollte ihn wiedersehen. So ist die mütterliche Liebe! Für sie sind Entfernungen, Geld, Alter und Krankheit keine Hindernisse – sie überwindet alles.

Der Kursleiter befreite Nikolaj für einige Tage vom Unterricht und stellte ihm und seinen Gästen eine Wohnung zur Verfügung. Diese wenigen Tage verflogen wie im Nu... Nikolaj war wieder allein. Doch der Herr blieb bei ihm! Er tröstete und ermutigte ihn. Auch das Bild der erschöpften Mutter und ihr vor Freude strahlendes Gesicht verließen Nikolaj nie! Eine Mutter ist durch nichts auf dieser Erde zu ersetzen!

Kinder, denkt daran! Schätzt eure Mutter, bringt ihr Blumen – und nicht erst ans Grab, wenn es zu spät ist. Schenkt der Mutter euren Gehorsam und Besuche. Macht etwas Schönes für sie – heute, jetzt. Sie ist es würdig: für die langen, schlaflosen Nächte, die unruhigen Tage, für die ständige Sorge und die brennende Liebe zu euch!

Auch ihr, Väter und Mütter, denkt daran, dass ihr eure Kinder nicht nur kleiden und ernähren sollt, sondern lieben. Beweist diese Liebe in der Tat! Nehmt euch Zeit, um mit eurem Kind zu schmusen und offen zu sprechen. Helft ihm zu verstehen, dass außer eurer großen, mütterlichen Liebe es noch eine größere Liebe gibt, nämlich die Liebe Gottes. Dazu sagt Gott: »Kann auch eine Frau ihr Kindlein vergessen, dass sie sich nicht erbarmt über ihren leiblichen Sohn? Selbst wenn sie vergessen sollte – ich will dich nicht vergessen!« (Jes 49:15)

Wenn die Kinder eure uneigennützige und reine Liebe erfahren, werden sie die Liebe Gottes verstehen und sie schneller annehmen. So werden sich eure Sorgen und Gebete hundertfältig auszahlen – durch die Freude.

* * *

Die besten Schüler, dazu zählte auch Nikolaj, erhielten jeden Sonntag einen Ausgangsschein für den ganzen Tag.

Nach der langen und erfolglosen Suche nach Gläubigen gab Nikolaj den städtischen Lärm auf und widmete sich der umliegenden Taiga, die gleich am Stadtrand begann. Das war die berühmte Taiga, die vielerorts noch kein Mensch betreten hatte. Dort wuchsen reichlich wilde Trauben, Nussbäume, Beeren und Früchte. Im Sommer und besonders im Herbst konnte man von den üppigen Gaben der Natur leben. Nikolaj konnte den ganzen Tag durch die Taiga wandern; dabei naschte er Trauben, Äpfel und Nüsse, sammelte Blätter für sein Herbarium.

Die Taiga besitzt Höhlen, die nicht nur Schutz vor Regen bieten, sondern auch einen Ruheort zum Beten und Lesen. Eine dieser Höhlen richtete Nikolaj mit jungen Zweigen ein und verweilte öfters in seinem Naturhaus.

An einem Herbsttag erhielten die Besten einen Ausgangsschein für zwei Tage. Nikolaj begab sich wieder in die Taiga. Er wanderte den ganzen Tag. Zum Übernachten suchte er seine gemütliche Höhle auf. Müde von der Wanderung, mit Händen voll Blätter, erreichte er in der

Dämmerung seinen Unterschlupf, betete und schlief sofort ein.

Seltsame Geräusche weckten ihn. Er öffnete die Augen und lauschte... Fluchende Männerstimmen! Das verhieß nichts Gutes. Als Nikolaj sich umdrehte, um zum Gebet hinzuknien, bemerkte er plötzlich zwei Augen, die ihn aus der Tiefe der Höhle verfolgten. Er spähte genauer in die Dunkelheit und erkannte Umrisse eines gewaltigen Tieres. Es bestand kein Zweifel – drei Schritte von ihm lag ein Tiger, das berühmte sibirische Raubtier!

»Herr, bewahre mich!«, flüsterte Nikolaj angsterfüllt.

Der vom Geschimpfe gestörte Tiger erhob sich, schaute mit einem prüfenden Blick auf den Menschen und sprang mit einem Satz zum Höhlenausgang. Es war zu erkennen, wie sich seine Muskeln unter dem gestreiften Fell spannten, dann ertönte ein fürchterliches Brüllen. Solch ein schreckliches Gebrüll hatte Nikolaj noch nie gehört. Die ganze Höhle schien zu beben.

Die Männer rannten schreiend davon. Noch einige Minuten blieb der König der Taiga majestätisch stehen, kehrte schließlich zurück und legte sich hin. Nikolaj zitterte am ganzen Körper. Gedanklich dankte er dem Herrn für die Rettung und bat um Bewahrung in der Nacht. Wenn der Tiger ihn im Schlaf nicht angegriffenen hatte, so war es Gottes Führung. Wegrennen war außerdem sinnlos.

Nikolaj betete und wurde ruhiger. Etwas skeptisch legte er sich vorsichtig hin und beobachtete das wilde Tier.

Der Vollmond leuchtete zwischen den Bäumen und sein Licht fiel in die Höhle. Nikolaj zitterte innerlich und vermied hastige Bewegungen. Dabei schaute er seinem Leibwächter in die Augen. Das kalte Mondlicht spiegelte sich in den tiefen und ruhigen Augen des mächtigen Tieres wider. Nach einigen Minuten des durchdringenden Beobachtens gähnte der Tiger, zeigte seine starken Reißzähne, legte den Kopf auf die Pfoten und blickte beharrlich auf Nikolaj.

Endlich wurde es ihm überdrüssig und er schloss die Augen. Doch Nikolaj schloss kein Auge; mit Ehrfurcht betete er und dachte an Daniel in der Löwengrube. Intensiv erlebte er die Worte Daniels: »Mein Gott hat seinen Engel gesandt und den Rachen der Löwen verschlossen, dass sie mir kein Leid zufügten, weil vor ihm meine Unschuld offenbar war...« (Dan 6:23) Er dachte an Davids Begegnungen mit Löwen und Bären. Er sang im Geist christliche Lieder und es schien, als würde er die Gegenwart des Schutzengels spüren.

Am Morgen erhob sich der Tiger, musterte Nikolaj aufmerksam und schritt majestätisch aus der Höhle – als hätte er seine Pflicht erfüllt.

Mächtiger Schöpfer der herrlichen Welt! Wie wunderbar und unerforschlich sind seine Wege! Er leitet Tiere und Vögel, und nach seinem Willen dienen sie den Menschen! So wird es im tausendjährigen Reich sein. Ehre sei Gott für sein wunderbares Regieren auf der ganzen Welt!

Plutarch sagte: »Manchmal sind die wilden Tiere mit großen Zähnen nicht so schlimm wie ein hinterlistiger Mensch, der ein wenig Macht hat. Wie viele Menschen mussten wegen eines Despoten leiden! Er ist schlimmer als ein Rudel wilder Tiere.« Nikolaj fügt hinzu: »Und wie viele Menschen leiden heute wegen Nachkommen dieser Despoten!«

Halt! Bekriegt euch nicht gegenseitig, beißt nicht einander – ihr seid doch keine Tiere, sondern Menschen! Christen! Denkt an die Worte des Evangeliums: »Denn das ganze Gesetz wird in einem Wort erfüllt, in dem: Du sollst deinen Nächsten lieben wie dich selbst. Wenn ihr einander aber beißt und fresst, so habt acht, dass ihr nicht voneinander aufgezehrt werdet!« (Gal 5:14-15)

IM FEUEROFEN DER PRÜFUNGEN

Die Ausbildung an der Militärschule war abgeschlossen. Der Rektor wünschte allen einen guten Dienst bei den Luftstreitkräften und Erfolg bei der Arbeit.

Die drei Generäle kamen auf die drei besten Absolventen zu. Sie stellten ihnen drei Fragen: »Woher kommst du? Wer ist dein Vater? Willst du mir dienen?«

Nikolaj war der dritte. Er antwortete: »Ich bin gebürtiger Sibirier. Mein Vater fiel im Krieg bei Stalingrad. Gern möchte ich bei ihnen dienen.«

Einer der Generäle schritt erneut vorüber, musterte die drei Absolventen und blickte jedem in die Augen. Dann wandte er sich wieder an Nikolaj:

»Gut! Du wirst bei mir dienen. Geh zur schwarzen Wolga!«, er zeigte zum Auto bei der Stabsstelle.

Nikolaj war einige Meter gelaufen, blieb dann stehen und winkte seinen Kameraden zum Abschied. Dabei bemerkte er, wie ein Mitarbeiter des Politbüros zum General lief und ihm etwas ins Ohr flüsterte. Dieser winkte ab.

Sie setzten sich ins Auto, das langsam das Tor der Garnison passierte und dann durch die Stadt brauste. Eine Zeitlang fuhren sie schweigend. Schließlich fragte der General:

»Stimmt das, was über dich erzählt wird?«

»Was genau?«, wollte Nikolaj wissen.

»Dass du ein sturer, religiöser Fanatiker bist?«

»Ich weiß nicht, inwiefern ich ein Fanatiker bin, aber dass ich ein Christ bin – das ist wahr!«

Der General schmunzelte und das Gespräch war damit beendet. Die Wolga fuhr lange auf einer asphaltierten Straße. Dann bog sie zum Wald ab. Einige Kilometer später gab der General dem Chauffeur ein Zeichen. Sie blieben stehen und stiegen alle aus. Der General flüsterte dem Chauffeur etwas zu und dieser nickte. Dann fasste der General Nikolaj an der Schulter und brüllte:

»Ich bin schon solchen Fanatikern begegnet, und habe sie alle zu normalen Menschen umzogen. Ich werde diesen Fanatismus aus deinem Kopf schlagen. Ich gebe dir fünf Minuten. Überlege gut und sage mir dann, ob du Gott verleugnest oder Fanatiker bleibst.«

Der General schritt zur Seite.

Nikolaj ahnte nichts Gutes, aber er fürchtete sich nicht. Gleichzeitig verspürte er einen Lebensdrang; er wollte noch nicht sterben, noch weniger seinen Gott verleugnen, der ihm so viel Güte erwiesen hatte. Er konnte nicht verleugnen. Er wollte aber auch keine Kompromisse mit seinem Gewissen schließen. Wie immer begann er zu beten…

Der General trat näher und fragte streng:

»Nun, was sagst du? Willst du Gott oder deinem Vaterland dienen? Wenn du dich von deinem Gott nicht absagst, werde ich dich hier erschießen und niemand wird davon erfahren. Entscheide dich!«

Ohne zu zögern, antwortete Nikolaj:

»Es gibt nichts zu entscheiden. Ich liebe das Leben, aber ich habe kein Recht dazu, meine Überzeugungen aufzugeben. Und sie anlügen will ich auch nicht. Ich bin bereit zu sterben!«

Der General zog die Pistole und sprach:

»Ich gewähre jedem ein letztes Wort. Aber bitte nicht um dein Leben. Du hast deine Wahl getroffen.«

»Ein letztes Wort? Ich bitte nicht um Leben. Das Leben schenkt uns Gott! Ich habe nur eine Bitte. Gestatten sie mir vor dem Tod zu beten.«

»Schieß los!«, antwortete der General. »Ich warte.«

Nikolaj betete. Es war ein besonderes Gebet, ein Gebet unmittelbar vor dem Tod! Das letzte Gebet auf dieser Erde – es ist unbeschreiblich! Glückselig betete Nikolaj und weinte, er weinte und betete.

Er dankte Gott dafür, dass er ihn kennenlernen durfte. Er danke für alle seine Wunder und Hilfe. Nikolaj bat für seine verwitwete Mutter, für seine Freunde und Verwandten. Er betete für den General, dass dieser Gott kennenlernen möge und dass Gott ihm die Sünde des Mordes vergibt, damit sie einander im Himmel als Brüder begegnen. Nikolaj hatte den Eindruck, der Himmel wäre auf die Erde herabgekommen, die Engel würden ihn umgeben und im Himmel stünde der Sohn Gottes, wie damals beim Tod von Stephanus. Inbrünstig stieg das Gebet in die Höhe...

»Es reicht!«, unterbrach ihn die laute Stimme des Generals. »Steh auf! Ich habe keine Zeit mehr!« Und er entsicherte geräuschvoll die Pistole.

Nikolaj erhob sich, blickte dem General direkt in die Augen und sagte laut:

»Ich liebe das Leben, aber ich kann meinen Herrn nicht verleugnen, dazu habe ich kein Recht! Darum bin ich bereit zu sterben!«

»Dann dreh dich mit dem Rücken zu mir. Ich kann nicht ins Gesicht schießen, weil ich dann die Augen der Getöteten nicht vergessen kann. Ich schieße ins Genick.«

Der zum Tod Verurteilte drehte sich gehorsam um und wartete... Ein lauter Schuss ertönte. Doch Nikolaj spürte keine Schmerzen und blieb weiter stehen. Es herrschte Totenstille. Dann drehte sich Nikolaj zum General und bemerkte:

»Sie haben verfehlt! Schießen sie nochmal!«

»Ich kann schießen und habe noch nie verfehlt!«, schnaubte der General. »Es reicht, Bruder. Wobei du zuerst General werden müsstest, um mein Bruder zu sein.«

»Und um mein Bruder zu werden, müssen sie sich Gott zuwenden und ihm dienen!«, antwortete Nikolaj.

Der General schmunzelte. Er steckte die Pistole weg und befahl:

»Ab ins Auto, wir fahren!«

»Wohin?«, folgte unwillkürlich die Frage.

»Ins Gefängnis.«

Wieder fuhren sie durch den Wald. Der Weg war zweimal durch einen Schlagbaum versperrt, doch die Offiziere erkannten den General und ließen das Auto ohne zu stoppen durchfahren. Schließlich erreichten sie ein großes eisernes Tor, das sich automatisch öffnete und das Auto blieb zwischen zwei großen Kiefern stehen. Nikolaj erkannte verschiedene Gebäude, ein großes Haus, rundherum Blumen und Sandwege. Überall war es sauber und ordentlich. Nichts erinnerte an ein Gefängnis.

Der General wurde von zwei Adjutant-Offizieren erwartet, die ihm die Autotür öffneten und ihn zum großen Haus begleiteten. Ein weiterer Offizier brachte Nikolaj in die Sauna, wo er sich waschen konnte und eine neue Uniform erhielt. Danach betraten sie einen gemütlichen sauberen Speisesaal, wo ihm ein leckeres Mittagessen serviert wurde. Der gleiche Offizier führte Nikolaj in ein schönes, großes Haus. An der Tür standen zwei weitere Offiziere, die Nikolaj hineinließen; sein Begleiter blieb vor der Tür stehen.

Nikolaj befand sich in einem großen Vestibül. Ganz allein. Er schaute sich um und entdeckte Fotos vom General mit einer jungen Frau, wahrscheinlich seiner Ehefrau. Im Nebenraum erklangen Stimmen. Eine Frauenstimme sprach:

»Wie kannst du deinen ganzen Besitz einem Unbekannten anvertrauen? Irgendeinem Soldaten? Wenn er etwas von meinem Schmuck stiehlt, werde ich das nicht gleich bemerken können, und dann viel Spaß...«

Die Männerstimme kannte Nikolaj. Das war der General:

»Diesem kannst du vertrauen. Ich kenne ihn!«

»Wann hast du ihn so gut kennengelernt? Du siehst ihn doch zum ersten Mal!«

»O, ich habe ihn geprüft. Eine zuverlässige Person. Keine Angst: er wird nichts von deinem Krimskrams nehmen. Das garantiere ich.«

»Schauen, prüfen und dann reden wir«, erwiderte die Frauenstimme.

»Eine Prüfung ist überflüssig, ich habe ihn schon geprüft«, versicherte der General.

Mit diesen Worten betraten sie das Vestibül. Die hübsche, junge Frau trug elegante und teure Kleidung.
»Hier, unser neuer Begleiter und vielleicht auch mein Bruder!«, lachte der General.

Niemals hätte Nikolaj eine solche Wende erwartet. Er erstarrte vor Staunen und brachte kein Wort hervor. Allmählich kam er zu sich und verstand den Sinn dessen, was im Wald geschehen war. Er fragte:

»Herr General, was bedeutet das alles? Dieses Haus gleicht keinem Gefängnis!«

Der General und seine Frau begannen ihrerseits Nikolaj über sein Leben und seine Familie auszufragen. Das Gespräch zog sich hin. Es begann im Vestibül und endete im Speisesaal beim Abendessen.

Schließlich erklärte der General:

»Meine Frau und ich werden zwei Monate Urlaub in der Ukraine machen. In dieser Zeit übernimmst du die Leitung unseres Hauses. Zu deinen Aufgaben gehören das tägliche Gießen der Blumen, und davon gibt es hier genug, die wöchentliche Grundreinigung; achte darauf, dass nichts abbrennt; lüfte täglich die Zimmer; halte alles sauber und ordentlich. Einmal die Woche erwarten wir eine telefonische Rückmeldung über den Zustand des Hauses. Und noch etwas: berühre niemals den Krimskrams und Schmuck meiner Frau. In meinem Büro darfst du alles nutzen, was dich interessiert: Bücher, Radiogerät, Fernrohr; schreibe, male, lese... Essen kannst du im Speisesaal, wann und so viel du willst. Dort wird sich auch das ganze Dienstpersonal des Ferienhauses verpflegen. Hier brauchst du nichts zu befürchten. Sowohl das ganze Gebiet als auch das Haus sind zuverlässig bewacht. Kurzum, bis zu unserer Rückkehr kannst du dich zwei Monate erholen. Du hast diese Erholung verdient. Nun, und die Geschichte im Wald vergessen wir. Es war notwendig. Gibt es Fragen oder Wünsche?«

Nikolaj fasste inzwischen Mut und fragte nach einer Bibel. Der General telefonierte. Es wurde eine vollständige, russische Bibel besorgt. Nikolaj freute sich riesig, denn seit mehr als einem Jahr besaß er keine.

Einige Tage später reiste der General mit seiner Frau ab.

Beim Abschied umarmte der General den neuen Leiter und sagte:

»Sicher habe ich mich nicht getäuscht und du wirst mein Vertrauen nicht missbrauchen!«

So übernahm Nikolaj die Leitung des Hauses. Er war nicht nur dem Tod entkommen, sondern landete an einem echten Kurort. Er musste immer wieder staunen und dankte Gott für seine wunderbaren Wege; er dankte auch für diesen Ort der Erholung und für die Hilfe bei der Prüfung seiner Treue zum Erlöser.

So führt uns der Herr bisweilen durch einen Feuerofen, damit wir geläutert werden und seinen Segen empfangen, wie geschrieben steht: »Ich, der Herr, erforsche das Herz und prüfe die Nieren, um jedem einzelnen zu vergelten entsprechend seinen Wegen, entsprechend der Frucht seiner Taten.« (Jer 17:10)

Allein im leerstehendem Haus sang Nikolaj:

Licht nach dem Dunkel, Friede nach Streit,
Jubel nach Tränen, Wonne nach Leid,
Sonne nach Regen, Lust nach der Last,
Nach der Ermüdung selige Rast...

Reichtum nach Armut, Freiheit nach Qual,
Nach der Verbannung Heimat einmal;
Leben nach Sterben, völliges Heil
Ist der Erlösten herrliches Teil.

Der weitere Dienst

So begann der Dienst nach der Militärschule für Flugzeugmechaniker; ein Dienst, der eher eine Entspannung war. Nikolaj schlief aus. Nach der Morgendusche las er zuerst in der Bibel und betete. Darauf wurden die Blumen gegossen. Als Nächstes begab er sich in den Speisesaal zum Frühstück. Anschließend schlenderte er auf dem Grundstück, genoss die frische Morgenluft und bewunderte die Schönheit der Bäume und Blumen. Nach dem Spaziergang vertiefte er sich in ein spannendes Buch aus der Bibliothek des Generals. Dann suchte er die Radiowelle 25 und hörte sich geistliche Sendungen an, die im Fernen Osten sehr gut empfangen wurden, erst recht mit dem erstklassigen Radio des Generals. Nach einem weiteren Gebet aß Nikolaj zu Mittag.

Darauf folgten ein kurzes Nickerchen, Radiosendungen, Bibel, Gebet und Abendessen. Nach dem Abendessen – Spaziergang, Bibellesen, Gebet und Nachtruhe. Am Samstag reinigte er gründlich das Haus und polierte den Parkettboden im Speisesaal. Am Montagabend – ein Rapport über das Haus im Telefongespräch mit dem General. Und so verliefen zwei Monate, bis der General und seine Frau heimkehrten.

Nikolaj machte sich viele Gedanken darüber, wie der Hausherr die Pflege seines Hauses bewerten würde und ob die Einstellung des Generals sich in dieser Zeit nicht geändert habe. Wie würde es wohl werden? Obwohl Nikolaj wusste, dass er alle Kümmernisse dem Herrn anvertrauen konnte, machte er sich Sorgen – wie jeder Mensch.

Diese Sorge war allerdings überflüssig. Der General und seine Frau kehrten in bester Laune zurück und waren mit dem Leiter und seiner Arbeit vollkommen zufrieden.

Der General berichtete viel von der Ukraine. Erschöpft von der langen Reise legte sich seine Frau nach dem

Abendessen ins Bett. Der General blieb noch und unterhielt sich mit Nikolaj. Jetzt erzählte er ihm, warum er ihn so behandelt hatte.

»Du bist ein Sibirier – das ist der erste Grund, warum ich dich gewählt habe«, begann der General, der ebenfalls ein Sibirier aus Nowosibirsk war. »Als ich die Akten der drei Besten durchgelesen hatte, stand auf deinem Aktenordner ›Baktist‹...«

Hier hörte Nikolaj zum ersten Mal den General fluchen...

»Gott, vergib mir«, fügte er schnell hinzu. »Aber was sind das für ungebildete Leute, die nicht einmal richtig schreiben können! Nun, da dachte ich, du wirst mein Mann sein. Denn ich wollte in meinem Haus keinen haben, der stiehlt, säuft oder flucht. Ich brauchte einen vernünftigen Menschen. Zugegeben, ich habe bei der Prüfung deiner Ehrlichkeit und Treue übertrieben. Verzeihe mir. Als ich hörte, wie du für mich gebetet hast, Gott möge mir vergeben und ich dein Bruder werden sollte, da war ich endgültig überzeugt: Ich habe einen zuverlässigen Mann gefunden.«

Nikolaj war nicht bewusst, dass er damals laut gebetet hatte...

Der General fuhr fort:

»Also enttäusche mich nicht. Ich habe Pläne mit dir.«

Gerührt von dieser Offenheit, antwortete Nikolaj:

»Sie müssen sich bei mir nicht entschuldigen. Ich habe ihnen bereits im Wald vergeben, denn ich verabschiedete mich vom Leben. Um Gott zu begegnen, dürfen wir nichts Böses im Herzen haben. Wer nicht vergibt, kommt nicht in den Himmel!« Mutig sprach er weiter: »Sie haben die Rolle des Henkers wirklich gut gespielt. Sie wären ein ausgezeichneter Schauspieler.«

Bei dieser Vorstellung musste der General lange und laut lachen. An diesem Abend brannte das Licht im Speisesaal noch lange – dort unterhielten sich offen und ungezwungen zwei Männer: ein Kommunist in der Person des

Generals und ein Baptist – ein Junior Leutnant. Das Gespräch gefiel beiden. Und sie gefielen einander als Menschen. Zwei Tage später fand ein anderes offenes Gespräch statt. Der General, der gleichzeitig Divisionskommandeur war, schilderte Nikolaj seine Pläne: Morgen fliegt er dienstlich zum Stab des fernöstlichen Militärbezirkes und wird Nikolaj mitnehmen. Dort wird er ihn für einen Fernkurs an einer Flugschule anmelden, mit dem Ziel, dass Nikolaj in einem Jahr die komplette Theorie des Fliegens lernt; die Praxis wird ihm der General selbst beibringen.

Nikolaj widersprach nicht. Zum einen hatte er gelernt, seine Wege in Gottes Hände anzuvertrauen; zum anderen wollte er lernen. Davor wurde ihm das Studieren verboten – und hier wird es ihm angeboten. In einem Jahr – überlegte Nikolaj – dann könnte er während einer Beurlaubung nach Hause reisen und in Uniform mit Offiziersabzeichen der Luftstreitkräfte seine Lehrerin Elisaveta Petrovna besuchen, um zu beweisen, dass auch er, obwohl ein Baptist, ein Mensch war! Deshalb war er sogar mit Freuden damit einverstanden.

Am nächsten Tag begaben sie sich mit dem Stabsflugzeug zum Hauptquartier des fernöstlichen Militärkreises. Sie suchten zunächst die Flugschule auf, dann die Klinik zur medizinischen Musterung und erneut die Flugschule, wo Nikolaj eingeschrieben wurde, mit dem Vorrecht das Examen extern abzulegen. Die Garnison erreichte er mit einem Berg von Büchern und einem großen Wissensdrang.

Nachdem sie im Hauptquartier angekommen waren, nahm der General Nikolaj auf seinen ›Flaggschiff‹ als Bordtechniker.

»Ich gebe dir so viel Zeit für das Studium, wie du brauchst«, erklärte der General seine Pläne weiter. »Nach einem Jahr wirst du das Examen in der Flugschule ablegen und bekommst das Überschallflugzeug MiG-17.«

Die Familie des Generals wohnte im zweiten Stock eines großen Hauses im Militärareal. Im ersten Geschoss wohnte die Familie des Leiters des Militärbezirkes. Hier in der ersten Etage erhielt Nikolaj eine separate Wohnung mit einem Wohnzimmer, Büro und Schlafzimmer. Dort zog er mit seinen Büchern ein. Die Aufgabe war konkret und hart: In einem Jahr sich ein dreijähriges Programm der Hochschule anzueignen und das Staatsexamen mit der Note Gut abzulegen.

Im Dienst war Nikolaj für die Bordtechnik des Flugzeuges vom General zuständig. In der Regel besaßen die Kommandeure der Divisionen ziemlich neue Flugzeuge, die keine besondere Pflege benötigten. Außerdem waren Nikolaj noch zwei Soldaten untergeordnet: ein Mechaniker und ein Motorexperte, die das Flugzeug tankten, kleine Reparaturen durchführten und es für den Flug vorbereiteten. Somit hatte Nikolaj wenig Arbeit: Er kontrollierte seine Helfer, überwachte den Motor und die ganze Maschine beim Fliegen. Zudem flog der Divisionskommandeur nicht zu oft, sodass Nikolaj genügend Zeit zum Lernen blieb.

Er lernte gewissenhaft: erledigte rechtzeitig schriftliche Aufgaben und Tests, schrieb die Jahresarbeit für das Diplom. Die Praxis übernahm der Divisionskommandeur selbst. Sie starteten mit einem Propellerflugzeug U-2. Zum Ende der vorgegebenen Zeit flog Nikolaj bereits selbständig das Düsenflugzeug MiG-17.

Er ist bis heute dem Herrn für den Dienst in der Militärflugschule dankbar. In anderen Abteilungen wurden die Rekruten oft schrecklich schikaniert. Bei den Luftstreitkräften herrschte eine Atmosphäre des Vertrauens, der Freundschaft und des gegenseitigen Verständnisses – zwischen neuen und alten Soldaten, zwischen der Mannschaft und den Kommandeuren.

Es war so, dass das Bodenpersonal (Motorexperten oder Mechaniker) aus Soldaten oder Sergeanten bestand, während alle Piloten Offiziere waren. Die Offiziere durften ihre Soldaten weder anschreien noch schelten, erst recht nicht bestrafen. Denn beim Service eines Flugzeuges bräuchte jemand nur einen Kabel oder eine Schraube zu beschädigen, und der Flug würde mit einer tödlichen Katastrophe für den Piloten enden. Deswegen ertrug einer den anderen ohne Geschrei und achtete auf den richtigen Ton, ungeachtet der Unterschiede in Position. Alle wurden mit Vornamen angesprochen.

Trotzdem musste Nikolaj erfahren, was eine Arrestzelle war. Allerdings völlig zu Unrecht. Eines Tages war er schon die halbe Zeit geflogen und bereits umgekehrt, als in den Kopfhörern die Stimme des Kommandeurs ertönte. Er forderte ihn auf, ein unbekanntes Flugzeug zum Landen zu zwingen. Es befand sich im Quadrat von Nikolaj; sollte jedoch das unbekannte Flugzeug die Landung verweigern, müsste er es rammen und sich ausschleudern.

Tatsächlich bemerkte Nikolaj bald ein Flugzeug ohne Erkennungszeichen. Er holte die unbekannte Maschine ein und nahm Funkkontakt auf. Es war ein Pilot der benachbarten Division und dazu ein guter Bekannter. Jener erklärte, dass er im Auftrag des Militärbezirkes unterwegs war, um das Grenzgebiet zu China zu fotografieren; deshalb hatte sein Flugzeug keine Erkennungszeichen auf den Flügeln und flog sehr hoch. Also wünschte Nikolaj ihm eine erfolgreiche Landung und kehrte zum Flugplatz zurück. Dort erwartete ihn schon ein Oberleutnant der Flugtechnik, der ihn auf Befehl des Kommandeurs in die Arrestzelle steckte, weil er seinen Befehl nicht ausgeführt hatte.

Nachdem die Vertreter des Geheimdienstes mit Nikolaj gesprochen hatten und die benachbarte Division alles bestätigt hatte, wurde er von demselben Oberleutnant schnell befreit und zum Kommandeur geschickt. Der Kommandeur entschuldigte sich für alle Unannehmlichkeiten und überreichte ihm ein schriftliches Dankesschreiben im Namen des Kommandeurs des Militärbezirkes.

Nikolaj schmunzelte und dachte an Josef: zuerst unberechtigte Beschuldigungen, Gefängnis, dann Befreiung und Förderung. Es fehlte nur noch, dass er zum Kommandeur der Division wird. Davon erzählte er dem General. Dieser blickte überrascht auf und bemerkte gutmütig: »Du wirst eine Division bekommen! Warte nur ab!« Erst später verstand Nikolaj was das bedeutete. Doch näheres dazu später... Die Beziehung zum General konnte nicht besser sein. Er lud Nikolaj oft zum Abendessen ein, wo sie viel und lange redeten. Sie hörten sich im Radio religiöse Sendungen an, die im Fernen Osten ohne Störungen empfangen werden konnten. Nicht selten lasen sie gemeinsam in der Bibel. Dabei bemerkte seine Frau: »Komm, Ivan, studiere die Bibel. Wenn du pensioniert bist, kannst du als Priester in der Kirche dienen. Nikolaj wird dich bestimmt irgendwo unterbringen können.«

»Ich habe nichts dagegen! Ich gebe die Division ab und werde Priester. Gibt es verheiratete Priester?«, fragte der General. »Was sagt die Bibel dazu? Ich werde doch meine Lida nicht verlassen!«

Nikolaj freute sich über jeglichen Anlass, um mit ihnen über religiöse Themen zu sprechen. Er freute sich über ihr gesundes Interesse an der Bibel und Gott. Die Gespräche wurden interessanter und vor allem waren sie erwünscht.

Die vorgesehene Zeit für den Unterricht verging schnell. Die letzte Arbeit war geschrieben und zusammen mit dem General flog Nikolaj nach Chabarowsk, wo die Absolventen der Flugschule das staatliche Examen ablegen mussten.

Alle mündlichen Prüfungen bestand Nikolaj mit »Ausgezeichnet«. Im praktischen Examen verlief alles gut: Fallschirmsprung, Flug im Nebel und nachts, Flüge unter erschwerten Bedingungen, Blindstart, Blindlandung, Kunstflüge. Nur zweimal machte er bei der Landung einen sogenannten Hüpfer. Das war ein Minus, aber in der Gesamtbenotung gehörte Nikolaj zu den besten Absolventen, obwohl er extern lernte und das dreijährige Programm in einem Jahr durchmachte.

In Chabarowsk erhielt Nikolaj das Pilotendiplom, den Dienstgrad eines Leutnants der Luftstreitkräfte mit einem Ehrenzeichen »Bester der Luftstreitkräfte«. Dabei war er erst 22 Jahre alt.

Seinetwegen organisierte der General bei sich zu Hause ein Festessen, zu dem die Kommandeure der Division mit ihren Frauen eingeladen waren. Nikolaj dankte dem General für die Hilfe und wünschte ihm und allen anderen Piloten noch viele glückliche Landungen. Doch das Abendessen lehnte Nikolaj ab. Er begründete es mit seiner Müdigkeit und ging ins Bett. Das störte niemanden. Sie vergnügten sich an diesem Abend und Nikolaj, tatsächlich müde von den letzten anspruchsvollen Tagen und Sorgen, legte sich schlafen.

Aber er lag noch lange wach. Erst gegen Morgen überfiel ihn ein gesunder Schlaf. Er wurde von einem Telefonanruf geweckt. Der General befahl, sofort im Hauptquartier zu erscheinen, obwohl es früh am Morgen war.

Pilot Erster Klasse

Im Hauptquartier erwarteten ihn der Kommandeur und der Stabschef. Er erhielt den Befehl mit dem Überschallflugzeug MiG-17 Nr. 33 einen Probeflug zu machen. Seine neue Aufgabe nahm Nikolaj mit Freuden entgegen.

Er liebte den Himmel, wollte in den Himmel, und er wollte selbständig fliegen. Nun sollte sein Traum wahr werden. Er eilte zum Flugplatz, suchte sein Flugzeug und bat den Mechaniker, die Maschine startbereit zu machen.

Seinen ersten selbständigen Flug – wie alles, was in seinem Leben zum ersten Mal geschah – vergaß er nie. Der Boden entfernte sich immer weiter und Nikolaj sang –

laut und von ganzem Herzen. Sein Gesang wurde durch die Stimme des Fluglotsen im Kopfhörer unterbrochen: »Dreiunddreißig, hören sie auf zu singen, bewahren sie Stille und beachten sie die Befehle vom Boden!«
Doch Nikolaj konnte nicht anders. Wie sollte er Gott nicht lobsingen? Gott hatte seinen heißersehnten Wunsch erfüllt. Er war in seinem Element. Im Himmel fühlte er sich Gott näher und war in diesen Minuten der glücklichste Mensch. Wie sollte da jemand nicht singen! Er sang und vergaß, dass sein disharmonisches Singen über die Lautsprecher am ganzen Flugplatz zu hören war.

Ein Jahr später wurde ihm ein Team aus drei Piloten anvertraut – ein neuer Dienstgrad. Dieses Team wurde in kurzer Zeit zum Vorbild: fachlich, moralisch, im Benehmen und in Freundschaft ohne jeglichen Egoismus. Es sei erwähnt, dass alle drei Piloten Nikolaj hießen. Und wenn sie in der Luft waren und jemand fragte: »Wer ist das?«, so antwortete der Fluglotse: »Das sind die Niks!« So bekam das Team seinen Namen Nik.

Nikolaj wollte die höchste Auszeichnung erreichen: Pilot Erster Klasse. Dazu musste er neben dem erstklassigen Fliegen und einem Examen eine bestimmte Anzahl an Flugstunden nachweisen. Er bat den General die Anzahl der Flüge und ihre Dauer zu steigern, um schneller die notwendigen Stunden zu erreichen. Dieser willigte mit Freuden ein. Somit begann Nikolaj täglich länger zu fliegen: Tag und Nacht, bei Nebel und Regen, mit Blindlandungen, mit Kunstflügen: Fassrolle, Überschlag, Trudeln; das Ausschleudern und Fallschirmspringen beherrschte er einwandfrei. Laut General beherrschte Nikolaj das Fliegen vollkommen.

Nun kam der Tag, an dem die staatliche Kommission Nikolaj den Dienstgrad »Pilot Erster Klasse« verliehen hatte. Mit 24 Jahren war er der jüngste Kommandeur in der Division. Sein Dienst verlief erfolgreich. Nikolaj staunte über Gottes Wege. Auch der General war ihm wohlgesinnt. Nicht ohne Grund.

Eine Zeit später rief der General Nikolaj zu sich und teilte ihm seine weiteren Pläne mit:
»In einigen Jahren werde ich pensioniert. Meine Division übergebe ich dir. In diesen Jahren werde ich dich zum Oberst befördern; den General wirst du dir selber erkämpfen. Außerdem habe ich für dich eine Braut. Bald wird die Tochter des Stabschefs anreisen. Ihr werdet ein glückliches Paar.«
Nikolaj fiel aus allen Wolken. Der General überrumpelte ihn völlig. Er merkte seine Verwirrung und betonte:
»Neben deinem Fliegen wirst du von mir die Flugplanung und sonstige Weisheiten lernen. Und bereite dich auf die Braut vor.«
Nikolaj zögerte. Er wollte nicht eine ungläubige Frau heiraten. Das stand fest. Aber das Fliegen war seine Leidenschaft – und hier boten sich solche Aussichten! Ein Gedanke ließ seine Seele nicht in Ruhe: Wie steht Gott dazu?
An diesem Tag sagte er dem General nur eines:
»Ich bin ein gläubiger Mensch. Ich will Gott fragen.«
Der General konnte das nicht nachvollziehen und setzte energisch fort:
»Ja, meinst du als Gläubiger dich an mir schmutzig zu machen? Bin ich denn als Divisionskommandeur schmutzig vor Gott? Überleg doch mal! Mit dreiunddreißig kannst du schon General werden! Du magst Flugzeuge? Dann denk darüber nach, wem ich diese Maschinen anvertraue? Geh und überleg, Kommandeur!«
Nikolaj ging. Doch er überlegte nicht, er betete, denn durch seinen Kopf schossen viele Gedanken, alle nicht greifbar. Es war eine schwere Entscheidung für Nikolaj. Er liebte das Fliegen sehr, aber es zog ihn auch zum Volk Gottes.
Das Leben eines Generals oder eines Christen? Konnte ein Christ gleichzeitig Offizier sein? War das zu vereinen? Wäre Gott dagegen?.. Seine Gedanken wirbelten umher...
Auch Johannes der Täufer verurteilte die Soldaten nicht, die ihn fragten; sie mussten ihren Dienst nicht abbrechen...

Außerdem habe er doch bis heute Gott geehrt und wollte ihn nicht verlassen! Auf der anderen Seite zweifelte er daran, dass ein völlig christliches Leben in Kasernen möglich war. Er verstand, dass sein geistlicher Zustand ohne die Gemeinschaft mit Gläubigen, ohne den Dienst für Gott schon jetzt erkaltete. Er dachte an das Leben vor der Armee: die Gemeinschaft mit Gläubigen, die Besuche, die Jugend. Wie war das Leben jetzt? Ja, er war kein Säufer, er hatte keine schlechten Freunde, er hatte sich nicht mit der Welt angefreundet. Aber jetzt besaß er nur eine Freude – das Fliegen, und nur ein Verlangen – Flugzeuge! Und wo blieb der Dienst für Gott?

Er erinnerte sich an das Wort Christi:»Denn was hilft es dem Menschen, wenn er die ganze Welt gewinnt, aber sein Leben verliert? Oder was kann der Mensch als Lösegeld für sein Leben geben?« (Mt 16:26) Und:»Niemand kann zwei Herren dienen, denn entweder wird er den einen hassen und den anderen lieben, oder er wird dem einen anhängen und den anderen verachten. Ihr könnt nicht Gott dienen und dem Mammon!« (Mt 6:24)

Nikolaj betete, bat Gott um Hilfe in der Versuchung und um eine Antwort.

Die Entscheidung

Trotz des erfolgreichen Dienstes, der Lieblingsbeschäftigung und der guten Beziehung zum Divisionskommandeur sehnte sich jetzt Nikolaj nach Zuhause. Solange er durch den Himmel flog, fühlte er sich wohl. Doch nach dem Flug überfielen ihn Traurigkeit und Langeweile.

Er versuchte allein zu sein, in der Bibel zu lesen und zu beten, doch die Traurigkeit blieb. Besonders schlimm war es sonntags, weil gewöhnlich keine Flüge stattfanden. Viele

Soldaten und Offiziere zogen eine feierliche Uniform an und gingen zu Besuch oder in die Stadt. Nikolaj wollte nicht in die Stadt und er konnte niemanden besuchen. Gläubige hatte er trotz allen Bemühungen nicht gefunden. Er erinnerte sich an frühere Sonntage, an die interessante Gemeinschaft mit der christlichen Jugend und an den gemeinsamen Dienst im Namen des Herrn. An solchen Tagen fühlte er sich besonders einsam. Er sehnte sich nach Austausch, seine Seele litt, es fehlte die Gemeinschaft mit Gläubigen.

In dieser schwierigen Zeit musste Nikolaj den General bei einem streng geheimen Flug begleiten. Das war mit einem hohen Risiko verbunden. Unter dem Schutz und der Bewahrung Gottes sind sie doch gelandet, allerdings nicht an ihrem Flugplatz.

Für diesen Flug und die Ausführung eines wichtigen Befehls erhielt der General einen Orden und Nikolaj wurde zum Major der Luftstreitkräfte befördert.

Er betete weiterhin und dachte über sein weiteres Schicksal nach. Besonders nach dem fast tragischen Flug mit dem General. So fasste Nikolaj einen wichtigen Entschluss: Er wollte auf die Militärkarriere verzichten. Die rote Uniform des Piloten, die Gemeinschaft mit den hohen Stabsoffizieren, die materiellen Vorzüge und der Generalgrad – nichts lockte und erfreute ihn mehr.

Er dachte an Mose und seine Entscheidung. Er hatte eine hohe Stellung beim ägyptischen Pharao mit der Möglichkeit sein Nachfolger zu werden: »Durch Glauben weigerte sich Mose, als er groß geworden war, ein Sohn der Tochter des Pharao zu heißen. Er zog es vor, mit dem Volk Gottes Bedrängnis zu erleiden, anstatt den vergänglichen Genuss der Sünde zu haben...« (Heb 11:24–25)

Nikolaj erinnerte sich an David, der mit der königlichen Kriegsausrüstung von Saul nicht einmal laufen konnte, weil er solche Kleidung nicht gewohnt war. Er legte sie ab und zog seine einfachen Kleider an – erst dann fühlte er sich wieder als David! Nikolaj sprach zu sich selbst: »Es reicht!

Ich breche ab!« Dieser Entschluss wurde immer klarer und er wusste, dass Gott ihm diesen Weg gezeigt hatte. Er betete erneut und ging mit dieser Entscheidung zum Divisionskommandeur.

> Liebe Freunde, wenn ihr nicht wisst, welchen Weg euer Leben nehmen soll, dann wendet euch an die himmlische Weisheit unseres Herrn, damit er euer Führer wird – und die Entscheidung wird euch leicht fallen. Wie geschrieben steht: »Befiehl dem Herr deinen Weg, und vertraue auf ihn, so wird er es vollbringen.« (Ps 37:5)

Nikolaj teilte dem General seinen Entschluss mit und bat um Rat: Womit sollte er beginnen? Es kam zu einem ernsten Gespräch. Der General wollte nichts von einer Entlassung hören.

Er malte ihm wieder ein Bild vor die Augen: das schöne Leben bei den Luftstreitkräften, die Perspektive eines sorgenfreien Alters. Er überredete noch lange, bat zu warten und alles noch einmal zu überdenken.

»Ich kann so nicht leben. Meine Seele leidet. Ich will nach Hause zu meinen Leuten«, versicherte Nikolaj.

Als der General sah, dass Überreden nichts brachte, ging er in die Offensive:

»Befehle werden nicht diskutiert, sondern ausgeführt. Und ich befehle dir, den Dienst fortzusetzen! Ansonsten werde ich dich anklagen und einsperren. Zwinge mich nicht zu dieser Härte und rege mich nicht weiter auf!«

So endete das Gespräch. Aber Nikolaj gab nicht auf. Einige Tage später versuchte er wieder, den General zu überzeugen. Dieser hörte schweigend zu und drohte schließlich:

»Komme mir nie wieder mit dieser Bitte, sonst wirst du verhaftet. Geh!«

Was tun? Nikolaj wusste, dass der General konsequent war. Er erinnerte sich an einen Spruch, dass Frauen die Welt regieren, und beschloss, etwas über seine Frau zu erreichen. Er erklärte ihr alles am Telefon und bat um Hilfe. Sie versprach, mit ihrem Mann zu sprechen und riet, ein Entlassungsschreiben vorzubereiten. Was Nikolaj auch tat. Einen Tag später ging er damit zum General. Dieser hörte wieder schweigend zu, nahm das Entlassungsschreiben, zerriss es und warf es in den Mülleimer.

»Ich werde dem Kommandeur des fernöstlichen Militärbezirkes schreiben«, widersprach Nikolaj.

»Mach das! Im Wald gibt es viele Bäume – das Papier reicht für alle. Schreib!«, antwortete der General.

Nikolaj schrieb nach Chabarowsk und wartete auf Antwort. Sie kam schnell. Es hieß: »Ihr Anliegen wurde dem Divisionskommandeur zugestellt.« Mit diesem Brief begab sich Nikolaj zum Stab. Der General begegnete ihm mit der Frage:

»Hast du an den Bezirk geschrieben?«

»Ja, das habe ich«, antwortete Nikolaj.

»Ich habe die Antwort bekommen. Sie heißt: nach meinem Ermessen. Und ich beschließe, dass du deinen Dienst fortsetzt und diese Division übernimmst! Das ist meine Antwort.«

Das Schreiben von Nikolaj landete erneut im Papierkorb.

»Ich werde mich an den Verteidigungsminister wenden«, kontrahierte Nikolaj.

»Nur zu! Trotzdem läuft alles über mich«, ließ sich der General nicht aus der Ruhe bringen.

Nikolaj schrieb an den Verteidigungsminister und wartete ungeduldig auf die Antwort. Endlich kam sie aus Moskau und wieder dasselbe: »Eine Entlassung erfolgt über den Kommandeur der Division. Wenden sie sich an ihn.«

Mit dieser Antwort eilte Nikolaj nicht zum General. Dieser rief ihn selbst zu sich, zeigte ihm die Antwort aus Moskau, zerriss wieder das Entlassungsschreiben und entsorgte es im Abfalleimer.

Nikolaj betete jetzt intensiver und schrieb einen neuen Antrag mit der Bitte auf Beurlaubung. Er hoffte, dass sich zu Hause etwas machen ließe. Doch der General durchschaute seine Gedanken und erklärte:

»Eine Beurlaubung kannst schon morgen haben, aber du musst fristgerecht zurück sein. Wenn nicht, erwartet dich das Kriegstribunal. Und denk nicht, dass ich dich verschonen werde. Nein, wenn du nicht zurückkommst, werde ich es im Militärbezirk melden und du wirst als Deserteur nach aller Härte der Gesetze verurteilt. Also wähle: Beurlaubung, Dienst in der Armee als General oder das Kriegstribunal.«

»Gewählt habe ich schon längst«, dachte Nikolaj. »Aber wie sollte das verwirklicht werden?«

Wieder wandte er sich im Gebet an Gott. An diesem Abend hörte er in einer Radiopredigt den Vers aus dem Psalm: »Habe deine Lust am Herrn, so wird er dir geben, was dein Herz begehrt!« Der Prediger sagte, dass diese Worte auf Griechisch folgendermaßen lauten: »Werde stille vor dem Herrn und warte, er wird deine Herzenswünsche erfüllen.«

Nikolaj verstand diese Worte als Antwort Gottes auf seine Gebete und fühlte sich ermutigt.

Die Hilfe kam rasch. Die Frau des Generals teilte Nikolaj am Telefon mit, dass sie ihren Mann fast überredet hätte, aber er sollte sich mit ihm treffen und darüber sprechen.

Nikolaj wartete auf eine günstige Gelegenheit. Er erledigte zuverlässig seine Pflichten, gab keinen Anstoß, sein Team bekam im Studium den ersten Platz – alles lief gut. Nikolaj erhielt erneut eine außerordentliche Auszeichnung, doch die Freude war dahin.

Schließlich kam der General selbst zu ihm. Nikolaj las gerade in der Bibel und bemerkte sein leises Eintreten nicht. Er trat von hinten heran und fragte:

»Was liest du?«

»Die Bibel.«

»Was genau?«

Nikolaj zeigte ihm das zweite Kapitel im Buch Nehemia. Der General setzte sich und begann zu lesen. Anscheinend las er das ganze Kapitel durch, denn es dauerte eine Weile und seine Fragen waren zum Thema.

»Die Bibel ist ein interessantes Buch. Darin steht zu jeder Situation etwas«, bemerkte der General erstaunt.

»Ja«, bestätigte Nikolaj, »sie beantwortet alle Fragen bezüglich Leben und Tod.«

Und er sagte sein Lieblingsgedicht von Nikitin über die Bibel auf: »Erschöpft vom harten Leben...«

Der General lauschte aufmerksam. Dann sprach er weiter:

»Du hast eine passende Stelle in der Bibel gelesen, sie ist für dich. Dieser biblische Mann hatte den gleichen Kummer. Ich staune über ihn und dich. Was hat ihm gefehlt? Er wollte nicht beim König bleiben und ging auf eine mühsame Reise. Er tauschte das gute Leben gegen das Elend. Dich erwartet der gleiche Weg. Wozu?«

Er schwieg. Nikolaj meinte:

»Dieses Buch ist auch für sie, nicht nur für mich. Hier ist die Rede von einem mächtigen Mann, einem König, der das traurige Gesicht seines Dieners bemerkte. Als er die Gründe dafür erfahren hatte, kam er ihm entgegen und entließ ihn nach Hause, nach Jerusalem. Und das Leiden? Das ist relativ. Auch Könige und Generäle leiden, und Arme freuen sich. Wichtig ist, dass im Herzen völliger Frieden und Zufriedenheit herrschen; alles andere ist nicht so wichtig. Ich leide auch, aber der gute König fehlt!«

»Ich weiß, dass die Königin den König überredet hat«, verkündete der General. »Lass uns zu ihr gehen. Nimm die Bibel mit und liest ihr das auch vor.«

Lida stand an der Türschwelle der Wohnung und lächelte. Nikolaj wurde es leichter ums Herz – alles würde gut werden.

Als sie dann gemeinsam am Tisch saßen und Tee tranken, wünschte der General, dass Nikolaj die interessante Stelle aus der Bibel vorliest, die er soeben auch gelesen hatte.

So las Nikolaj ihnen das zweite Kapitel des Buches Nehemia vor. Dann bat er um seine Entlassung. Die Frau des Generals unterstützte diese Bitte und wandte sich etwas verärgert an ihren Mann:

»Wie lange willst du ihn quälen? Was plagst du seine Seele? Schau ihn an: gekrümmt und abgemagert. Gib nach und lass ihn zu seiner verwitweten Mutter zurückkehren.«

»Ich quäle ihn nicht«, rechtfertigte sich der General. »Ich brauche ihn, deswegen will ich nicht entlassen.«

»Hatte der König seinen treuen Mundschenk nicht auch gebraucht? Aber er entließ ihn, damit dieser nicht leidet«, fügte Nikolaj leise bei. »Um Christi willen, entlassen sie mich, bitte. Gott wird es ihnen vergelten.«

Einige Zeit herrschte Stille. Jeder war mit seinen Gedanken beschäftigt. Schließlich erhob sich der General und sprach leise:

»Nun, so soll es sein, meine Königin und mein Bruder. Fahre nach Hause, aber vergiss uns nicht. Bete für uns!«

Und er setzte sich wieder. Nikolaj Augen füllten sich vor Freude mit Tränen. Er umarmte den General kräftig und küsste seine Glatze sowie die Hand von Lida und dankte ihr für das Verständnis und die Unterstützung.

An diesem Abend lag Nikolaj noch lange wach. Als er endlich einschlief, hatte er einen festen Schlaf des Gerechten. Es war im Jahr 1958. In diesem Jahr entschied das Verteidigungsministerium, die Armee der UdSSR zu verkleinern, sprich einige zu entlassen: unter anderem Offiziere, die krank waren, keine höhere Bildung hatten, aber auch diejenigen, die es selbst wünschten. Zu den Letzteren gehörte Nikolaj.

»Wie groß ist deine Güte, die du denen bewahrst, die dich fürchten...« (Ps 31:20), las Nikolaj an jenem Abend und dankte Gott innig dafür.

Jedes Mal, wenn er an seine Entlassung aus der Armee dachte, wiederholte Nikolaj dieses bekannte Lied:

Wenn du in den Lebensstürmen bist verzagt
Und dein Herz voll Sorge mutlos bangt und klagt,
Zähl die vielen Gnadengaben, denke dran
Und vergiss im Kummer nicht, was Gott getan!

Zähl die Gnadengaben, denke dran,
Was dein Gott dir Gutes hat getan!
Zähl die Gaben, denke täglich dran
Und vergiss im Kummer nicht, was Gott getan!

Preist Gott, dass seine Güte bis heute nicht versiegt. Wir müssen sie sehen und dafür unserem liebenden Herrn danken!

Einige Erinnerungen

Bevor Nikolaj nach Hause abreiste, erinnerte er sich an vieles aus der Zeit seines Dienstes. Das Leben eines Piloten verläuft nicht ohne außergewöhnliche Ereignisse: lustige und dramatische. Nikolaj erlebte beides. Es ist unmöglich, alles aufzulisten. Aber drei Erlebnisse seien erwähnt...

Nikolaj unternahm öfters Flüge mit dem General, der als Divisionskommandeur viel fliegen musste, um Kommandeur zu bleiben, ansonsten dürfte er nur im Stab dienen. Deshalb flog er, sprang mit dem Fallschirm, nahm an Schulungen teil und so weiter.

Während einer Schulung flog der General in das vorgegebene Quadrat, was er auch einem Prüfer am Boden mitteilte. Auf Befehl flogen sie aus dem Quadrat in eine dunkle Wolke. An jenem Tag war es stark bewölkt und die Flüge waren so geplant. Die Zeit verging – aber die Finsternis löste sich nicht auf. Der General riss das Steuer an sich –

im Fenster dichte Wolken, wie Watte; nach links, nach rechts, nach unten – keine Sicht. Wieder nach oben. Im Kopfhörer ertönte schon mehrmals die besorgte Stimme des Prüfers:

»Null, Zweier! Wo seid ihr? Die Prüfzeit ist abgelaufen. Setzt zur Landung an. Warum antwortet ihr nicht? Meldet sofort, wo ihr seid?«

Doch der General schwieg. Im Fernen Osten gibt es relativ viele große Hügel, die bei schlechter Sicht für Flugzeuge gefährlich sind. Der Höhenmesser zeigte sie nicht an, und wenn der Hügel schon unter dem Flugzeug auftauchte – ist alles zu spät! Deswegen riskierte der Kommandeur nicht in dieser Finsternis tief zu fliegen. Aber er schämte sich zu gestehen, dass er nicht herauskam. Der ganzen Mannschaft war nicht wohl zumute.

Die Unruhe nahm auch am Boden zu. Die Stimme in den Kopfhörern wurde lauter und nervöser:

»General, wo sind sie? Was ist los? Antworten sie!«

Der Mannschaft lief es kalt den Rücken herunter. Plötzlich drehte sich der General scharf zu Nikolaj und fragte leise, aber bestimmt:

»Welche Richtung, Nikolaj?«

»Woher soll ich das wissen?«, antwortete er verdutzt.

»Du weißt es. Du musst es sagen, und zwar schnell, sonst sterben wir.«

Dieser Befehl erklang für Nikolaj wie die Stimme Gottes. Er betete und rief:

»Kommandeur, los, nach rechts unten.«

Der Kommandeur führte den Befehl ohne zu überlegen aus – das Flugzeug glitt in diese Richtung. Einige Minuten später drangen Lichtstrahlen in die Kabine, die Erde wurde sichtbar: Sie war nahe, über ihr hingen dunkle, schwere Wolken. Die Maschine landete. Hier standen bereits technische und medizinische Notfallfahrzeuge sowie das Stabsauto, die schwarze Wolga des Prüfers. Der General öffnete die Kabine und alle atmeten erleichtert auf. Nikolaj rief laut aus: »Preist Gott! Wir leben!«

Obwohl das Flugzeug gelandet war, blieben alle sitzen: erschöpft und mit weichen Knien.
»Lebt ihr? Was war denn los?«, fragte jemand aus der Bodenbesatzung. »Wo wart ihr so lange? Warum habt ihr nicht geantwortet?«
»Wir waren in Gefahr und ich habe bewusst geschwiegen, weil es peinlich war. Und dass wir noch leben, haben wir ihm zu verdanken«, der General zeigte mit der Hand auf Nikolaj.
»Warum?«
»Weil er an Gott glaubt. Gott bewahrt ihn und deshalb bin auch ich nicht umgekommen«, antwortete der General ernst.
Seit dem Tag flog der General nie ohne Nikolaj.

Es passierten auch andere Unannehmlichkeiten.
Bei einer Flugübung im Herbst erledigten sie alles sehr gut und waren auf Befehl des Fluglotsen bereits auf dem Rückweg. Unten wartete selbst der Bezirksgeneral, der zur Übung erschienen war. Plötzlich schoss aus einer Motordüse ein Feuerstrahl. Sie teilten es dem Fluglotsen mit.
Was nun? Neben der Düse befand sich der volle Reservetank, der jeden Augenblick Feuer fangen und explodieren könnte. Ihn abzuwerfen, war zu gefährlich, denn das Flugzeug befand sich bereits sehr tief und unter ihm – der Flughafen, Technik, Arbeitsfahrzeuge.
Am Boden wusste auch niemand eine Lösung. Dann schrie der General:
»Keiner weiß etwas! Nikolaj, bete, damit das Flugzeug nicht explodiert!«
Die Feuerwehrautos, der Rettungswagen und die Wolga des Bezirksgenerals eilten zur Landebahn.
»Herr«, schrie Nikolaj, »rette uns und die Maschine!«
Plötzlich erlosch das Feuer; genauso unerwartet wie es begann. Das Flugzeug konnte problemlos landen.
Als sie aus dem Flugzeug gestiegen waren, gratulierte der Bezirksgeneral den beiden Piloten zu der gelungenen

Landung und dankte für die vorbildhaften Ergebnisse bei den Übungen.

Unter den Männern am Flugzeug befand sich auch ein Politstellvertreter, der Nikolaj nicht mochte. Er bemerkte laut:

»Wahrscheinlich hat unser Heiliger heute gesündigt, wenn Gott auf ihn Feuer wirft.«

»Welcher Heilige?«, fragte der Bezirksgeneral.

»Dieser hier, unser Baptist.«

Der Bezirksgeneral blickte auf den Politstellvertreter dann auf Nikolaj, wieder auf den einen, dann auf den anderen, und beendete die Diskussion:

»Ja! Aber er hat das Feuer auch wieder gelöscht!«

Der General, der alles mithörte, wich schnell von Nikolaj auf die Seite und eilte davon. Nikolaj begriff, dass sich sein Vorgesetzter vor dem Bezirksgeneral schämte. Nikolaj betete dafür, dass diese Begegnung für den General und für ihn ohne negative Folgen bleibt.

Am nächsten Tag gestand der General Nikolaj, dass er sich tatsächlich schämte und deshalb Schwäche zeigte. Er bat, diesen Vorfall zu vergessen und wieder gemeinsam zu fliegen. Einige Zeit später erzählte ihm der General bei einer Tasse Tee, dass der Bezirksgeneral ihn nicht rügte, sondern sogar lobte:

»Lobte? Wen? Wofür?«, interessierte sich Nikolaj.

»Dich und mich!«

Und er schilderte, wie der Bezirksgeneral ihn über Nikolaj, seinen Dienst und den Vorfall in der Luft ausgefragt hatte, und wie er abschließend meinte:

»Es wäre gut, wenn jeder Divisionsgeneral wenigstens einen Baptisten hätte. Die sind zuverlässiger als alle Leibwächter und Adjutanten. Ich habe auch Baptisten, und kann mich nicht beschweren.«

Nach dieser Begebenheit wurde ihre Beziehung noch vertrauter. Nikolaj durfte sich an den General wie an einen Vater wenden, der ihn liebevoll »Nikolaj, mein Sohn« nannte.

W*ahrlich, unser Herr ist ein Gott des Himmels und der Erde – er vollbringt Wunder. Damit bezeugt er seine Allmacht und Kraft. Und dazu gebraucht er Christen. Preis dem Herrn! Lasst uns würdige Täter seiner Absichten sein! Möge unser allmächtiger und lieber Herr durch jeden von uns verherrlicht werden!..*

Der erste Sprung mit dem Fallschirm bleibt unvergesslich.

Ein Li-2 erhob sich ins Blaue. An Bord befanden sich zwölf Offiziersschüler, unter ihnen auch Nikolaj, um den Sprung mit dem Fallschirm zu üben. Vor dem Abflug waren alle Schüler guten Mutes. Sie unterhielten sich lebhaft, halfen einander beim Aufsetzen der Rücksäcke mit dem Fallschirm. In der Luft änderte sich die Stimmung schlagartig. Es wurde mucksmäuschenstill.

Sie erreichten die geplante Stelle. Einer der Ausbilder sprang aus dem Flugzeug. Das Flugzeug machte einen großen Bogen und kehrte zurück. Der Springer war schon am Boden und schwenkte fröhlich mit einer roten Fahne. Das bedeutete, dass alles in Ordnung sei und alle springen dürften. Das sollte die Offiziersschüler ermutigen.

Der zweite Ausbilder blieb im Flugzeug und befahl, sich für den Sprung vorzubereiten. Er fragte:

»Wer will zuerst?«

Alle schwiegen und blickten verstohlen zur Seite. Eine unbegreifliche Angst packte die jungen Offiziere, obwohl sie mehrmals mit dem Fallschirm von einem Turm gesprungen waren. Nikolaj, der sich sonst für einen mutigen Mann hielt, schwieg auch.

»Wie? Keiner? Dann beginnen wir alphabetisch«, und er rief den ersten auf: »Apyschko!«

Widerwillig erhob sich dieser und trat zur offenen Flugzeugtür. Der Instrukteur hielt ihn von hinten an den Schultern und zog den Stift der Schutzvorrichtung am Fallschirm heraus, wie er das bei jedem machte, der zum ersten Mal sprang. Nach dreißig Sekunden sollte sich der

Fallschirm öffnen. Doch Apyschko spreizte die Arme auseinander und klammerte sich am Türrahmen fest und weigerte sich zu springen. Er hatte Angst. Der Ausbilder versuchte ihn aus dem Flugzeug zu schubsen. Doch Apyschko ließ nicht locker. Schließlich gewann der Ausbilder. Allerdings dauerte dieser Kampf eine gewisse Zeit und der Fallschirm begann sich im Flugzeug zu entfalten. Als Apyschko widerwillig sprang, verfingen sich die Seile des bereits geöffneten Fallschirms hinten am Flugzeug und Apyschko baumelte in der Luft.

An diesem Tag wurden die Sprünge für die komplette Gruppe abgesagt. Erst einen Monat später startete ein neuer Versuch.

Beim zweiten Mal klappte alles. Die Sprünge fanden statt und alle kamen wohlbehalten am Boden an. Aber es war dennoch unheimlich: Die Höhe sowie der stürmische Wind jagten Furcht ein und niemand wollte freiwillig springen. Der Ausbilder musste mit einem leichten Schubs an der Schulter nachhelfen.

Doch als sich der Fallschirm öffnete und Nikolaj den Körper in die richtige Lage brachte, war er behaglich und fröhlich. Ergriffen von Freude, begann er zu singen:

Du großer Gott, wenn ich die Welt betrachte,
Die du geschaffen durch dein Allmachtswort,
Wenn ich auf alle jene Wesen achte,
Die du regierst und nährest fort und fort,
Dann jauchzt mein Herz dir, großer Herrscher, zu:
Wie groß bist du! Wie groß bist du!

Er war kein guter Sänger, doch er sang von ganzem Herzen und aus voller Kehle; er freute sich riesig und sang ganz laut. Dabei hatte er nicht bedacht, dass in der Luft sogar ein leises Reden gut zu hören ist. Auch am Boden war sein Gesang gut zu vernehmen, weshalb er nach der Landung streng ermahnt wurde! Aber das minderte seinen Lobgesang für Gott nicht, und auch bei den nächsten

Sprüngen sang er aus voller Kehle. Deshalb musste er in die Arreststube.

Insgesamt hatte Nikolaj während seiner Militärzeit dreizehn Fallschirmsprünge. Bis auf einen waren alle erfolgreich. Nikolaj war sehr glücklich, dass er mit dem Fallschirm springen durfte! Und er ist Gott dankbar, dass der Herr ihn dabei vor Verletzungen und Unfällen bewahrte! Preis sei Gott für diese atemberaubenden Minuten zwischen Himmel und Erde. Der Himmel schien näher zu sein, die Seele – reiner und näher zu Gott, und Nikolaj hatte jetzt ein Lieblingslied:

Preis dir, Heiland, für alle Gaben dein,
Preis dir, Herr, für die schweren Leiden mein...

NACH HAUSE

Nikolajs Vorbereitungen für die Heimreise nahmen wenig Zeit in Anspruch: die Übergabe der materiellen Wertsachen und der Technik an einen anderen Kommandeur, das Ausstellen der Entlassungs- und Reisedokumente, Abschied von seiner eigenen und der benachbarten Divisionen, das Kofferpacken – und schon war er bereit für die Heimfahrt!

Der Abschied vom General und seiner Frau war besonders bewegend. Viele Jahre einer echten Freundschaft machten sie nicht nur zu guten Freunden, sondern wie zu einer Familie. Das Abschiedsmittagessen organisierte der General in seinem Ferienhaus, was das Vertrauen und die Verbundenheit vertiefte. Er und seine Frau baten Nikolaj, ihnen die Adresse einer Gemeinde in Nowosibirsk zu senden, wo sie ihren Sommerurlaub zu verbringen planten. Außerdem musste Nikolaj versprechen, zu schreiben, was ihn zutiefst berührte, und schließlich konnte er seine Tränen kaum zurückhalten. Sie verabschiedeten sich herzlich voneinander.

Bis heute erinnert sich Nikolaj an den General mit einer besonderen Wärme: seine Fürsorge, das gemeinsame Lesen der Bibel und das Hören von geistlichen Radiosendungen. Ein Briefwechsel zwischen ihnen hielt noch lange an; bis zum Tod des Generals, der als Rentner in der Ukraine lebte. Auf der Durchreise nach Nowosibirsk besuchten sie einen Gottesdienst, der ihnen sehr gefallen hatte. Dann schlossen sie sich einer Gemeinde in der Ukraine an. Bald verstarb der General. Die Spuren zu seiner Frau verloren sich.

Nikolaj ist fest davon überzeugt, dass er dem General in der Ewigkeit als Bruder begegnen wird! Solch ein ehrlicher und gerechter Mann, für den auch gebetet wurde, hat sich bestimmt mit Gott versöhnt!

> *Und das ist das Wichtigste im Leben! Nicht Ehre und Spitzenpositionen, nicht Reichtum und Privilegien – sondern das ewige Leben! Wo wird der Mensch die Ewigkeit verbringen? Das hängt von den Zielen des Menschen in dieser Welt und seiner Wahl ab. Wie geschrieben steht: »Denn was hilft es dem Menschen, wenn er die ganze Welt gewinnt, aber sein Leben verliert? Oder was kann der Mensch als Lösegeld für sein Leben geben?« (Mt 16:26) Und: »Wer an ihn glaubt, wird nicht gerichtet; wer aber nicht glaubt, der ist schon gerichtet...« (Joh 3:18)*

Innerhalb weniger Stunden brachte ein Flugzeug Nikolaj von Chabarowsk nach Nowosibirsk. Weiter ging es mit dem Zug. Doch vor der Abfahrt in seine Heimat Kulunda, wollte er in die Stadt Ossinniki fahren, wo er in die Armee verabschiedet wurde. Die Begegnung mit den Glaubensgeschwistern war sehr ergreifend. Die Jugend war erwachsen geworden, viele waren verheiratet... Sie umarmten, küssten ihren Freund und weinten vor Freude. Allerseits ertönten dankbare Freudenrufe »Preist den Herrn«. Diesen eindrücklichen und denkwürdigen Abend ergänzte das gemeinsame Singen, die Dankgebete und ein gemeinsames Mahl.

Eine ganze Woche blieb Nikolaj in Ossinniki. Er wollte die Gottesdienste besuchen und sich mit Glaubensfreunden von früher treffen. Die Familie von Kornej Kröker, Maria Tata, Klassen, Dick und andere öffneten ihre Häuser und Herzen. Das blieb unvergesslich! Ebenso die abendliche Gemeinschaft mit den Jugendlichen!

Der Aufenthalt bei wahren Christen in Ossinniki stärkte Nikolajs Gewissheit, dass er die richtige Entscheidung getroffen hatte: ein Leben im Kreis seiner Geschwister, nicht mit Soldaten.

Ermutigt kehrte er schließlich nach Hause. Im Vergleich zum Ferienhaus des Generals im Wald und seiner persönlichen Wohnung in der Garnison war das elterliche Bauernhaus armselig, jedoch so vertraut und willkommen, dass er die Tür seines Hauses küsste.

Nach der langen Trennung gab es endlich ein fröhliches Wiedersehen! Die Gespräche und Erinnerungen schienen kein Ende zu nehmen. Im Beisammensein mit der Jugend und der Gemeinde wuchs die Freude. Nikolaj spürte, dass er zu Hause war! Auch wenn der Verlust zweier Reisekoffern die Rückkehr etwas trübte, bedauerte er seine Entscheidung nicht.

Frieden und Ruhe erfüllten seine Seele. Er wurde sofort im Gemeindeleben aktiv. Er nahm wieder an Begegnungen, Reisen und Besuchen von Gläubigen in den Dörfern und Städten teil.

Dabei vergaß Nikolaj seine ehemalige Schule nicht. Er wollte ja in seiner Festuniform in der Schule erscheinen, sich der stellvertretenden Rektorin Elisaveta Petrovna zeigen und ihr beweisen, dass auch er ein Mensch war. Doch Gott durchkreuzte seine Pläne.

Nikolaj besuchte die Schule in ziviler Kleidung, da seine Uniform zusammen mir einem Koffer verloren war. Zudem war Elisaveta Petrovna bereits verstorben. Statt eines Gesprächs mit ihr hatte er Gemeinschaft mit der ganzen Lehrerschaft. Das Treffen zog sich bis Mitternacht hin. Sie sprachen viel über Gott, die Bibel, den Glauben. Sie interessierten sich für seine weiteren Pläne und boten ihm sogar an, in der Schule den Wehrunterricht zu leiten.

Ein anderes Mal führte Nikolaj einen ganzen Abend lang Gespräche mit den Schülern. Zusätzlich zum Bezeugen seines Glaubens an Gott schilderte er ihnen viele Erlebnisse aus seinem Leben: wie der Herr aus Sackgassen führte, in Gefahren beschützte und vom Tod bewahrte. Die Kinder erzählten auch. Nikolaj schaffte es kaum, alle Fragen zu beantworten, auf die ihnen bis dahin niemand eine Antwort geben konnte. Die Fragen waren brennend und aktuell: über das Leben nach dem Tod, die Auferstehung, das Gericht, den Glauben an Gott und über den Sinn des Lebens. Im Laufe des Treffens verstummten die Widerreden und das Gelächter. Am Schluss wünschten sich die Schüler neben dem Fach Atheismus auch den Religionsunterricht.

»Das ist vernünftig«, meinte Nikolaj. »Wenn ihr die Wahrheit finden wollt, müsst ihr immer beide Seiten anhören, nicht nur eine. Bis jetzt spricht nur eine Seite zu euch. Fragt die Schulleitung, ob so ein Fach erlaubt wird. Ich würde es mit großer Freude unterrichten.«

Doch wie es sich später herausstellte, wurde den Schülern natürlich kein Religionsunterricht bewilligt. Beim Treffen mit Lehrern und Schülern erlebte Nikolaj wieder, wie Gott unsere menschlichen Pläne korrigiert und dies zur Freude der Seele und zu seiner Ehre. Bei diesen Begegnungen erkannte er, wie die Menschen beunruhigt in ihre Zukunft schauten. Die Schüler fürchteten sich vor dem selbständigen Leben. Die Lehrer waren unzufrieden mit ihren Errungenschaften, enttäuscht vom Leben und hatten Angst vor dem nahenden Tod. Ein Lehrer äußerte seine Meinung laut:

»Ich beneide sie! Ich platze beinahe vor Neid!«

Das war nicht nur seine Ansicht, sondern die Meinung vieler. Daraufhin brachte Nikolaj viele Neue Testamente in die Schule und schenkte sie den Lehrern, die sich darüber freuten. Er dachte an den Psalm Davids: »Jene rühmen sich der Wagen und diese der Rosse; wir aber des Namens des Herrn, unseres Gottes.« (Ps 20:8)

Es gab auch ein Wiedersehen mit der ehemaligen Geschichtslehrerin. Geschichte war Nikolajs Lieblingsfach, deswegen folgte er mit großer Freude der Einladung zu ihr nach Hause. Sie erzählte ihm, wie lange und entsetzlich sich Elisaveta Petrovna vor dem Tod quälte. Sie fürchtete sich vor dem herannahenden, langsamen Tod und hatte Zukunftsängste. Sie gab zu, die Baptisten in der Schule ungerecht behandelt und Nikolaj im Studium viel geschadet zu haben. Daraus folgerte sie, dass Nikolaj sie verflucht hätte und dieser Fluch quälte sie nun.

Ohne eine Pause fuhr die Lehrerin fort:

»Jetzt habe ich ihre Position und fürchte mich vor dem gleichen schrecklichen Los, denn ich bekleide ihren Posten. Ich habe dich zwar nicht für deine Überzeugungen getadelt, aber auch nie beschützt, weil ich Angst hatte. Und jetzt fürchte ich mich auch... Ich weiß, dass Gott existiert... Und für alles muss man sich vor ihm verantworten. Und der Tod rückt näher. Ich weiß, dass Gott mit dir ist. Verfluche mich bitte nicht!«

Sie fing an zu weinen. Nikolaj war sehr betroffen von diesem Bekenntnis seiner ehemaligen Lehrerin. Ihre Erzählung erschütterte ihn und sie tat ihm wirklich leid. Er trat auf sie zu, fasste ihre Hand, blickte ihr in die Augen und sagte:

»Ich habe nie jemanden verflucht, auch nicht Elisaveta Petrovna. Als Christ habe ich ihr schon damals vergeben, obwohl es mich sehr schmerzte, als sie mir das Studium verweigerte. Im Gegenteil, ich bat Gott, ihre Gemeinheiten gegenüber den Gläubigen zu vergeben. Und für sie werde ich auch beten, damit Gott ihre Arbeit segnet und sie eines Tages in Jesus Christus ihren Retter finden. Dann ist das Sterben nicht schrecklich! Ich könnte auch jetzt für sie beten.«

Sie weinte noch stärker. Was tun? Nikolaj ging auf die Knie und begann laut für sie zu beten. Sie kniete sich neben ihn nieder und betete unter Tränen das Vaterunser. Danach betete Nikolaj wieder für sie. Als sie aufstanden, war die Lehrerin beruhigt, ihr Gesicht strahlte, sie lächelte, atmete auf und sprach leise:

»Jetzt weiß ich, was ich tun muss! Jetzt weiß ich es. Vielen Dank, dass du heute zu mir gekommen bist. Danke, Gott, dass du diesen Menschen zu mir gesandt hast.«

Sie bat Nikolaj um eine Bibel. Bald darauf schenkte er ihr ein Neues Testament, das sie zu lesen begann. Das Wort Gottes fiel in ihr Herz. Nikolaj bat Gott, den ausgestreuten Samen zu hegen und sie zum wahren, lebendigen Glauben zu führen!

D*ie Christen haben einen Einfluss auf ihre Umgebung, wenn sie sich wirklich als Salz und Licht erweisen. Jeder Christ sollte das stets bedenken, denn wir sind Zeugen Christi in dieser Welt (Apg 1:8).*

* * *

Es war Winter als Nikolaj zusammen mit zwei Brüdern sich von der Gemeinde taufen ließ. Nachts schlugen die Brüder am festgefrorenen Teich ein Loch. Unter dem Fittich der Dunkelheit versprachen junge Nachfolger, Gott treu zu sein und ihm mit gutem Gewissen zu dienen. Eingepackt in einen schweren langen Pelzmantel und mit einem ›Heiligenschein‹ aus dem von ihm aufsteigenden Dampf, machte sich Nikolaj glücklich auf den Nachhauseweg.

S*chade, dass heute viele Menschen, die von Sünden und geistlichen Krankheiten geplagt sind, genauso denken wie der eine Kranke:* »*Ich habe keinen Menschen, der mich in den Teich bringt...*« *(Joh 5:7)*

Vielleicht sind wir heute diejenigen, auf die ein von Sünden geplagter Mensch wartet. Habt acht auf eure Umgebung, um die Hilfsbedürftigen zu bemerken! Schenkt Mitgefühl und Mitleid, helft anderen zu Jesus! Tut den Willen Gottes: »Geht hin in alle Welt und verkündigt das Evangelium der ganzen Schöpfung!« (Mk 16:15)

Nikolaj erkannte von neuem den Willen Gottes: Er, Nikolaj, war berufen sein glückliches Leben in Christus mit anderen Menschen zu teilen; mit denen, die in diesem Leben unglücklich und auf dem Weg in die ewig Qual sind.

Nikolaj als Offiziersschüler der Flugschule.

Unter den Offiziersschülern. Nikolaj ist in der ersten Reihe rechts.

Nikolaj vor seinem Elternhaus.

DRITTER TEIL

Ziviles Leben

Als Chefmechaniker

Direkt nach seiner Rückkehr aus der Armee beteiligte sich Nikolaj aktiv am Gemeindeleben und in der christlichen Jugendarbeit. Er predigte, leitete manchmal den Gottesdienst, veranstaltete Jugendtreffen, organisierte Kranken- und Seniorenbesuche, half bei Gartenarbeiten, beim Bauen, Renovierungen, beim Besorgen vom Heizmaterial für den Winter – er half überall, wo Hilfe nötig war. Zusammen mit anderen besuchte er Gruppen von Gläubigen in umliegenden Dörfern und Städten.

Das Leben der Gläubigen war weiterhin nicht einfach. Gottlose Aktivisten kämpften gegen die Religion, verfolgten die Gläubigen, kränkten und verleumdeten sie. Sie hinderten die gläubige Jugend daran, sich zu versammeln und andere Gemeinden zu besuchen; sie wurden zum Exekutivkomitee des Bezirkes geschleppt und bekamen Geldstrafen. Die Christen hatten weiterhin keine Möglichkeit an Universitäten oder Fachhochschulen zu studieren. Im Fernsehen trat Nikita Chruschtschow auf, der die Religion auszurotten drohte; bei der nächsten Parteisitzung wollte er im Fernsehen den letzten Säufer sowie den letzten Baptisten vorführen.

Doch ungeachtet der Schwierigkeiten und der Verfolgung versammelten sich die Christen regelmäßig. Die Zahl der Christen nahm nicht ab. Die Alten wurden von neuen Menschen abgelöst: Sie bekehrten sich, ließen sich taufen und wurden Gemeindemitglieder. Nikolaj kann sich nicht an solche erinnern, die damals vom Glauben abgefallen oder geistlich kalt geworden wären.

In Nikolajs Haus fanden regelmäßig Gottesdienste statt. Aus diesem Grund musste seine Mutter nicht selten zum Exekutivkomitee; und später auch Nikolaj, als er von der Armee zurückkehrte.

Das Fliegen vergaß Nikolaj allerdings nicht. Jedes Mal, wenn er ein Flugzeug hörte, blickte er zum Himmel hinauf bis die Maschine verschwand. In Kulunda gab es damals

weder militärische noch zivile Luftfahrt; deshalb musste er eine andere Arbeit suchen.
Diese fand er beim mobilen Bauunternehmen PMK. Damals ordnete Chruschtschow an, überall wo es nur möglich war, Land zu erschließen und Sowchosen (Sowjetwirtschaften) für den Anbau von Mais und Getreide zu gründen.
Aus Moskau traf die Leitung für die Organisation und den Bau der Sowchosen ein. Überall wurden Plakate mit Stellenanzeigen für verschiedenste Berufe angebracht. Nikolaj meldete sich bezüglich einer dieser Anzeigen. Nach einem Vorstellungsgespräch wurde er beim PMK als Chefmechaniker eingestellt, weil er nicht nur ein Diplom-Pilot, sondern auch Flugzeugmechaniker war. Zu seinen Aufgaben gehörten die Einstellung und Entlassung bestimmter Mitarbeiter, Montage von mobilen Stromstationen, Kontrolle der Aufgaben, Lohnberechnungen und der störungsfreie Betrieb der Bautechnik.
Der PMK-Chef war ein junger Mann, ein Jude aus Moskau, energisch und prinzipientreu. Nikolaj krempelte seine Ärmel hoch. Bald erhielt er neue Technik aus Moskau, stellte das Dienstpersonal ein – und es konnte losgehen.
Der Bau begann auf einem von dem Exekutivkomitee bestimmten Ort. Sie machten Aushub, legten Fundamente, bauten Gebäude – und das an vier Orten im Umkreis von 120 Kilometern gleichzeitig. Zuerst errichteten sie das Kulturhaus, die Bibliothek, die Polizeistation, eine öffentliche Sauna, den Kindergarten mit einer Krippe, das Verwaltungsgebäude der Sowchose sowie einige Geschäfte des täglichen Bedarfs. Dann folgten Unterkünfte für die Arbeiter, Garagen für die Technik und Fahrzeuge, eine Werkstatt und eine Freizeitanlage. Nach fünf bis sechs Monaten entstand eine neue Sowchose.
Die Arbeit schritt gut voran. Nachdem Nikolaj alle Säufer und Faulenzer entlassen hatte, formierte sich ein gutes Team von Mechanikern. Er bekam einen leistungsstarken (wenn auch nicht neuen) Geländewagen inklusive eines

faulen Chauffeurs, der zum Alkohol neigte. Nach der zweiten Ermahnung entließ Nikolaj ihn und setzte sich selbst ans Steuer. Mit diesem Geländewagen raste er von einer Baustelle zur nächsten, die hundert Kilometer oder weiter entfernt lagen.

Die erste Prämie des Ministeriums des PMKs erhielt er bereits nach drei Monaten. Nach fünf Monaten wurden vier neue Sowchosen errichtet. Das PMK baute am neuen Ort noch drei weitere. Die Administration blieb in Kulunda. Im zweiten Halbjahr reiste eine Prüfungskommission aus Moskau an. Sie besuchten die vier neuen Sowchosen, die in Betrieb genommen wurden, prüften die Qualität der Arbeit auf den neuen Baustellen und waren zufrieden. Bei der Einweihungsfeier wurde dem PMK eine hohe Prämie und ein Besuch von berühmten Artisten versprochen. Einer der Redner formulierte dabei einen Satz, über den Nikolaj und der Chef noch lange lachten: »Eure Arbeit ist nicht vergebens dahin!«

G ott ruft uns zur ehrlichen Arbeit auf: »Wer gestohlen hat, der stehle nicht mehr, sondern bemühe sich vielmehr, mit den Händen etwas Gutes zu erarbeiten, damit er dem Bedürftigen etwas zu geben habe.« (Eph 4:28)

NIKOLAJ UND DER HYPNOTISEUR

Bald trafen die angekündigten Artisten aus Moskau ein. Die besten Arbeiter erhielten kostenlose Eintrittskarten. Die Varietékünstler traten drei Abende hintereinander auf. Nach der ersten Aufführung gab es sehr viele begeisterte Gespräche. Der Hypnotiseur zog besonders viel Aufmerksamkeit auf sich. Doch Nikolaj wollte ihn stören; und er wusste wie, weil ihm einst ein Christ, der früher ein Zauberkünstler war, über seine Tätigkeit erzählt hatte.

Also besorgte sich Nikolaj zwei Tickets beim Bauleiter, der sie mit großem Vergnügen aushändigte. Dann schilderte Nikolaj seine Idee dem Glaubensbruder Andrej und bat ihn um Unterstützung. So zogen sie in den Kampf gegen Goliath; im festen Vertrauen, dass sie ihn nur mit Gottes Hilfe besiegen können. Deshalb beteten sie die ganze Nacht und auch am nächsten Tag. Frisch gewaschen und umgezogen erreichten sie abends das Kulturhaus. Sie nahmen in der zweitletzten Reihe Platz. Das Konzert hatte soeben begonnen. Nach dem Auftritt einer Sängerin folgte der interessanteste Teil: der Hypnotiseur.

Er zeigte folgenden Zaubertrick: Er legte den Kopf einer jungen Frau auf die Rückenlehne eines Stuhls und ihre Fersen auf die Rückenlehne eines anderen Stuhls – und sie lag steif dazwischen. Das nächste Zauberkunststück war das Erraten von einzelnen Seiten in Büchern, die von der Jury ausgesucht wurden. Die Jury wurde demokratisch aus den Arbeitern der Sowchose gewählt. Diese bekamen einen Stapel Bücher aus der Bibliothek. Der Magier begab sich hinter die Bühne, während die Jury ein Buch wählte, dann die Seite und die Zeilen bestimmte. Anschließend wurde dieses Buch in dem Bücherstapel versteckt. Der Hypnotiseur erschien, klatschte in die Hände vor jedem Mitglied der Jury, überlegte kurz und nannte den Buchtitel, die Seite und die Zeile. Dann zog er das Buch hervor, öffnete es und las die Stelle vor. Die Jury bestätigte die Lösung.

Als Nächstes sollten alle auf den Hypnotiseur schauen. Er öffnete weit den Mund, zeigte seine Hände und begann sehr schnell etwas zu sagen. Dann zog er mit der Hand ein langes farbiges Band aus seinem Mund heraus, mit der anderen Hand – noch ein Band in anderen Farben. So zog er ein Band nach dem anderen aus dem Mund, bis ein bunter Haufen zu seinen Füßen lag. Ein lauter Applaus erfüllte den Saal. Der Zauberer führte noch weitere Tricks auf.

»Jetzt reicht es aber, alle so hinters Licht zu führen. Los, wir stören ihn!«, bestimmte Nikolaj.

Die Brüder neigten ihre Köpfe, beteten gedanklich noch einmal und schauten nach vorne. In dieser Zeit stand der Hypnotiseur auf der Bühne, blickte in den Saal und wählte sich ein weiteres Opfer aus. Sein Blick fiel auf zwei junge Frauen. Er bat sie auf die Bühne.

Die Freunde bereiteten sich vor. Als der Hypnotiseur in den Saal schaute, begegneten sich ihre Blicke. Der Zauberer setzte die beiden Frauen hin. Er selbst nahm gegenüber Platz, fasste sie an den Händen und bat, laut bis dreizehn zu zählen, indem er ihnen die Zahlen vorsagte.

»Eins, zwei, drei… dreizehn«, wiederholten sie.

»Stopp! Beginnen wir von vorne. Entspannt euch, schließt die Augen und denkt an nichts anderes. Sprecht mir nur nach!«

»Eins, zwei… dreizehn«, sprachen die Opfer munter nach.

»Probieren wir es noch einmal. Wiederholt, was ich sage!«

Er begann leise und langsam die Zahlen zu wiederholen. Aber die Frauen blieben wach und kicherten sogar. Plötzlich erhob sich der Hypnotiseur und lief bis zum Rand der Bühne.

»Wer mich stört, geht raus! Geht raus!«, befahl er laut und fügte mit eiserner Stimme hinzu: »Ich werde euch trotzdem finden und davonjagen.«

Doch niemand stand auf. Es herrschte Totenstille. Die Spannung im Saal stieg. Der Hypnotiseur forderte alle auf, ihm in die Augen zu sehen; und er begann in der ersten Reihe jedes Gesicht zu prüfen. Als er hinten ankam, näherte er sich den Brüdern. Schließlich blieb sein Blick auf Nikolaj haften. Der Zauberer atmete erleichtert auf und bat sanft:

»Ich bitte sie sehr, meine Arbeit nicht zu stören. Verlassen sie den Raum!«, lächelte er.

Im Saal entstand eine Verwirrung. Viele versuchten zu erkennen, mit wem der Zauberer sprach. Aber alle blieben auf ihren Plätzen. Über den Köpfen erschallte wiederholt seine Stimme:
»Ich hoffe auf ihre Großzügigkeit – damit ich mich nicht wiederholen muss.«
»Es ist genug«, flüsterten die Brüder einander zu.
Sie standen auf und gingen: Nikolaj voraus und hinter ihm sein Freund. Sie liefen langsam an den Sitzreihen vorbei und verließen den Saal durch die Vordertür. Alle, die im Saal waren – Zuschauer und Varietékünstler, die Leitung des PMKs und der Sowchose – begleiteten sie mit schweigenden Blicken.
Die Freunde fuhren nach Hause und lobten Gott für seine Macht und Autorität, die den Stolzen zu demütigen vermögen!

> Gott ist ein Eiferer! Und der Mensch soll sich seine Ehre nicht aneignen – das sollen alle Stolzen nicht vergessen, damit er sie nicht wie den stolzen Nebukadnezar bestraft, der eine Zeit lang bei den Tieren verbringen und Gras essen musste. Lest das 4. Kapitel im Propheten Daniel. Wir sollen bedenken, dass »der Teufel auch seine Wunder tut, – wie Johannes Calvin sagt, – die nicht selten auch Gläubige verführen«.
>
> Denis Diderot schrieb: »Doch die Wunder Gottes sind ganz anders: An sie muss geglaubt werden, bevor sie geschehen, denn sie entstehen nur dort, wo an sie geglaubt wird. Und je mehr sie geglaubt werden, desto öfters geschehen sie! Das Wunder muss aus dem Glauben kommen, und nicht der Glaube aus dem Wunder!«

Die Folgen des Konzerts

Als Nikolaj am nächsten Tag zur Arbeit erschien, stand beim Büro des PMKs ausnahmsweise eine große Menschenmenge. Gewöhnlich waren um diese Zeit nur die Leiter und Buchhalter da. Und heute? Was war los? Die Leute begrüßten Nikolaj irgendwie zurückhaltend. Er begab sich zum Eingang, um alle zu sehen und fragte: »Was ist los? Warum seid ihr heute so früh da?«

Nach einer gewissen Verlegenheit trat der Personalbearbeiter mit einer Zeitung in der Hand hervor, reichte sie Nikolaj und fragte:

»Warum ist gestern ihretwegen die Aufführung gescheitert?«

Nikolaj schlug die Zeitung auf. Auf der ersten Seite waren sein Foto und darüber eine fette Schlagzeile zu sehen: »Gläubige stören das Konzert des Moskauer Künstlers in der Kolchose Prigorodnij«. Es folgte ein langer Artikel. Ohne ihn zu lesen, ahnte Nikolaj den Inhalt. Er wandte sich an die Menge und fragte laut:

»Womit habe ich den Zauberer gestern gestört?«

»Wie? Er sagte doch klar, dass sie ihn gestört haben. Und als sie gegangen waren, setzte er seinen Auftritt fort.«

Aus der Menge ertönten einigen Stimmen:

»Erzählen sie, was sie ihm angetan haben! Wie haben sie ihn gestört? Wie ist das alles zu verstehen?«

Die Menschen machten viel Lärm, und Nikolaj konnte so nicht zu ihnen sprechen. Er schlug vor:

»Wenn ihr bereit seid, zwanzig Minuten still zu sein, erkläre ich euch, was gestern passiert ist. Danach könnt ihr Fragen stellen.«

Sie waren einverstanden und Nikolaj erklärte, dass es in der Welt zwei gegensätzliche Mächte gibt: Gott und Satan.

»Das ist ein allgemein anerkanntes Axiom. Es gibt Diener Gottes und Diener Satans: Wahrsager, Kartenleser, Zauberer und ähnliche. Der Hypnotiseur ist ein Vertreter des Reiches Satans. Er ist ein Magier. Was er gestern vorgeführt hat, kann niemand von uns. Warum? Weil wir dümmer sind? Nein! Weil er ein Zauberer ist. Und Satan gab seinem Diener die Möglichkeit die Menschen zu täuschen und sie von Gott wegzubringen, indem er suggeriert, dass Satan stärker und weiser sei als Gott, und dass er die Menschen liebt und froh machen will. Ich bin dagegen ein Diener Gottes. Es schmerzte mich zuzusehen, wie ihr getäuscht und verführt werdet. Deshalb beschlossen wir, dies zu stoppen. Wie? Wir schrien nicht, wir kritisierten ihn nicht, wir machten keinen Lärm. Ihr seid unsere Zeugen. Gott hielt ihn persönlich auf durch unsere Gebete, indem er den Geist des Hypnotiseurs gebunden hatte, sodass die Zaubertricks nicht funktionierten. Das zeigt, dass Gottes Kraft größer ist. Und nichts ist stärker als die Liebe Gottes zu den Menschen. Seine Liebe ist größer als mütterliche Liebe.«

Nikolaj zitierte zwei Stellen aus der Bibel: Evangelium Johannes 3:16 und den Propheten Jesaja 49:15.

Als er die Fragen beantwortet hatte, versprach Nikolaj noch einmal über dieses Thema zu sprechen. Anschließend plante er den Arbeitsablauf und fuhr auf eine fernliegende Baustelle.

In der Mittagspause suchte ihn ein Bote des PMK-Chefs auf. Nikolaj sollte schnellstmöglich zu ihm. Als er sein Büro betrat, rief der Chef erstaunt aus:

»Du bist jetzt im ganzen Bezirk bekannt! Die Zeitung berichtet von dir und hat sogar dein Bild veröffentlicht. Mein Foto wurde bis heute noch nicht in der Zeitung abgebildet, aber du hast es geschafft!«

»Möchtest du denn deine Aufnahme in der Zeitung mit einem ähnlichen Titel und Artikel finden?«, fragte Nikolaj.

Der Chef, Isaak Abramovitsch, wurde als Jude im väterlichen Glauben erzogen und teilte die Ansichten der Atheisten nicht.

»Das sind Gotteshasser!«, fuhr er fort. »Ich war doch auch anwesend. Ich habe selbst gesehen, dass du ihn tatsächlich nicht gestört hast. Für diese Verleumdung muss der Autor des Artikels zur Rechenschaft gezogen werden!«

»Das ist keine Verleumdung. Es stimmt. Wir haben ihn gestört, und das habe ich auch den Leuten so erklärt.«

»Welchen Leuten?«, wunderte sich der Chef.

Nikolaj berichtete ihm von der Morgenversammlung und von seinem Einsatz gegen den Hypnotiseur.

»Er war das also!... Er gab ihnen dein Foto aus den persönlichen Akten, ohne mein Wissen. Ich werde ihn noch heute feuern.«

»Wen meinst du? Wen willst du kündigen?«

»Den Personalbearbeiter. Die Parteiorgane haben ihn empfohlen. Er ist ihr Ohr und Auge. Er ist ein Spitzel. Solche Leute dürfen nicht bleiben.«

»Soll er doch hören und sehen. Wir haben nichts gegen den Staat und nichts Kriminelles getan.«

»Nein, ich werde ihn feuern.«

Und schon diktierte er der Sekretärin die Kündigung für den Personalbearbeiter, weil er seine Machtbefugnisse überschritten hatte. Nach ein paar Minuten rief er den Personalbearbeiter zu sich, las ihm das Schreiben vor und fügte bei:

»Du darfst nicht zu viel tun – das ist ein Verbrechen. Dieser da«, er deutete auf Nikolaj, »er darf und soll mehr als geplant machen, damit wir die Prämie erhalten.«

Der Chef ging zusammen mit der Sekretärin und dem Personalbearbeiter in sein Büro und befahl:

»Nimm deine Habseligkeiten und verschwinde, damit ich dich nicht wiedersehe.«

Dieser versuchte zu widersprechen, aber der Chef unterbrach ihn:

»Nimm deine Sachen und verschwinde!« Darauf nahm er ihm den Büroschlüssel weg. »Sonst sperre ich dich hier ein. Ich kann dir nicht mehr vertrauen!«

Der Personalbearbeiter griff nach seiner Jacke und Mütze und eilte davon, ohne sich zu verabschieden. Der Chef rief ihm noch einige böse Worte hinterher. Nikolaj versuchte ihn zu beruhigen. Da erschien plötzlich eine Mitarbeiterin und teilte mit, der erste Sekretär des Bezirkskomitees habe angerufen und den Chef mit Nikolaj zu sich bestellt.

»Nein! Ich fahre nicht hin. Ich bin ein Mitarbeiter des Ministeriums der UdSSR und ein Mitglied der Partei in Moskau und nicht sein Untertan. Ich fahre nicht.«

Nikolaj versuchte ihn zu überreden, damit es nicht zu Unannehmlichkeiten mit Moskau kommt. Schließlich einigten sie sich, dass der Chef allein fährt.

»Fahre du hin! Ich werde für dich beten«, sagte Nikolaj freundlich.

Der Chef kehrte erst am Abend zurück – müde aber gut gelaunt. Er erzählte, wie er im Bezirkskomitee angeschrien wurde, aber alle erhitzten Gemüter abkühlen konnte, indem er entgegnete:

»Noch heute werde ich nach Moskau melden, was für Erzieher hier sitzen; dann werden wir sehen, wer wo landet.«

Die Mitarbeiter des Bezirkskomitees änderten sofort ihren Ton und begannen Nikolaj zu beschuldigen: Er hätte den ganzen Bezirk blamiert und die Varietékünstler beleidigt.

»Was habe ich damit zu tun? Was sollte ich tun? Außerdem hatte Nikolaj die ganze Zeit geschwiegen. Womit hat er sich schuldig gemacht? Sie wurden von Ihren Spitzen falsch informiert«, wehrte der Chef ab.

»Wir haben keine Spitzen. Wir haben nur normale sowjetische Bürger, die stets die Wahrheit sagen«, verteidigte sich der Sekretär des Bezirkskomitees.

»Gut, wenn sie keine Spitzen haben. Ich dachte schon sie werden mich für die Kündigung eines solchen tadeln. Ich habe ihn heute entlassen.«

»Wen?«, rief der Sekretär.

»Ist egal. Er sagt jedenfalls nicht die Wahrheit. Ist also nicht einer von euch.«

Am Ende des Gesprächs wurde dem Chef nachdrücklich empfohlen, Nikolaj zu entlassen, um weitere Unannehmlichkeiten zu vermeiden.

Während sie weiter über den Zwischenfall sprachen, wurde ihnen mitgeteilt, dass die heutige Aufführung ausfiele. Die Artisten hätten ihre Sachen gepackt und reisten ab.

»Auch recht!«, antworteten sie einstimmig dem Boten.

Sie gingen auseinander. Nikolaj war sehr zufrieden mit seinem Chef, weil dieser nicht eingeschüchtert wurde und einen wachen Geist behielt. Er betete weiterhin für ihn.

Die Bauarbeiten nahmen ihren Lauf. Gott segnete den Bau. Auch dieses Mal bezeugte Gott den Menschen seine Allmacht und Kraft. Einen Tag später musste Nikolaj im Bezirkskomitee erscheinen.

Im Büro saßen mehr als ein Dutzend Leiter: der Polizeichef, alle drei Sekretäre des Bezirkskomitees, der Staatsanwalt, Abgeordnete des Bezirksrates, der Vorsitzende der Exekutivkomitees, der Vertreter der Komsomolzen und noch drei sogenannte Männer in Zivil.

Nikolaj grüßte freundlich und lächelte:

»Ihr seid aber viele! Ich dachte, dass nur der Sekretär des Bezirkskomitees mich sprechen will!«

»Fürchtest du dich etwa?«, fragte einer.

»Nein! Im Gegenteil, ich freue mich«, antwortete Nikolaj fröhlich.

»Worüber freust du dich?«, verwunderte sich der Sekretär.

»Darüber, dass ihr so viele seid. Wenn viele beieinander sind, dann wird nicht geschrien, nicht gedroht, keine Angst eingejagt. Wenn man dagegen unter vier Augen mit einer Person spricht, die Macht hat, dann kann es schlimm werden«, erklärte Nikolaj.

Die Anwesenden tauschten ihre Blicke aus. Der Sekretär begann:

»Wir haben dich eingeladen, damit du uns persönlich schilderst, was beim Konzert vorgefallen ist.«

Nikolaj freute sich über die Möglichkeit den Regierungsvertretern die Allmacht Gottes, den Glauben und die Kraft des Gebets zu bezeugen.

»Die Artisten waren in Ordnung, bloß mit dem Magier geschahen kuriose Dinge: Er konnte seine Zauberei nicht fortsetzen und beschuldigte mich deswegen«, begann Nikolaj seine Erzählung.

Dann berichtete er ausführlich, was er getan hatte. Es folgten sehr viele Fragen über die Diener des Teufels: Wahrsager, Zauberer, Weissager, Geistesbeschwörer und ähnliches.

Dann kamen sie auf Gott und seine Diener zu sprechen. Das Gespräch dauerte lange und verlief in einer ruhigen, friedlichen Atmosphäre.

Plötzlich sprach einer der Vorsitzenden:

»Wenn ich richtig verstehe, zählst du dich zu den Dienern Gottes. Dann beweise es. Mache jetzt mithilfe deines Gottes ein Wunder! Oder hast du Angst?«

Nikolaj hatte mit allem gerechnet: Geschrei, Einschüchterungen, Drohungen – alles, nur dieses nicht. Er fühlte sich völlig hilflos.

»Herr«, flehte er im Herzen, »sie fordern ein Wunder. Lass nicht zu, dass sie über dich spotten. Schenke mir Weisheit! Was soll ich tun? Herr, hilf mir!«

Im selben Moment kam ihm eine Idee. Nikolaj erkannte darin die Stimme Gottes und antwortete:

»Nein, ich habe keine Angst. Ich weiß, dass Gott jetzt und hier ein Wunder tun kann. Aber wie sie wissen, tat Gott ein Wunder im Konzert nach einem Gebet. Ohne Gebet wird Gott nicht helfen – ich muss jetzt zum Herrn beten.«

»Dann bete«, meinte der Sekretär.

»Gut! Ich werde mich jetzt niederknien, aber ihr müsst dazu aufstehen«, bat Nikolaj.

Alle schwiegen, dann meinte jemand:

»Also gut, stehen wir auf. Was ist schon dabei? Ein Wunder zu sehen wäre doch interessant!«
Alle erhoben sich und Nikolaj ging auf die Knie. Er dankte Gott für den Erlöser Jesus Christus, für das Privileg zu ihm beten zu dürfen und für seine weisen Pläne und Absichten. Er bat für die Umkehr und Buße aller Anwesenden und beendete sein Gebet mit einem lauten Amen.
Alle setzten sich und schwiegen.
»Wo bleibt das Wunder?«, fragte der Sekretär nach einer Weile.
»Das Wunder? Habt ihr es denn nicht gesehen?«
»Wann? Wo? Welches?«, fragten alle durcheinander.
»Jetzt! Hier! War es denn nicht ein Wunder, dass ich mitten in der Christenverfolgung ungehindert in der Anwesenheit der ganzen Bezirksleitung beten konnte? Und wo? Direkt im Bezirkskomitee der Partei! Mehr noch: ihr alle standet während des Gebets bis ich es beendet hatte, und einige von euch sagten sogar ›Amen‹. Ist das nicht ein Wunder! Wann ist derartiges in einem Bezirkskomitee der Partei vorgekommen? Wenn ich das meinen Glaubensgeschwistern erzähle, werden sie es nicht glauben. Und wenn ihr es euren Kommunisten erzählt, brechen sie in Gelächter aus. So etwas ist heute ein großes Wunder! Es war notwendig für euch!«
Einige Minuten lang waren alle schockiert und schwiegen. Plötzlich brüllte einer der Männer in Zivil:
»Verschwinde, du Lump!«
»Warum schimpfen sie? Sie haben mich doch selbst eingeladen und ich bin gekommen!«
»Ist schon gut!«, meinte der Sekretär im versöhnlichen Ton. »Geh jetzt, aber erzähle deinen Gläubigen nichts davon, was hier vorgefallen ist.«
Mit Freuden verließ Nikolaj das Bezirkskomitee der Partei. Er dankte seinem Herrn, dass er ihm die Möglichkeit gab, den Behörden die Macht Gottes zu bezeugen.
Als er davon seinem Chef erzählte, freuten sie sich zusammen, dass Gott die Pläne der Gottlosen durcheinan-

derbrachte und sie beschämte. Nikolaj wurde nicht mehr zum Bezirkskomitee bestellt!

Erneut erlebte Nikolaj die Verheißung Gottes, welche im zwölften Kapitel des Lukasevangeliums geschrieben steht (Lk 12:11).

Einige Tage später musste Nikolaj zum KGB. Er wurde lange durch irgendwelche Gänge geführt, bis er endlich im Büro eines Kapitäns ankam. Dieser bot Nikolaj einen Platz gegenüber an. Ein breiter Tisch trennte sie. Der Kapitän begann das Gespräch mit Schreien, regte sich auf und drohte mit der Verbannung nach Kolyma. Er stand immer wieder auf. Schließlich holte er aus der Schublade eine Pistole, legte sie auf den Tisch und begann damit zu spielen: bewegte sie hin und her, nahm sie in die Hand, legte sie wieder auf den Tisch.

Nikolaj beobachtete lange dieses Treiben und sagte: »Kapitän, nehmen sie die Waffe vom Tisch!«

»Macht sie dir Angst? Nein, sie soll liegenbleiben, vielleicht wird sie mir nützlich«, erwiderte der Kapitän lächelnd.

»Dann soll sie liegenbleiben, vielleicht wird sie tatsächlich nützlich. Sie müssen nur wissen, wenn meine Nerven versagen, mache ich keine Fehlschüsse. Ich bin auch Offizier!«

Schnell steckte der Kapitän die Pistole wieder weg, erhob sich und trat auf Nikolaj zu. Mit aller Kraft verabreichte er ihm eine Ohrfeige und brüllte:

»Verschwinde, du Hund! Willst du noch drohen, du Abschaum!«

Sofort erschien ein Offizier, der vor der Tür Wache hielt, und führte Nikolaj zum Ausgang. Draußen atmete er auf, hob seine Augen zum Himmel empor und dankte seinem Herrn für diese Hilfe bei KGB. Plötzlich leuchteten vor seinen Augen die Worte auf: »Fürchte dich nicht, denn ich habe dich erlöst! Ich habe dich bei deinem Namen gerufen; du bist mein. Wenn du durchs Wasser gehst, so will ich bei dir sein, und wenn durch Ströme, so sollen sie dich nicht ersäufen. Wenn du durchs Feuer gehst, sollst du nicht versengt werden, und die Flamme soll dich nicht verbrennen.« (Jes 43:1–2)

> *Schön, wenn der Herr mit uns ist! Und böse Menschen sind vergänglich: heute tyrannisieren sie uns und morgen sind sie nicht mehr da. Ewig ist nur unser allmächtiger Gott. Wie Anna Achmatowa richtig sagte: »Henker, Toren, Verräter und, o wehe, Staatsanwälte – alle vergehen... Möge Gott dies schenken!« Ja, es ist ein Privileg unter dem Schutz des allmächtigen und liebenden Gott zu stehen! Von diesem Recht können wir täglich Gebrauch machen, wenn wir Jesus Christus als unseren Herrn und Erlöser angenommen haben.*

Neue Prüfungen

Unser Leben ist eine Reise über Berge und durch Täler. Ein ruhiges Leben dauert bei Christen nicht lange. Ungefähr einen Monat später drohte ein weiterer Sturm – das Bezirkskomitee forderte inzwischen vom Chef des PMKs die Entlassung von Nikolaj. Der Chef weigerte sich und sprach zu Nikolaj:

»Wir kämpfen weiter. Mal sehen, wer gewinnt.«

Also arbeitete Nikolaj weiterhin als Chefmechaniker. Doch bald rief ihn der Chef zu sich und bekannte offen, ihn nicht mehr verteidigen zu können.

Es wurde eine Beschwerde nach Moskau eingereicht. Er wurde zweimal telefonisch aufgefordert, sich dem Bezirkskomitee und der Partei unterzuordnen und nur diese eine Person zu kündigen. Wenn nicht, würde er bei der Abnahme der Sowchosen Probleme bekommen. Weil er zögerte, traf bereits eine Kommission ein, die auf eine

Reihe von Mängeln hinwies und die Abgabefrist für die Objekte um einen Monat verkürzte.

Der Chef war verzweifelt: Was tun? Er wollte Nikolaj nicht kündigen, aber auch keine zusätzlichen Probleme im Geschäft haben, die seitens der Partei angekündigt wurden.

»Bete zu deinem Gott, Nikolaj, damit er dieses Problem löst!«, bat Isaak Abramovitsch beim Abschied.

»Mein Gott ist auch dein Gott! Bete auch du!«, riet ihm Nikolaj.

So trennten sie sich und jeder beschäftigte sich mit seinen Gedanken. Es verging eine Woche. Wieder wurde der Chef von Moskau angerufen. Der strenge Befehl lautete: entweder den Chefmechaniker entlassen oder die Übergabe der Leitung vorbereiten. Der Chef hatte eine Idee. Er schlug Nikolaj vor, ihn zu kündigen und als einfachen Mechaniker einzustellen, wobei er weiterhin die Arbeit des Chefmechanikers erledigen sollte.

»Nein«, erwiderte Nikolaj, »das ist Betrug. Es wird bald auffliegen, denn der Chefmechaniker muss die Planung leiten, die Baustellen und Mechaniker kontrollieren. Ich werde von allen gesehen und es wird für dich noch schlimmer kommen. Stelle mich als Hilfsarbeiter ein.«

So verblieben sie. Nikolaj arbeitete als Hilfsarbeiter auf einem kleinen Kran, der vom Boden gesteuert wurde.

Es wurde kalt. Nikolaj beschloss zu kündigen und von Kulunda wegzuziehen. Doch als die Gläubigen davon erfuhren, erwiderten sie:

»Warum willst du kein einfacher Arbeiter sein? Unsere Söhne und Töchter verrichten schwere Feldarbeiten und fahren nicht weg. Warum meinst du, nur eine Führungsposition ausüben zu müssen? Trage dieses Kreuz um Christi willen und bleibe in der Gemeinde. Hier brauchen wir dich. Bleibe und arbeite.«

Ein Bruder schenkte ihm eine Spruchkarte mit den Worten: »Wenn ich auch seufze, doch – Gott sei Dank – ich murre nicht. Der Allmächtige erlaubt seinen Kindern zu seufzen, aber nicht zu murren!« Das sagte ein General, als er in einer Schlacht verletzt wurde und seine Armee eine Niederlage erlitt.

»Du dagegen hast nicht einmal eine Niederlage erlitten. Sondern Gott hat seine Pläne mit dir. Gehorche seinem Willen und vertraue dein Leben ihm an«, fügte der Bruder hinzu.

Also blieb Nikolaj und übte weiter die Tätigkeit eines Hilfsarbeiters aus. Beim Mauern und Verputzen arbeiteten nicht weniger als fünfzig Leute zusammen. Zum Mittagessen trafen sich alle am Tisch in einem bereits fertigen Zimmer. Auch Nikolaj verbrachte seine Mittagspause dort. Spätestens nach dem Vorfall mit dem Hypnotiseur wussten alle, dass er Baptist war.

Zuerst vorsichtig, dann immer mutiger, stellten die Mitarbeiter Fragen über Gott, Bibel und Baptisten. Nikolaj war bereit zu antworten. So verliefen die Mittagspausen sehr lebhaft und wertvoll. Er begriff, weshalb Gott ihn hierher gesandt hatte. Mit echtem Interesse hörten die jungen Arbeiter den einfachen Erklärungen zu: über Gott, das jenseitige Leben und die Ewigkeit.

Darauf wechselte die Bezirksbehörde zu einer anderen Kampfmethode. »Der ungestüme Baptist« sollte einfach aus dem Leben scheiden. An einem späten Winterabend kehrte Nikolaj vom Gottesdienst heim. Etwa 200 Meter vor seinem Haus ertönten dumpfe Schüsse. Er sah, wie eine Kugel einen nahen Schneehaufen traf. Eine weitere schlug dicht vor ihm auf. Es war klar – jemand schoss auf ihn. Das war völlig überraschend. Als er in die Richtung blickte, aus der die Schüsse fielen, bemerkte er im Hof eine Gestalt mit Gewehr. Der helle Mond beleuchtete alles gut. Nikolaj war in der menschenleeren, sibirischen Nacht völlig schutzlos.

Er erhob seine Augen zum Himmel und flüsterte: »Herr! Errette mich! Dein Auge ist doch immer über mir! Ich möchte noch leben, aber dein Wille geschehe!«

An diesem Abend lief Nikolaj mit einem Ehepaar nach Hause: Andrej und Anna Kulaginami, die nicht weit weg wohnten. Sie hörten die Schüsse. Andrej eilte zu Nikolaj, der bereits im Haus war.

»Was ist geschehen? Wir hörten Schüsse aus dieser Richtung. Hat jemand auf dich geschossen?«, fragte Andrej besorgt.

»Ja«, antwortete Nikolaj und erzählte, was er gesehen hatte.

Einige Tage später ging Nikolaj von der Arbeit zu Fuß nach Hause und nicht wie gewohnt mit dem Motorrad, weil der Schnee den Heimweg zugeschüttet hatte und noch nicht geräumt war. Er lief mit einigen Bauarbeitern durch die Steppe. Unterwegs unterhielten sie sich über alles Mögliche. Einer erzählte, dass er vor kurzem beim Militär war. Früher lebte er in der Ukraine; jetzt sei er zu einer verwandten Tante hierhergezogen und wohne vorläufig in ihrer Wohnung. Allmählich begann Nikolaj ein Gespräch über Gott und Baptisten und fragte diesen, ob er schon etwas darüber gehört habe.

»Ja«, antwortete der Mann. »Das sind die schädlichsten und gefährlichsten Leute. Ich habe beim Militär viel darüber gehört. Hier gibt es sie auch. Man muss sie umbringen.«

»Warum umbringen?«, fragte Nikolaj. »Wen stören sie?«

»Sie entführen Kinder, töten sie und trinken ihr Blut.«

»Woher weißt du das? Hast du das selber gesehen?«

»Das hat uns der Stellvertreter des Politbüros erzählt. Auch hier in der Versammlung der Komsomolzen wurde letztens darüber gesprochen. Wir als Komsomolzen wurden dazu aufgefordert, sie zu bekämpfen.«

»Würdest du einen Baptisten töten?«, forschte Nikolaj mit einer Unruhe im Herzen nach.

»Natürlich. Neulich habe ich auf einen geschossen; leider daneben. Aber ich werde ihn trotzdem kriegen«, betonte der neue Kämpfer der Komsomolzen.

So kamen sie von der Sowchose nach Kulunda. Zusammen erreichten sie Nikolajs Haus. Er blieb stehen und sagte:

»So, angekommen. Hier wohne ich.«
»Wo ist dein Haus?«, fragte sein Begleiter mit einer befremdenden Stimme.
»Hier ist es!« Nikolaj zeigte auf sein Haus. »Und ich bin der Baptist, auf den du geschossen hast und den du töten willst.«
Der Mann blieb abrupt stehen, erblasste, hielt kurz inne und eilte schnell davon, ohne zurückzublicken. Am nächsten Tag erschien er nicht zur Arbeit. Jemand meinte, er hätte gekündigt, weil ihm die Arbeit nicht gefiel.
Wieder bewahrte der Herr seinen Sohn vor dem Anschlag eines militanten Gottlosen.

Wenn wir in Demut und Abhängigkeit von Gott leben, schenkt er uns seine Gnade!

Ich kann bis heute nicht verstehen,
Wie Schöpfer alles so kreiert:
Er schenkt die Gnade einer Seele,
Die sie am wenigsten verdient.

In dieser Zeit konnte das PMK zum ersten Mal ihre Fristen nicht einhalten. An zwei Objekten waren die Elektrostation abgebrannt, weil die Zuständigen betrunken waren (einer von ihnen kam beim Brand sogar ums Leben). Das geschah an einer weit entfernten Baustelle; als die Feuerwehr eintraf, war das ganze Gebäude niedergebrannt.

Als Nikolaj später dem Chef begegnete, erkannte er ihn kaum wieder: Finsteres Gesicht, abgemagert, die Augen voll Trauer und Schwermut. Er besaß nicht mehr die Energie von früher und keine Lebensfreude. Er war enttäuscht von Parolen und Appellen.

»Wenn ich diesen Bau beendet habe, gehe ich zurück aufs Land und lebe ein ruhiges Dorfleben. Mir reichts!«, verkündete er.

Zusätzlich zu den Problemen auf dem Bau wurde er mehrmals wegen des verunglückten Mitarbeiters vom

Untersuchungsrichter verhört. Nikolaj tröstete und ermutigte ihn.

»Alles hat ein Ende!«, so steht es in der Bibel. »Nur braucht es Zeit und Geduld. Gott hilft!«

»Nein, Gott hat uns längst dahingegeben. Wir erfüllen sein Gesetz nicht mehr.«

»Für uns hat Christus das Gesetz erfüllt, und wir müssen uns nicht mehr darum bemühen«, erwiderte Nikolaj.

»Nein! Du bist zwar ein guter Mensch, aber du irrst dich. Jesus kann nicht Gott sein. Was ist das für ein Gott, wenn die Menschen ihn besiegen und sogar töten konnten. Gott stirbt nicht!«, rief der Nachkomme Abrahams aus.

»Das sind goldene Worte: Gott stirbt nicht! Jesus wurde zwar gekreuzigt und starb, aber er ist auferstanden! Diese Worte haben in einer schweren Stunde den Reformator Martin Luther ermutigt und gestärkt. Mögen sie auch dich stärken, Isaak! Ich werde für dich beten!«, antwortete Nikolaj.

Einige Tage später teilte der Chef Nikolaj mit, dass es in Moskau neue Vorgesetzte im Bauministerium gibt; sein Freund hätte angerufen und gebeten, den Bau schnell abzurunden und nach Moskau zu kommen, um im Ministerium zu arbeiten.

»Gott lebt also! Er hilft, wenn wir ihn darum bitten!«

»Ja, Gott lebt!«, bestätigte Isaak Abramovitsch und fügte leise hinzu: »Ich habe in der letzten Zeit auch gebetet.«

»Ich habe nicht daran gezweifelt, dass du damit beginnst. Gott ließ diese Schwierigkeiten zu, damit du erkennst, dass du seine Hilfe nötig hast! Wenn du deine Arbeit in Moskau beginnst, danke Gott, denn er lebt und hilft. Er ist es würdig!«

»Ja, Gott ist es würdig«, stimmte der Chef zu.

Später haben sie sich nicht mehr gesehen. Doch wenn es wieder eine Begegnung gegeben hätte, so wäre das ein freudiges Ereignis, weil sie gut zueinander waren.

Ja, das Leben ist unvorhersehbar, und die Erde ist rund: Menschen, die dachten, sie würden einander nie begegnen, treffen sich wieder. Wie beschämend können solche Treffen sein, wenn das Gewissen befleckt ist. Denkt an Josef und seine Brüder!

Bewahrt untereinander gute Beziehungen, schadet keinem, tut Gutes, damit ihr beim Wiedersehen einander mutig in die Augen schauen könnt. Hinterlasst gute Spuren und habt ein reines Gewissen vor Menschen und Gott!

Bulwer-Lytton schrieb: »Wenn ein schönes Gesicht ein Empfehlungsschreiben ist, dann ist ein reines Herz eine Beurkundung!«

Das Wort Gottes warnt: »Mehr als alles andere behüte dein Herz; denn von ihm geht das Leben aus.« (Spr 4:23)

»Das Gewissen ist wie eine Fledermaus: tagsüber schläft es und nachts schlägt es mit ihren Flügeln, gibt keine Ruhe und saugt dein Blut«, heißt es im Volk.

Und wenn das Gewissen schon befleckt ist? Gott sei Dank hat jeder die Möglichkeit, sein Gewissen reinzuwaschen: durch die Reue gegenüber seinem Nächsten und durch das Blut Christi. Wie es im Hebräerbrief geschrieben steht (9:14).

DER ÖFFENTLICHE PROZESS

Isaak Abramovitsch zog nach Moskau. Bald darauf wurde Nikolaj unter dem Druck des Bezirkskomitees beim PMK gekündigt.

Zusammen mit dem Glaubensbruder Ivan Frese begab er sich auf Arbeitssuche. Tagelang gingen sie von einem Betrieb zum nächsten, aber erfolglos. Niemand brauchte sie. Die Freunde merkten bald, dass die jeweiligen Vorgesetzten immer nach ihren Familiennamen fragten, dann die Tischschublade öffneten und etwas lasen. Es stellte sich später heraus, dass alle Betriebe eine Liste mit Namen der Baptisten erhielten und den Befehl befolgten, sie nicht einzustellen.

Deshalb gingen die Brüder in die Zeitarbeit: Sie stellten Schneeschutz-Schilder entlang der Eisenbahnlinien auf. Diese Beschäftigung war hart und schlecht bezahlt. Doch die Brüder arbeiteten, bis sie auch dort gekündigt wurden. Wieder begann die Arbeitssuche. Wieder erfolglos. Christen wurden nicht eingestellt. Außerdem wurden sie gemäß einem neuen Erlass als Nichtsnutze (sprich Arbeitsverweigerer) oft ausgesiedelt. Christlichen Gemeinden wurde weiterhin auseinandergejagt. Deswegen waren einige Christen weggezogen, andere bereiteten sich darauf vor.

Die Atheisten waren sehr böse auf Nikolaj und erstellten eine Anklage gegen ihn. In dieser Zeit wurde die sogenannte »Öffentlichkeit« eingeführt. Unter diesem Vorwand konnten die Kommunisten jeden verunglimpfen: Sie straften, verbannten, entzogen Elternrechte, nahmen Kinder weg, verurteilten und verhafteten. Auch Nikolajs Familie wurde eine hohe Geldstrafe auferlegt, weil in ihrem Haus Gottesdienste stattfanden. Bruder Chmar, der in diesem Haus zum Glauben fand, musste ins Gefängnis. Michail Zygelnik wurde gekündigt, andere wurden mittels Verhöre und Strafen gepeinigt – und das alles im Namen der »Öffentlichkeit«.

Eines Tages musste auch Nikolaj vor die »Öffentlichkeit«. Das Verhör fand auf dem Marktplatz statt, wo sich die Komsomolzen, Schüler, Vertreter der Behörden und irgendwelche verdächtige Subjekte versammelten. Die Atheisten zählten alles auf: die Gottesdienste in Nikolajs Haus, die Leitung dieser, die Störung des Konzertes und die religiöse Propaganda auf den Baustellen. Sie fügten noch Verleumdung des sowjetischen Lebens hinzu, Beleidigungen von Amtspersonen im Dienst, Arbeitsverweigerung (Nichtsnutz) und Verbindungen zu den USA, die damals als größter Feind galt.

Nikolaj hörte zu und fand sich in allen Punkten unschuldig. Schließlich ergriff ein Vertreter des Exekutivkomitees das Wort. Er betonte Nikolajs asoziales Verhalten und die Unvereinbarkeit dieses mit der sozialistischen Gesellschaft.

»Was machen wir mit ihm?«, fragte der Bezirksleiter.

»Anklagen! Ans Ende der Welt verbannen! Ins Gefängnis stecken! Erschießt ihn!«, ertönten Gebrüll und Schreie.

Als der Lärm und das Geschrei abflachten, stand der Vertreter des Bezirkskomitees auf und hielt eine patriotische Rede, in der er den Fortschritt der Partei bejubelte und den Humanismus des sowjetischen Volks rühmte. Er schlug vor, human und nachsichtig zu handeln und den Rebellen innerhalb von 24 Stunden ans Ende der Welt zu verbannen, was die Öffentlichkeit bejahte.

Zwei Stunden nach dem »Prozess der Öffentlichkeit« tauchte vor Nikolajs Haus eine schwarze Wolga auf. Er sollte zum ersten Sekretär des Bezirkskomitees der Komsomolzen kommen. Nikolaj widersprach nicht, weil er wusste, dass sein Leben in Gottes Hand lag.

Im Bezirkskomitee wurde er ins Büro des ersten Sekretärs begleitet. Es waren einige Menschen dort versammelt, junge und ältere, alles Unbekannte.

Nikolaj wurde ein Stuhl mitten im Büro zugewiesen. Einer der Anwesenden meinte, dass sie noch auf den ersten Sekretär warteten, der sich etwas verspätete.

»Macht nichts«, sprach Nikolaj, »ich kann warten. Und wenn jemand Fragen hat, bitte.«

»Nein. Wir warten auf den Ersten. Ohne ihn finden keine Gespräche statt«, war die Antwort: »Erhole dich bis dahin und sammle Kräfte! Dir steht ein ernstes Gespräch bevor. Aber der Erste wird es eröffnen.«

Sie warteten lange, etwa eine Stunde. Natürlich war Nikolaj aufgeregt. Er betete innerlich. Ihm war bewusst, dass ein schwieriges und unangenehmes Gespräch geplant war. Auf den Gesichtern der Anwesenden lag eine gewisse Verlegenheit und Nervosität.

Plötzlich eilte eine Bürokraft herein und teilte mit, dass der erste Sekretär angekommen sei; es gehe bald los. Alle blickten erwartungsvoll zur Tür. Als er eintrat, erhoben sie sich. Er war ein junger, gutaussehender Mann mit Sonnenbrille. Nikolaj glaubte, das Gesicht zu kennen, aber er konnte sich nicht genau erinnern.

Der Sekretär trat ins Büro, grüßte alle und nahm die Brille ab. Jetzt erkannte Nikolaj ihn und auch seine Stimme: Es war sein ehemaliger Schulkamerad; von der achten bis zur zehnten Klasse. Er saß vor Nikolaj, der immer seine Schulhefte mit Diktaten und Aufsätzen korrigierte, weil dieser nicht sehr gut in russischer Sprache war.

Der erste Sekretär setzte sich an den Tisch. Die Anwesenden nahmen ebenfalls Platz. Einer der Anwesenden deutete auf Nikolaj und sagte:

»Das ist er – diese gefährliche Seuche der Gesellschaft. Seine Ideen und baptistischen Ansichten verbreitet er seit dem Militärdienst und agitiert für seine Sekte. Die Öffentlichkeit hat entschieden, ihn aus Sibirien zu verjagen, wie sie bereits wissen. Aber sie wollten ihn sehen. Vielleicht können sie ihn noch umstimmen.«

Während dieser Vorstellung schaute Nikolaj beharrlich auf den ersten Sekretär, der ihn ebenfalls anstarrte. Sein Gesichtsausdruck verriet, dass er Nikolaj wiedererkannt hatte. Nikolaj verstand, welch ein Kampf gerade in der Seele des Sekretärs tobte. In all den Schuljahren hatte Nikolaj ihm niemals die Hilfe verweigert und ihm nicht das geringste Leid zugefügt. Dieser wiederum hatte Nikolaj geschätzt, auch wenn er ein Baptist war. Was passiert jetzt? Was wird er tun? Wie wird das Gespräch ausgehen?

Der Sekretär hatte seinem Untergebenen aufmerksam zugehört. Dann stand er auf, ging auf den ehemaligen Schulkameraden zu und blieb dicht vor ihm stehen. Einige Minuten standen sie Gesicht an Gesicht: der Erste und der Letzte der Gesellschaft, der Komsomolze und der Baptist, der Kläger und der Angeklagte...

Im Büro herrschte Totenstille. Alle waren verwundert über das Verhalten des ersten Sekretärs. Noch mehr waren sie schockiert, als er plötzlich Nikolaj die Hand reichte und den Baptisten kräftig umarmte. Jener umarmte ebenfalls den ersten Sekretären wie einen Kollegen. Lange standen sie so. Außer den Beiden verstand es niemand. Dann kam der erste Sekretär zur Besinnung und forderte, ihn mit Nikolaj allein zu lassen. Verdutzt und schweigsam verließen die anderen das Büro.

»Lass niemanden herein!«, befahl er seiner Bürokraft.

Als sie unter sich blieben, erzählte jeder aus seinem Leben nach der zehnten Klasse: zuerst Nikolaj, dann der erste Sekretär. Nach sieben Jahren kreuzten sich ihre Wege: der eine nach dem Militärdienst und der andere nach dem Studium.

Am Ende des Gesprächs bedauerte der erste Sekretär, dass er die Entscheidung der »Öffentlichkeit« nicht ändern könne, aber er freue sich über das Wiedersehen; Nikolaj war und bleibe für ihn eine heilige Persönlichkeit. So trennten sie sich.

Am nächsten Morgen brachte ein Polizeiwagen Nikolaj zum Bahnhof. Dort musste er in Begleitung zweier Polizisten in den Zug »Nowokusnezk – Pischpek« einsteigen.

»Wohin fahren wir?«, fragte Nikolaj.

»Wir wissen es nicht!«, antworteten sie.

»Was? Ihr wisst nicht, wohin ihr mich bringt?«

»Der Befehl lautet: dich in diesen Zug zu setzen und an der Endstation der Polizei zu übergeben«, war die Antwort.

An den Haltestellen hasteten die Beamten abwechselnd zum Bahnhofsgebäude und kauften sich Essen. Nikolaj hatte kein Geld dabei. Er nahm auch nur wenig Proviant mit, da er damit rechnete, in der nächsten Stadt abgesetzt zu werden. Doch leider musste er drei Tage lang hungern.

Gegen Abend des dritten Tages erreichte der Zug Pischpek in Kirgistan. Am örtlichen Polizeiposten trafen sie nur einen Wächter, da bereits Feierabend war. Beide

Begleiter übergaben dem Wächter den Verurteilten, seinen Pass sowie das Schreiben zwecks öffentlicher Meinung und verschwanden.

Der diensthabende Sergeant las lange das Schreiben und fragte endlich:

»Wo soll ich dich bloß einsperren? Der Chef kommt erst morgen. Die Schlüssel von der Untersuchungszelle hat er; außerdem darfst du keinesfalls dahin, weil dort Menschen sind.«

»Und wer bin ich?«, fragte der Gläubige verwundert. »Bin ich denn ein Bandit?«

»Du bist schlimmer als ein Bandit. Über dich steht so viel in diesem Dokument. Und wie bist du aus Amerika hierhergekommen?«

»Warum meinen sie, ich sei aus Amerika?«, wunderte sich Nikolaj.

»Hier heißt es, dass du irgendwie mit Amerika in Verbindung stehst. Bist du ein amerikanischer Spion?«, fragte der Sergeant neugierig.

Nikolaj musste lachen und erklärte, wer er sei. Doch der Polizist, ein Kirgise, verstand schlecht Russisch; er fuchtelte mit den Händen und bat zu schweigen. Dann führte er den ›gefährlichen Baptisten‹ durch einen engen Gang in den Keller, wo er ihn einsperrte. So verging die erste Nacht in Kirgistan.

Am nächsten Morgen wurde Nikolaj zum obersten Polizeibeamten geführt, der ebenfalls ein Kirgise war. Aus den Erklärungen verstand er nicht, weshalb Nikolaj so weit weg verbannt wurde und was er mit diesem ›Verbrecher‹ tun sollte? Er telefonierte und sprach lange mit jemandem auf Kirgisisch; er wurde wütend, schrie in den Hörer und fluchte. Nikolaj betete die ganze Zeit. Dann begann die Erfassung von vorne. Was hatte Nikolaj verbrochen? Warum war er hier? Was sollte mit ihm geschehen?

Nikolaj erklärte ausführlich seine Hauptschuld: Er glaube an Gott und bete zu ihm, weshalb die Ungläubigen ihn wegjagten, damit er sie nicht mehr störe.

»Du glaubst an Gott? Das ist gut! Dann bist du mein Bruder! Ich glaube auch an Gott! Bleibe bei uns und vergiss die anderen. Sie haben dich an den richtigen Ort geschickt. Hier glauben alle an Gott!«, erzählte der oberste Polizeibeamte.

»Wenn du mein Bruder bist, dann tue mir einen Gefallen. Lass mich in die Stadt gehen und gib mir meinen Pass wieder. Abends komme ich zurück. Schließe mich nur nicht wieder im Keller ein, dort ist es kalt und es wimmelt von allerlei Ungeziefer. Im Laufe des Tages kannst du überlegen, was du mit mir machst. Ich kann auch schriftlich garantieren, dass ich abends zurückkomme«, versprach der Gläubige.

»Wozu hier übernachten? Übernachte lieber in der Stadt und komme morgen früh wieder. Und wozu ein Schreiben? Ja, den Pass nimm mit, denn bei uns wird auf den Straßen kontrolliert.«

Überrascht und dankbar nahm Nikolaj dieses Angebot an. In der Stadt traf er nicht nur Kirgisen, sondern auch Russen. Von ihnen erfuhr er, dass Pischpek ein Güterbahnhof der Stadt Frunse war und hier viele Russen lebten. Er freute sich und dankte Gott für diese Führung, denn in Frunse wohnte sein Freund Ivan Frese sowie sein leiblicher, älterer Bruder Ivan.

Im Adressbüro erhielt er die Anschrift seines Bruders. Bald fand er das Haus und traf sich mit Ivans Familie.

Somit erwies sich die Verbannung ans Ende der Welt als eine Gratisreise direkt zum Wohnort seines leiblichen Bruders. Mehr noch – hier sollte er seine Braut kennenlernen; aber davon später. Damals wusste Nikolaj noch nicht, dass Gott ihn für dreißig Jahre hierher gesandt hatte: nach Mittelasien, in die Stadt Frunse.

>> *Obwohl die Welt voller Leid ist, verfügt sie auch über die Mittel, dieses Leid zu überwinden«, sagte ein weiser Mann. Dieses Mittel ist in Gott! Wie geschrieben steht: »Wir wissen aber, dass denen, die Gott lieben, alle Dinge*

zum Besten dienen...« *(Rö 8:28) Alles, sogar Schwierigkeiten und Leiden. Es sei noch hinzugefügt: »Glückselig seid ihr, wenn sie euch schmähen und verfolgen und lügnerisch jegliches böse Wort gegen euch reden um meinetwillen!« (Mt 5:11)*

IN MITTELASIEN

So traf Nikolaj völlig unerwartet beim Bruder ein. Als gläubiger Mensch blieb er seinem Versprechen treu und begab sich abends zur Polizeistation, wo der oberste Polizeibeamte auf ihn wartete. Er erschien zusammen mit seinem Bruder. Als der Beamte erfuhr, dass hier der leibliche Bruder von Nikolaj lebte, notierte er sich die Adresse, wo Nikolaj zu finden war, und sagte:

»Wenn es notwendig ist, werden wir dich rufen. Du darfst gehen!«

In der ersten Zeit erwartete Nikolaj, dass er von der Polizei gerufen wird, doch die Zeit verging und niemand fragte nach ihm. Wahrscheinlich hatten sie ihn vergessen. Wofür sollte er auch bestraft werden? Er wohnte bei seinem Bruder, schaute sich um, lernte die Stadt und die Menschen kennen, besuchte einige Male die Gemeinde und traf sich mit der christlichen Jugend. Er danke Gott von ganzem Herzen für seine wunderbare Führung und seine unergründlichen Wege!

Ja, der Herr liebt sein Volk und führt es bisweilen unverständliche und schwierige, aber segensreiche Wege. Er führt zum Reichtum seiner Gnade. Wir müssen nur ihm völlig vertrauen und uns seinem Willen unterordnen! Wenn wir später zurückschauen, werden wir feststellen: »Die Messschnüre sind mir in einer lieblichen Gegend gefallen, ja, mir wurde ein schönes Erbe zuteil.« (Ps 16:6)

Nikolaj ließ zwar das Armeeleben hinter sich, aber das Fliegen war nicht vergessen. Wie in Sibirien, so auch hier in Mittelasien, blickte er den vorbeifliegenden Flugzeugen sehnsüchtig nach. Er beobachtete sie so lange, bis sie außer Sichtweite waren. Sein Herz seufzte. Brennend wünschte er sich am Steuer eines Fliegers zu sitzen und in Richtung Himmel zu fliegen!

Glücklicherweise gab es in Frunse einen großen Flughafen. Nikolaj begab sich sogleich zur Leitung des Flughafens. Der Chef erwies sich als ein Studienkollege aus der Flugschule. Dieser sagte gern zu unter der Bedingung einer Auffrischungsschulung. Nikolaj nahm die Anmeldeformulare mit und berichtete davon seinen Verwandten.

In dieser Zeit kam seine Mutter zusammen mit dem Glaubensbruder Ilja Bakumenko nach Frunse. Sie versuchte den Sohn vom Fliegen abzuhalten:

»Ich will nicht, dass du abstürzt!«

»Aber ich bin bis jetzt nicht abgestürzt!«

»Bis jetzt. Wenn nicht beim Militär, dann wirst du hier verunglücken.«

Bruder Bakumenko unterstützte die Mutter. Trotzdem füllte Nikolaj das Anmeldeformular aus, schrieb seinen Lebenslauf und fügte seine Dokumente hinzu: Pilotendiplom, Geburtsurkunde und medizinische Nachweise. Währenddessen musste Bruder Bakumenko plötzlich fort, um etwas Eiliges zu erledigen.

Am nächsten Tag hatte Nikolaj alle Papiere bereit und begab sich zum Flughafen. Die Sekretärin nahm seine Bewerbung entgegen: Pilot des Passagierflugzeugs Il-18 mit einem Auffrischungskurs in Uljanowsk. Kaum war er wieder Zuhause, fragten die Mutter und Bruder Bakumenko sofort:

»Und, hast du es geschafft?«

»Ja, der Chef ist mein Freund und er stellt mich sehr gern ein«, antwortete Nikolaj mit Begeisterung.

Am Nachmittag des gleichen Tages wurde Nikolaj zur Flugleitung einbestellt und sogar mit einem Auto abgeholt.

Der Freund teilte ihm eine traurige Nachricht mit: »Ich kann dich nicht als Pilot einstellen! Verzeih mir! Sobald du mit der Familie alles geklärt hast, darfst du gern wiederkommen. Wir suchen Mitarbeiter.«
»Warum? Wer hat gestört? Mit wem muss ich mich absprechen? Haben das meine sogenannten Freunde aus Sibirien veranlasst?«, viele Fragen schwirrten in Nikolajs Kopf.
Der Chef ahnte, dass er den eigentlichen Grund der Ablehnung nicht kannte und fragte: »Weißt du denn nicht, dass dein Vater hier war? Er ist strikt dagegen, dass du fliegst. Er hat seinen Widerspruch sogar schriftlich eingereicht; unterschrieben von ihm und deiner Mutter. Und gemäß dem Gesetz darf ich dich nicht einstellen, solange die Familie dagegen ist.«
Nikolaj verstand alles und ging ohne weitere Erklärung. Zu Hause stellte sich heraus, dass dieser Vater Bruder Bakumenko war. Die Mutter und ihr Unterstützer freuten sich. Nikolaj wollte seiner Mutter keinen Kummer bereiten und gab den Wunsch auf. Doch das Fliegen blieb sein Element.
Also suchte Nikolaj eine andere Beschäftigung. Er besuchte einige Betriebe, bekam aber keine Einstellung. Nikolaj betete und wählte einen anderen Weg. Er ging zum Bahnhof, stieg in einen Linienbus, nahm aus seiner Tasche einige Münzen, gab sie der Schaffnerin und bat zu sagen, wann er aussteigen solle. Sie zählte das Geld, stellte ihm ein Fahrticket aus und versprach Bescheid zu geben.
Nikolaj setzte sich auf einen freien Platz, schloss die Augen und dachte über die Schwierigkeiten in seinem Leben nach, insbesondere über das Christsein. Da erinnerte er sich an das Bibelwort über Abraham: »Und er zog aus, ohne zu wissen, wohin er kommen werde.« (Heb 11:8)
Warum geschieht so etwas? Warum lässt Gott das Leiden seiner Kinder zu? Oft muss ein gerechter Mensch mehr leiden als einer, der sorglos dahinlebt? Warum ist das so in seinem Leben? Er bemüht sich doch, heilig vor

Gott und Menschen zu leben. Aber auch andere Gedanken kreisen in Nikolajs Kopf: »Erinnere dich daran, wie viel Güte, Gnade und sogar Wunder der Herr dir persönlich geschenkt hat!.. Herr, vergib mir meine Schwäche! Wahrlich, du hast mich nicht mit meinen Problemen allein gelassen. Wenn ich meinen Weg dir anvertraute, hattest du mich aus allen Sackgassen befreit. Hilf mir, Herr, auch jetzt! Ich verwerfe alle meine Pläne und Wege. Du allein, Herr, nimm meine Sorgen und hilf mit der Arbeit...«

Seine Gedanken wurden durch die Stimme der Schaffnerin unterbrochen:

»Das ist ihre Haltestelle!«

»Danke!«, antwortete Nikolaj und begab sich zur Tür.

Der Bus blieb stehen. Nikolaj stieg aus und schaute sich um. Direkt vor ihm stand ein kleines Gebäude mit dem Aushängeschild »Gabriels Warenladen«. Nikolaj dankte dem Herrn gedanklich, dass er ihn gerade vor die Tür eines Dorfladens geführt hatte. Aus dem Laden trat ein Mann mit kaukasischen Gesichtszügen.

»Wo willst du hin?«, fragte er.

»In den Laden«, antwortete Nikolaj.

»Zu wem und wozu?«, ließ der Kaukasier nicht locker.

»Zum Chef. Ich brauche Arbeit.«

»Ich bin der Chef des Ladens. Welche Arbeit suchst du?«

»Wen brauchen sie?«, fragte Nikolaj und fuhr fort: »Ich bin Verkäufer, Warenexperte, Kassierer, Buchhalter, Fotograf, Uhrmacher, Mechaniker und sogar Pilot.«

»Kannst du auch einen Laden leiten?«, unterbrach ihn der Ladenbesitzer.

»Das kann ich«, antwortete Nikolaj mutig. »Ich bin ehemaliger Offizier und musste Mannschaften leiten.«

Der Ladenbesitzer lachte:

»Wenn ein junger Mann alles kann, beherrscht er nichts richtig.«

»Stellen sie mich auf die Probe«, ließ Nikolaj nicht locker.

»Also gut, komm morgen, dann reden wir. Heute ist der Arbeitstag zu Ende.«
Der Ladenbesitzer schritt davon. Nikolaj folgte ihm. Dieser blickte zurück und fragte:
»Und wo wohnst du? Wohin gehst du jetzt?«
»Ich wohne in Frunse und übernachte heute bei ihnen.«
Der Ladenbesitzer blieb verdutzt stehen, musterte Nikolaj und schmunzelte:
»Ich habe nichts dagegen, aber meine Frau… Sie hat Angst, fremde Menschen ins Haus hereinzulassen, erst recht zum Übernachten! Sie wird die ganze Nacht nicht schlafen! Also, ich weiß nicht… Vielleicht ist es besser, wenn du morgen kommst und wir dann miteinander reden?«
»Aber ich habe kein Geld für die Rückfahrt.«
Nikolaj erklärte, wie er in dieses Dorf kam. Der Ladenbesitzer wühlte in seinen Taschen. Anscheinend suchte er nach Geld, aber vergebens.
Schließlich winkte er mit der Hand: »Komm, gehen wir!«
Sie erreichten das Haus des Ladenbesitzers, und Nikolaj begriff, weshalb seine Frau Fremde fürchtete. Alles zeugte davon, dass sie reich waren: Teppiche, goldene und silberne Gegenstände, wunderschönes Geschirr, Radio, wertvoller Schmuck und vieles mehr.
Bald kehrte die Frau heim. Als sie den Unbekannten im Wohnzimmer erblickte, blieb sie erstaunt stehen und schaute vorwurfsvoll auf ihren Mann. Ein wenig verlegen erklärte er, dass dieser sein Freund sei, der nur übernachten und morgen abreisen würde. Wortlos verließ sie das Zimmer. Einige Minuten später rief sie die Männer zum Abendessen in den Speisesaal, wo zwei dunkeläugige Knaben am Tisch saßen.
»Wie heißt du eigentlich?«, fragte der Hausherr.
»Nikolaj! Und sie?«
»Imram!«

»Das sind mir aber gute Freunde!«, mischte sich die Frau ein. »Ihr kennt ja nicht einmal eure Namen. Wo habt ihr euch gefunden?«

Um die Situation zu entspannen, begann Nikolaj viel über sich zu erzählen; auch wie er und sein Freund, ein Kommunist, im Haus eines Baptisten übernachtet hatten.

»Wenn es wirklich stimmt, dann bin ich beruhigt«, meinte die Frau.

Die Nacht verlief ruhig und friedlich. Am nächsten Morgen machten sie sich auf den Weg zum Laden, um Nikolaj als Fotografen einzustellen. Bereits am Abend hatten sie überlegt, welche Tätigkeit er ausüben könnte. Sie einigten sich auf Fotograf, weil es weder im Laden noch im Dorf einen gab.

So schenkte Gott Nikolaj Arbeit, in der er sieben Jahre beschäftigt war – bis er zum Ältesten gewählt wurde. Er dankte dem Herrn für seine wunderbare Führung und für die Brüder, die ihm das Fotografieren beigebracht hatten.

Zuerst arbeitete er im Dorfladen mit seinem Freund Ivan Frese zusammen. Als später im ganzen Land die Dorfläden zusammengelegt wurden und im Zentrum ein »Haus des täglichen Bedarfs« entstand, arbeiteten beide Freunde in der Hauptstadt. Nikolaj sorgte dafür, dass später auch sein Schwager Georgij und der ältere Bruder Ivan dort eingestellt wurden. Sie waren vor Ort und Nikolaj arbeitete zusätzlich im mobilen Team aus etwa zwanzig Fotografen, die er organisiert hatte und leitete. Er erlernte auch neue Methoden: im Kunstrahmen fotografieren, alte Fotos abfotografieren und restaurieren, Porträts zeichnen, Fotos auf Tellern, Vignetten und sogar Farbfotos, was damals eine Seltenheit war.

Shakespeare sagte: »Eine Arbeit, die uns Freude macht, heilt Schmerzen und trocknet Tränen.« Anders gesagt: »Die Faulheit ist die Mutter aller Laster.«
  Das Wort Gottes ruft uns zur Arbeit auf, zum Fleiß. Lest dazu in der Bibel (1Th 4:10-11 und Kol 3:23). Der

weiseste Mensch Salomo schreibt über die Faulheit: »Wie lange willst du liegen bleiben, du Fauler? Wann willst du aufstehen von deinem Schlaf? ›Ein wenig schlafen, ein wenig schlummern, ein wenig die Hände in den Schoß legen, um zu ruhen‹: so holt dich die Armut ein wie ein Läufer, und der Mangel wie ein bewaffneter Mann!« (Spr 6:9–11)

DIE SPALTUNG

Nikolaj hatte schon in Sibirien Kontakt zu Jugendlichen in Kasachstan, Kirgistan und Taschkent (Hauptstadt Usbekistans). Er pflegte diese Kontakte auch weiterhin. Nach seiner Ankunft in Frunse wurde er Jugendleiter. Die christliche Jugend hatte es damals nicht leicht. Laut den Brüdern durften sie sich nicht im Gebetshaus treffen; in Privatwohnungen verbot es die Regierung. Leitende Brüder unterstützten sogar die Behörden. Unvergesslich bleibt ein verantwortlicher Diener der Gemeinde, der sich seine Wattejacke über den Kopf zog, um sein Gesicht zu verbergen, und so die Jugend auf den Straßen verfolgte, um ihren Treffpunkt ausfindig zu machen und diesen den Behörden zu melden.

Aber die Jugendlichen ließen sich nicht einschüchtern. Viele stellten ihre Häuser für die Jugendstunden zur Verfügung: Nina Gnedasch, Ivan Frese, Nina Losnikova, Tonja Antoschina, Nadja Petkova, Nikolaj und Ljuba Tischenko, Tamara Schuliko, Ljuba Derevjanko, Katja Chivrenko, Nikolaj und andere. Manchmal versammelten sie sich auf einer Wiese, mitten im Schilf. Oft gab es Begegnungen mit der Polizei und den Behörden. Nicht selten wurden den Brüdern Geldstrafen auferlegt, sie wurden verhört und bedroht. Doch niemand fürchtete sich. In allen brannte das Feuer der ersten Liebe zum Herrn und zueinander. Die damalige Jugend erinnert sich wahrscheinlich bis heute noch mit Freuden an diese Gemeinschaft.

Jemand sagte: »Gesegnet ist der Mensch, der sich an seine Jugend erinnern kann, ohne etwas bereuen oder sich schämen zu müssen; denn sie war dem Herrn geweiht!« So war die Jugend in Kirgistan in den 60er Jahren des zwanzigsten Jahrhunderts.

In diesen Jahren zeichnete sich unter den evangelisch-baptistischen Brüdern eine Trennung ab. Der Grund dafür waren zwei gegen das Evangelium gerichteten Dokumente des Allunionsrates der Evangeliumschristen-Baptisten (AUR der EChB), nämlich: »Instruktionsbrief an alle Oberpresbyter« sowie »Verordnung für die Gemeinden«. Im Gegenzug bildete sich eine sogenannte Initiativgruppe, die einen Kongress der EChB anstrebte, um die Situation der Kirchen zu besprechen und einen Ausweg aus den Schwierigkeiten zu finden, die diese zwei Dokumente ausgelöst hatten.

Anschließend wurde aus der Initiativgruppe der »Bund der Gemeinden« (BdG). Nikolaj befand sich mitten in diesen Umbrüchen. Er war im BdG für Kasachstan und ganz Mittelasien verantwortlich. Zu seinen Aufgaben zählten: Vervielfältigung der »Bruderbroschüre« von BdG, Information der Gläubigen über das gegenwärtige Leben der Gemeinden in der UdSSR, Druck und Verbreitung von geistlicher Literatur (Liederbücher, Evangelium, Gedichte, Artikel) und die Lieferungen dieser nach Kirgistan und an andere Orte.

Die Jugendlichen halfen mit Freuden mit. Sie schrieben Artikel und verschiedene Dokumente ab – mit spezieller Tinte auf besonderem Papier. Sie schliefen nur zwei-drei Stunden. Doch Gott gab Kraft und morgens gingen diese Nachtarbeiter munter und fröhlich ihrer offiziellen Beschäftigung nach. Als der Druck der Bibel ins Rollen kam, überbrachte die Jugend die Bibeln den Gemeinden, obwohl dafür Gefängnis drohte. Alle Gemeinden in Kirgistan vereinten ihre Kräfte; auch die registrierten Gemeinden halfen dem BdG.

Allerdings herrschte zwischen dem BdG und der AUR Uneinigkeit. Fast in allen Punkten gab es unterschiedliche Meinungen. Der BdG beantragte bei der Regierung weiterhin die Durchführung eines Kongresses der EChB, was die AUR nicht unterstützte. Die Regierung erlaubte den Kongress nicht. Begründung: der BdG sei kein registriertes Organ der EChB. Landesweit spalteten sich die Gemeinden. Innerhalb der Bruderschaft begann eine Trennung, die mit den Jahren zu einer Spaltung führte. Der BdG exkommunizierte fast die ganze AUR-Führung, darunter viele Älteste. Der AUR begann die BdG-Anhänger aus den Gemeinden auszuschließen und führte Neuaufnahmen der Mitglieder durch. Das traf auch einfache Mitglieder. Die Gläubigen wichen einander aus und verurteilten sogar einander.

Mitte der 60er Jahren organisierte AUR eine Versöhnungskommission. Zusammen mit anderen Brüdern besuchte Nikolaj die Leiter der EChB (Alexandr Karev und Ilja Ivanov) sowie die Regierungsvertreter in Kreml, um zu beweisen, dass für die Vereinigung der Gläubigen ein Kongress aller EChB notwendig sei; somit könnte man die Konfliktsituation in der Bruderschaft lösen und zu den biblischen Grundsätzen des Gemeindebaus zurückkehren.

»Was habt ihr vor, Brüder?«, fragte der Generalsekretär der AUR Karev. »Wisst ihr denn nicht, in welcher Zeit wir leben? Ein Kongress wird nicht erlaubt! Eure Bemühungen sind vergebens.«

Währenddessen weitete die Regierung die Verfolgung der Christen aus. Die nichtregistrierten Gemeinden vom BdG wurden auseinandergetrieben und die verantwortlichen Brüder verurteilt; ihnen wurden Erziehungsrechte entzogen und Kinder weggenommen; es gab Pogrome...

Die Versöhnungskommission konnte die Bruderschaft nicht vereinigen. Trotzdem hatte sie etwas bewirkt: BdG und AUR schlossen keinen mehr aus. Es wurde entschieden, dass solche Exkommunikationen nicht dem Evangelium entsprechen und deshalb ungültig seien. Es wurden Treffen zwischen BdG und AUR organisiert. Das spiegelte sich in den örtlichen Gemeinden wider und die Beziehungen normalisierten sich.

Ungeachtet aller Schwierigkeiten, Unverständnissen und Widerständen war die Regierung gezwungen den Kongress zu erlauben. Das geschah im Oktober 1963 – der erste Kongress nach einer langen Unterbrechung seit dem letzten in den 20er Jahren. Doch der Kongress brachte keine Einigkeit in der Bruderschaft. Der BdG wurde nicht einmal eingeladen. Beide gegen das Evangelium gerichteten Dokumente wurden nicht verworfen. Alles blieb beim Alten.

Die Jugend hatte jetzt noch mehr zu tun, weil an vielen Orten die Bibel gedruckt wurde. Dafür wurde viel Druckpapier benötigt, das in die Untergrunddruckereien geliefert werden musste; die gedruckten Bücher mussten abgeholt und an Gemeinden verteilt werden. Das alles war mit hohen Risiken verbunden, da diese Tätigkeit gesetzlich verboten war.

Die Jugendlichen in Kirgistan arbeiteten mit großem Eifer und riskierten ihr Leben! Sie taten es im Namen des Herrn und für den Herrn, wie geschrieben steht: »Und was immer ihr tut in Wort oder Werk, das tut alles im Namen des Herrn Jesus und dankt Gott, dem Vater, durch Ihn.« (Kol 3:17)

B*enjamin Franklin, einer der Autoren der Unabhängigkeitserklärung der USA, sagte:* »*Wenn ich anderen Menschen diene, denke ich daran, dass ich meine Schulden bezahle und nicht Orden verdiene.*« *Eine andere Person des öffentlichen Lebens ergänzte:* »*Der Dienst für die Menschen ist der Preis für den Platz, den wir unter der Sonne einnehmen.*«

Welch ein Glück, dass die Christen sich nicht nur wegen Menschen bemühen, sondern auch dem Herrn dienen!

Sie arbeiten nicht um des Gewinnes willens, sondern im Namen Christi, zu seiner Ehre! So seid fleißig, Kinder Gottes, denn die Nacht ist vorgerückt. Solange es noch nicht zu spät ist, rettet die Seelen für Christus! Sogar bei Benachteiligung und beim Risiko für das eigene Leben!

DIE HEIRAT

Nikolaj heiratete im Alter von einunddreißig Jahren, am 16. August 1964. Wobei er seine Braut schon lange vorher ausgewählt hatte, nur wusste es keiner, nicht einmal sie.

Nikolaj war ein geselliger Mensch. Er war gern unter Menschen, besonders unter Jugendlichen. Und er wusste genau, dass nach einer Heirat, seine Jugend enden würde. Deswegen wartete er so lange. Die Jugendlichen in Sibirien und in Frunse dachten, er würde wie Apostel Paulus unverheiratet bleiben. Warum? Weil er niemals einem Mädchen seine Freundschaft anbot und ungern über dieses Thema sprach.

Aber plötzlich hieß es, dass Nikolaj jemanden hätte.

»Wen?«

»Katja Chivrenko!«

»Was?«, staunten alle noch mehr.

Das war wirklich erstaunlich. Nikolaj betete viel darum, dass Gott ihm eine gute, gläubige Frau zeigt. Er hatte große Angst vor einer Fehlentscheidung. Denn bekanntlich konnte Dalila auch den starken Simson besiegen! Und Gott offenbarte: Er zeigte Nikolaj seine zukünftige Frau und nannte ihren Namen: Katja.

Nach vielen Gebeten sah Nikolaj das Gesicht seiner Braut im Traum. Aber dieses Mädchen war ihm nirgends begegnet, weder in Kulunda, wo er aufwuchs, noch irgendwo anders. Die Jahre vergingen und sie tauchte einfach nicht auf. Plötzlich entdeckte er sie... auf einem Foto im Kreis der Jugend. Diese Aufnahme brachte sein Freund Ivan Frese aus Frunse mit, als er seine Eltern in Kulunda besuchte.

»O, wer ist das?«, fragte Nikolaj neugierig.

»Katja Chivrenko«, war die Antwort.

Als Ivan merkte, dass sein Freund sich für dieses Mädchen interessierte, versuchte er sein Feuer einzudämmen: »Ja, sie ist hübsch, eine Christin, singt im Chor und hat viele Verehrer, aber sie ist sehr stolz und unerreichbar... Doch es gibt in Frunse eine andere für dich. Wenn du sie heiratest, wird es dir wie einem Gutsherrn gehen. Du wirst keine Sorgen kennen und leben wie die Made im Speck!«

Als dann viele Jahre später Nikolaj in Frunse ankam, traf er gleich in der ersten Jugendstunde seine Braut von Angesicht zu Angesicht. Er erkannte sie sofort. Sie gefiel ihm noch besser als damals auf dem Foto. Es war Liebe auf den ersten Blick und für immer! Nikolaj ließ sich nichts anmerken, betete weiter und erkundigte sich unauffällig über Katja. Tatsächlich wollten viele Brüder sie heiraten, aber sie wies alle ab. Wenn die Verehrer auftauchten, sprach ihre Mutter mit ihnen am Gartentor. Katja wollte sich nicht einmal blicken lassen.

So vergingen Jahre. Wie viele andere Schwestern war Katja in die Vervielfältigung der »Bruderbroschüre« einbezogen.

Als Jugendleiter wurden Nikolaj viele Sorgen und Geheimnisse anvertraut. Eines Tages schilderte auch Katja ihr Problem:

»Kennst du Nikolaj aus Kant?«

»Ja, schon, aber nicht so gut. Warum?«

»Wie ist er so? Er hat mir nämlich einen Heiratsantrag gemacht. Was würdest du mir raten?«

Diese Worte schockierten Nikolaj. Wie? Diese Frau, die Gott für ihn bestimmte, sollte ein anderer kriegen? In seinem Kopf brodelte es. Was tun? Wie soll er sich öffnen? Wenn sie andere abwies, bestand denn für ihn überhaupt

Hoffnung? Er war doch nicht besser als andere: nicht groß, ohne besondere Talente. Was soll er bezüglich Heirat antworten? Sie wartet doch.

Nikolaj, ihr ältester ›Bruder und Lehrer‹, riet ihr: »Sag ihm, dass es für dich noch zu früh ist, ans Heiraten zu denken. Du bist noch zu jung!« Sie war damals vierundzwanzig Jahre alt! Katja folgte diesem Rat. Es blieb unklar, wie der junge Mann auf diese Absage reagierte, aber er besuchte weiterhin die Jugendstunden in Frunse – trotz 25 Kilometer Entfernung.

Nun wollte Nikolaj nicht länger zögern und Gott versuchen. Er bekannte Katja seine Liebe und den Wunsch sie zu heiraten. Nach gemeinsamen Gebeten gab sie schließlich ihr Ja.

Da tauchte ein weiterer Verehrer auf. Während Nikolaj mit seinem älteren Bruder im Fotolabor arbeitete, fuhr der Verehrer mit Nikolajs Motorrad zur Fabrik, wo Katja eingestellt war. Er erzählte ihr, dass Nikolaj sehr beschäftigt wäre und ihn gebeten habe, sie zu begleiten. Dabei versuchte er natürlich, die Junge Frau für sich zu gewinnen.

Als Nikolajs Freundschaft mit Katja begann, wussten es sofort alle. Plötzlich hagelten Anschuldigungen und allerhand Gerüchte über die Beiden. Selbst die Mütter wurden gegen diese Ehe gestimmt.

Sogar Nikolaj wankte beinahe wegen des Geredes über Katjas Charakter. Doch Gott blieb seinem Wort treu. Nikolaj betete und die Sicherheit sowie Freude kehrten zurück.

Als die Beiden eines Tages am Standesamt vorbeispazierten, gingen sie spontan hinein und ließen ihre Ehe registrieren: in Alltagskleidern, ohne Feierlichkeiten, Freunde, Zeugen und Vorbereitungen.

Wieder gab es Verzögerungen. Das Hochzeitsdatum wurde festgelegt und die Einladungen verteilt. Doch das Fest konnte nicht stattfinden, weil Nikolaj wegen einer Blinddarmentzündung ins Krankenhaus musste.

Der Termin wurde verschoben – und wieder tauchten Probleme auf! Wer sollte sie trauen? Die Braut war Mitglied in einer registrierten Gemeinde, welche die Trauung nicht durchführen wollte, weil der Bräutigam ein Mitglied im BdG war, also zu den sogenannten Nichtregistrierten zählte. Mehr noch: sie drohten Katja diesbezüglich mit dem Ausschluss. Und die Brüder vom BdG wollten sie nicht trauen, weil die Braut zu einer registrierten Gemeinde gehörte.

Das Problem schien unlösbar. Es war bereits Samstag. Morgen sollte die Hochzeit stattfinden, aber es fand sich niemand, der sie trauen wollte. Wieder ertönte böses Gerede: »Gott will sie nicht zusammen sehen!« Doch Nikolaj wusste etwas anderes: Gott hatte ihm seine Braut Katja geschenkt! Und die Hochzeit wird morgen stattfinden!

Nikolaj besuchte die Ältesten beider Gemeinden, um sie noch einmal zur Hochzeit einzuladen. Er kündigte ihnen an:

»Morgen ist unsere Hochzeit. Wir werden sie nicht verschieben. Wenn uns keiner traut, werden wir nach der Hochzeit in Ehe zusammenleben. Dann könnt ihr die Frage unserer Mitgliedschaft aushandeln, doch diese Sünde bleibt auf euch! Ich werde nicht mehr zu euch kommen. Teilt uns eure Entscheidung noch heute mit.«

Nachmittags wurde zugesagt, dass Bruder Vasilij, einer der Ältesten im BdG, die Trauung durchführen würde.

Am Sonntagmorgen, eine halbe Stunde vor der Trauung, stellte der Bräutigam erschrocken fest, dass er kein weißes Hemd besaß. Helfer in der Not wurde einer der Trauzeugen, Petr Radekop, der von Almaty zur Hochzeit angereist war. Er borgte dem Bräutigam sein Hemd und die Krawatte – und los, zum Ausgang!

Die Trauung und das Hochzeitsmahl fanden im Hof des Bräutigams statt. Viele Jugendliche waren anwesend. Obwohl unter den Brüdern eine Spaltung herrschte, verhielt sich die Jugend wie eine einträchtige Familie.

Das Fest verlief bescheiden, aber fröhlich wie jede Hochzeit: Es wurde viel gesungen, Gedichte vorgetragen, Wünsche ausgesprochen, gegessen...

Abends schauten die Jugend und die Jungvermählten bei einer anderen Hochzeit vorbei, die an diesem Tag ein anderes Paar ebenfalls zu Hause feierte.

Nach so vielen Schwierigkeiten bei den Hochzeitsvorbereitungen, nach so vielen Hindernissen und Problemen könnte jemand meinen, dass Gott diese Ehe nicht wünschte. Aber Nikolaj und Katja hatten eine Offenbarung von Gott und wussten um sein Wohlgefallen für diese Beziehung. Sie blieben zusammen und überwanden alle Prüfungen. Wenn Nikolaj heute zurückblickt (auf ihren gemeinsamen Weg von 39 Jahren), so ist er fest davon überzeugt, dass Gott selbst Katja für ihn bestimmt hatte!

Viel, sehr viel musste Katja in diesen Jahren durchmachen. Aber niemals bat sie ihren Mann, seinen Dienst als Ältesten, der alle Behörden störte, aufzugeben. Zahlreiche materielle Probleme trafen die Ehefrau des Ältesten, doch ihr Mann hörte sie nie murren. Der größte Teil der körperlichen Arbeit lag auf Katjas Schultern. Geduldig verrichtete sie alles, ohne ihrem Mann vorzuwerfen, dass sie viele seiner Aufgaben erledigte. Denn sie wusste, dass Nikolaj im Dienst stand; die Menschen brauchten ihn. Sie erledigte geduldig ihre Pflichten und teilweise auch schwere Männerarbeit im Haus, im Garten, in der Wirtschaft und in der großen Familie. Eine andere hätte diese Schwierigkeiten und Entbehrungen nicht ausgehalten. Doch Katja hielt Stand und zerbrach nicht, weil sie wusste, dass Gott selbst ihr Nikolaj geschenkt hatte!

Davon ist Nikolaj immer mehr überzeugt. Von ganzem Herzen ist er seiner Frau für ihre Geduld dankbar, mit der sie alles ertrug; dankbar für ihre große Liebe, ihre Treue, große Leistung und vieles andere...

Als Nikolaj eines Tages im Dienst für die Gemeinde im Zug unterwegs war, las er das 31. Kapitel der Sprüche Salomos und erkannte in Versen 10 bis 29 seine Frau Katja. Ja, das war ihr Porträt!

Heute haben sie sieben Kinder: drei Perlen und vier Brillanten. Und weitere sechs Kinder, die sie in ihre Familie aufgenommen hatten und wie ihre eigenen lieben. Sie haben (noch) zwölf Enkel. Insgesamt zählt Nikolajs Familie 27 Personen, die in der gleichen Stadt wohnen, ja fast auf einem Grundstück.

Nikolaj, seine Frau und alle dreizehn Kinder sind Mitglieder der Gemeinde; zwei Enkel haben sich bereits bekehrt. Nikolaj dankt Gott für seine große, harmonische Familie.

Jede Woche und öfters versammelt sich die ganze Familie an Geburtstagen, an christlichen und staatlichen Feiertagen oder einfach zum gemeinsamen Essen, zur geistlichen Gemeinschaft, um Gott zu verherrlichen.

Nikolaj dankt allezeit dem Herrn dafür, dass er ihm unter vielen Mädchen diese einzigartige Frau gezeigt hatte, die für ihn eine zuverlässige Hilfe war: in der großen Familie und in seinem nicht einfachen Dienst als Ältester. Heute hat sie viele Namen: Christin, Ehefrau, Mutter, vorbildhafte Schwiegermutter und geliebte Großmutter! Alle diese Namen darf sie mit Würde tragen!

Oft betet Nikolaj mit den Worten: »Ich danke dir, Herr, für Katja, die du mir geschenkt hast!«

Den jungen Leuten möchte ich raten, die Frage der Ehe nicht in Eile zu entscheiden, sondern fragt den Herrn und wartet auf die Antwort. Schaut bei der Wahl nicht nur auf das Äußere, sondern auf die Seele, mit der ihr viele Jahre verbringen werdet. Vertraut dem Herrn und seinem Wort: »Eine verständige Ehefrau kommt von dem Herrn...« (Spr 19:14) Betet und wartet, auch wenn es lange dauern sollte!

Es gibt viele Sprichwörter über Ehefrauen. Hier seien einige erwähnt:
- *Wähle die Frau nicht beim Tanz, sondern im Garten!*
- *Die beste Medizin ist eine gute Frau!*
- *Halte die Augen vor der Hochzeit offen; nach der Hochzeit schließe sie!*
- *Glückliche Ehe das sind Flügel, unglückliche Ehe – Fußfesseln!*

Das Wort Gottes rühmt die guten Frauen! Lest das Buch der Sprüche (31:10-31).
Betete und wartet! Wartet und hofft! Hofft und schwächelt nicht! So werden eure Träume wahr und ihr werdet Gott ein Loblied singen!

Nikolaj und Katja vor der Hochzeit.

Die Hochzeit von Nikolaj Sisov und Katja Chivrenko.

Vierter Teil

Geistlicher Dienst

Vorbereitung zum Dienst

Nikolajs geistlicher Dienst begann mit seiner Bekehrung; zunächst unter der Jugend und mit Besuchen von Gläubigen in Dörfern. Damals beteiligten sich alle am Dienst: sowohl Mitglieder der Gemeinde als auch andere. Gedichte, Lieder und kurze Predigten wurden von Gläubigen dankbar angenommen – ohne Nachfragen, wer schon getauft war oder nicht.

Nach der Taufe begann Nikolaj in seiner Gemeinde zu predigen und mit deutschen Brüdern die Gläubigen in fern gelegenen deutschsprachigen Regionen zu besuchen. Besonders gern war er mit Bruder Kornej Kröker in den deutschen Gemeinden im Altai-Gebiet unterwegs, in den Regionen Blagoweschenskij und Rodinskij. Bruder Kröker besuchte mit ihm Dörfer, wo Deutsch und Russisch gesprochen wurde.

Solche Fahrten waren oft mit Schwierigkeiten verbunden. Manchmal wurden sie von der Polizei festgenommen und für fünf oder zwölf Tage eingesperrt. Die lange Abwesenheit brachte Bruder Kornej als Arbeiter und Nikolaj als Schüler manche Probleme mit sich.

Hin und wieder überraschte die Missionare ein sibirischer Schneesturm, der nicht nur die Heimfahrt verhinderte, sondern auch ihr Leben bedrohte.

So geschah es, dass nach einer Reihe von Gemeindebesuchen in der Region Blagoweschenskij, sich die Brüder per Autostopp auf den Heimweg machten. Sie durften im Laderaum eines Lastwagens mitfahren. Eine Kunststoffplane, die ihnen der LKW-Fahrer borgte, schützte die beiden vor dem eisigen Wind im kalten offenen Laderaum.

Einige Stunden später setzte ein heftiger Schneesturm ein. Die Straße war im Nu zugeschneit. Der Wind bildete auf der Fahrbahn sogenannte Schneefelder. Eine Weiterfahrt war unmöglich, der Lastwagen blieb in den Schneeverwehungen stecken.

Der Kraftfahrer stieg aus, holte aus dem Laderaum eine lange Stange, befestigte einen roten Lappen daran und steckte sie in eine spezielle Öffnung vor der Kabine. Das taten alle Fahrer, wenn unterwegs ein Schneesturm einsetzte. So konnten die Arbeiter, die nach dem Schneesturm die Straßen mit Baggern und Schürfzügen räumten, erkennen, ob unter dem Schnee noch ein Fahrzeug steckte.

Der Fahrer sagte, dass ein anhaltender Schneesturm erwartet wurde. Die Freunde sollten unter den Lastwagen kriechen, denn dort würde es bald warm werden. Er selbst blieb mit seinem Begleiter in der Kabine und ließ den Motor laufen.

Die Brüder folgten dem Rat und legten sich direkt in den Schnee. Zuerst war es sehr kalt, doch bald schüttete der Schnee sie von allen Seiten ein und der Wind war nicht mehr zu spüren. Wegen der Auspuffrohre wurde es unter dem Lastwagen tatsächlich wärmer. Bald war es so warm wie im Haus.

Die Augen wurden schwer. Bruder Kornej ließ Nikolaj nicht einschlafen. Er schubste ihn die ganze Zeit an, redete mit ihm und versuchte seinen Freund wach zu halten. Denn solange der Körper kalt ist, kann der Mensch im Schlaf erfrieren – erklärte Bruder Kornej. Als sie sich später aufgewärmt hatten, schliefen sie ein. Wie lange? Sie hatten keine Uhr. Sie wachten öfters auf und schliefen wieder ein.

Wie sich später herausstellte, verweilten sie mehr als drei Tage hinter dem Schneevorhang unter dem Lastwagen. Zwei Tage lang wütete der Schneesturm und erst am dritten Tag wurden die Straßen geräumt und die Fahrzeuge ausgegraben.

In Sibirien sind viele Menschen (Autofahrer, Melkerinnen und andere) in ähnlichen Schneestürmen erfroren.

Nach dem erzwungenen Halt fuhren sie weiter und kamen erst am vierten Tag zu Hause an. Hungrig und durchgefroren, im Laderaum des LKWs, kehrten die Reisenden zurück. Sie dankten Gott für die Bewahrung und stürzten sich auf das für sie zubereitete Essen.

Ja, der Herr sieht die Menschen (wie vor der Sintflut), er sieht auch die Einsamen (wie den Kämmerer), er sieht in der Wüste (wie Hagar) und auf dem Feld (wie Elisa), er sieht unter dem Strauch (wie Elia) und unter einem Lastwagen. Er sieht im Sommer wie im Winter und schützt alle, die darum bitten. Unsere Freunde baten Gott und erhielten das Erbetene.

Preis sei dir, Herr, für dein allgegenwärtiges Auge, deine Liebe, deine Fürsorge und Hilfe, die rechtzeitig kommt! Wahrlich, du lässt niemanden im Stich, der auf dich hofft und dir seine Wege anvertraut!

Die Wahl zum Ältesten

Zum Helfer des Gemeindeältesten wurde Nikolaj erst im Jahr 1967; nach langem Überlegen. Denn zu dieser Zeit leitete er ein mobiles Fotografen-Team und verdiente viel Geld. Noch vor seiner Heirat konnten sich Nikolaj und sein Freund Ivan Frese innerhalb eines Monats zwei Motorräder Irbit mit Seitenwagen im Einzelwert von 1860 Rubel leisten. Damals betrug die höchste Rente und der höchste monatliche Lohn einer mittleren Fachkraft 120 Rubel. Nikolaj wollte ein reicher Geschäftsmann sein.

Noch im Jahr 1966 boten ihm die Brüder an, ein Helfer des Ältesten in der EChB-Gemeinde Frunse zu werden, aber Nikolaj wollte nichts davon hören. Etwas später sprach ihn der Bruderrat wieder darauf an, doch Nikolaj lehnte entschieden ab. Nach einiger Zeit wurde Nikolaj zu einer Mitgliederversammlung eingeladen, um über seinen Dienst zu reden, doch er erschien nicht. In einer Notiz teilte er mit, dass er diesen Dienst nie antreten werde, aber bereit sei, bei jeder Möglichkeit den Brüdern im Dienst zu helfen.

In Gesprächen mit den Brüdern und Leitern der Gemeinde bot er seine Unterstützung an. Er stellte an einem

Tag in der Woche sein Motorrad für den Besuch von Gemeindegliedern zur Verfügung. Schließlich hatte in dieser großen Gemeinde nur ein älterer Bruder ein altes Auto, einen Moskwitsch 401. Nikolaj meinte, sein Vorschlag würde den Brüdern gefallen. Weit gefehlt. Sie wollten nicht Nikolajs Motorrad, sondern ihn selbst!

Nach allen Überredungskünsten, Bitten, Vorschlägen und ernsten Gesprächen beschlossen die Brüder dafür zu beten und zu fasten. Dann sagte der Prediger Elja Safonov, den Nikolaj sehr schätzte:

»Ich habe mit dem Fasten und beten begonnen. Ich werde es so lange tun, bis du zusagst oder bis ich sterbe. Nikolaj, Gott wird dich in die Enge treiben!«

Das äußerte er an einem Mittwochabend. Drei Tage später gab Nikolaj das Einverständnis für seine Wahl.

Es ereignete sich folgendermaßen. Am Donnerstag fuhren Nikolaj und sein Freund in ein großes Geschäft, um Fotopapier zu besorgen. Da eilte die Schwester Ljuba Saintscheva aus dem Laden und bat:

»Brüder, nehmt mich bitte mit, sonst komme ich zu spät zur Arbeit.«

»Ist gut. Steig ein!«, kommandierte Ivan, der am Steuer war. Nikolaj saß hinter ihm. Die Schwester nahm im Seitenwagen Platz.

Das Motorrad brauste los. Sie fuhren auf der Hauptstraße und Ivan gab Vollgas. Da war schon die Nähfabrik, wo die Schwester arbeitete. Die letzte Ampel schaltete auf Rot. Nikolaj beugte sich zu Ivan vor und schrie:

»Schau, rot!«

»Ja«, nickte Ivan.

Er erhöhte die Geschwindigkeit. An der Kreuzung stießen sie in die Seite eines Geländewagens, das sich bei Grün in Bewegung gesetzt hatte. Das Motorrad drehte sich, flog nach vorne und prallte gegen dasselbe Auto, das bereits stand.

Nikolaj sah, wie Ljuba zu Boden fiel, Ivan über das Lenkrad flog und unter einem Auto landete. Nikolaj, der sich am Sitz festklammerte, düste mit diesem über die Straße. Unter sich sah er einen Lastwagen und ein Auto fahren. Der ›Pilot‹ landete samt Sitz auf der anderen Straßenseite am Bordstein. Er wurde etwa sechzehn Meter durch die Luft geschleudert. Menschen kamen angerannt, auch von der Fabrik.

Das gerammte Auto war ein Rettungswagen mit Ärzteteam im Einsatz. Die Ärzte eilten mit Tragbahren herbei. Am zerstörten Motorrad fragten sie sich, wo denn die Verletzten seien. Jemand deutete auf einen unter dem Auto und auf den anderen, der auf dem Sitz saß und lachend etwas Ljuba zurief, die herumrannte und alles zusammensuchte, was beim Aufprall aus dem Kofferraum geschleudert wurde.

»Ljuba, die Kolben, nimm die Kolben! Wir haben sie gerade erst gekauft.«

»Dort ist einer! Er hat den Verstand verloren und lacht«, bemerkten die Passanten.

Mühsam löste Nikolaj seine verkrampften Finger vom Sitz. Er wischte das herunterfließende Blut im Gesicht ab. Dann öffnete er ein Auge, das vom Blut verklebt war, deckte mit der Hand das andere Auge ab und schaute sich um. Wie froh war er, dass er sehen konnte und mit dem Auge alles in Ordnung war. Wie sollte er da nicht lachen? Er lachte von ganzem Herzen. Die Ärzte umringten ihn und versuchten ihn auf die Bahre zu legen, doch er wehrte sich:

»Bei mir ist alles in Ordnung. Ich bin unversehrt. Ich will nicht ins Krankenhaus.«

Sie beruhigten Nikolaj: Er müsse nur eine Spritze bekommen, damit alles gut werde! Sie fixierten ihn mit Gurten auf der Bahre und stillten das Blut. Außer der Schnittwunde an der Augenbraue gab es keine weiteren Verletzungen.

»Wer war noch dabei?«, fragten ihn die Ärzte.

»Die junge Frau dort!«, er zeigte auf Ljuba, die aus irgendeinem Grund barfuß herumlief.

Die Ärzte eilten zu ihr, aber sie rannte davon; schnell zur Fabrik, weil sie nicht zu spät kommen wollte. Sie schlüpfe durch das Eingangsportal und verlor sich in der Menge von jungen Frauen. Die Ärzte fanden sie nicht mehr.

Die Freunde mussten ins Krankenhaus. Ivan wurde auf Alkohol untersucht. Nachmittags wurden die Beiden entlassen. Allerdings wurden alle drei noch einen Monat lang von der Polizei befragt; und ob sie den Fahrer anzeigen wollten. Die Freunde bestätigten, dass sie gesund wären, keine Verletzungen hätten und auch gegen niemand klagen möchten. Der Fall wurde geschlossen.

Auch der Schaden am Rettungswagen wurde geklärt. Der Fahrer meinte, dass er morgen planmäßig mit dem Auto zur Reparatur musste, die längst nötig gewesen wäre; somit hatte auch er nichts zu beklagen.

Während Nikolaj im Sitz durch die Luft segelte, hörte er die Stimme von Bruder Safonov:

»Nikolaj, Gott wird dich in die Enge treiben! In die Enge... in die Enge!«

Am folgenden Tag ging Nikolaj zum Gottesdienst. Er suchte wie immer das Zimmer des Ältesten auf und setzte sich zu seinem geschätzten Bruder Safonov. Dieser fragte:

»Wie geht es dir, Nikolaj? Hat dich Gott in die Enge getrieben?«

»Ja«, antwortete Nikolaj und ließ seinen Tränen freien Lauf.

Auch Bruder Safonov weinte.

»Das ist sehr gut, sehr gut. Längeres Fasten wäre für mich schwierig gewesen.« (Er war alt und litt unter Tuberkulose).

An diesem Samstag willigte Nikolaj ein. Er wurde einstimmig zum Helfer des Ältesten der Gemeinde gewählt, die damals 1863 Mitglieder zählte.

So wurde Nikolaj zu Beginn des Jahres 1967 im geistlichen Dienst eingesetzt, den er mehr als dreißig Jahre ausübte.

1968 wurde Nikolaj zum Oberpresbyter von Kirgistan. Diese Wahl war noch ungewöhnlicher. Der Stellvertreter des Oberpresbyters der AUR, Bruder Timtschenko, der dazu aus Moskau anreiste, sagte später: »In meinem langjährigen Dienst habe ich noch nie eine solche Wahl erlebt.«

Es nahte das Jahr 1969. Turnusmäßig wurde ein Kongress der EChB vorbereitet, an dem alle Oberpresbyter der Sowjetrepubliken und Regionen teilnehmen mussten. In Kirgistan gab es seit 1966 keinen Oberpresbyter mehr, weil der letzte (M. Vaschuk) aufgrund mangelhafter Leistung freigestellt wurde.

Zur Wahl des Oberpresbyters von Kirgistan traf in Frunse eine große Delegation der AUR unter der Leitung von Bruder Timtschenko ein. Die Brüder versammelten sich im Gebetshaus. Auf Vorschlag der angereisten Gäste wurde vereinbart, dass die Ältesten und deren Helfer wählen durften; der Republikanische Rat sollte die Wahl beglaubigen. Der Rat blieb im Gemeindesaal und alle Ältesten von Kirgistan mit ihren Helfern begaben sich in einen separaten Raum.

Dort schlug Vaschuk sogleich eine konkrete Person vor. Der Kandidat wurde gebeten, für die Zeit der Besprechung den Raum zu verlassen. Nach einer Stunde waren sich die Ältesten immer noch nicht einig. Trotz allem Zureden und Druck fand der Vorschlag keine Zustimmung. Schließlich bekannte Vaschuk, dass die Nominierung bereits auf allen Ebenen erfolgt sei und er die Beglaubigung für den Kandidaten mitgebracht habe. Im selben Augenblick traten zwei Brüder herein und verkündeten:

»Wir bitten nicht um Eintritt, sondern sollen euch im Namen des Republikanischen Rates mitteilen, dass die vorgeschlagene Kandidatur vom Rat nicht bestätigt wird.«

Sie gingen zurück in den Gemeindesaal. Diese Ankündigung trug dazu bei, dass die Brüder einig wurden. Sie verstanden, dass der empfohlene Kandidat bei der Wahl nicht durchkommen würde. Darauf erklärten die Gäste:

»Ihr habt schon seit zwei Jahren keinen Oberpresbyter, und so soll es bleiben.«
»Nein, es wird einen geben!«, antworteten die Ältesten.
»Wir werden ein anderes Mal darüber sprechen, wenn wir wieder kommen.«
»Nein, wir werden es heute besprechen und wählen.«
»Aber ihr habt ja keinen Kandidaten...«
»Wir finden einen!«, meinten die Brüder einstimmig.
»Dann treffen wir uns morgen«, schlug Vaschuk vor.
»Nein, heute. Morgen seid ihr weg. Dieses ›morgen‹ kennen wir.«
»Dann reden wir heute Nachmittag darüber.«
»Nein, nicht später, sondern jetzt. Und wir werden nicht reden, sondern wählen.«
»Ihr habt doch keinen Kandidaten!«
»Doch!«, antwortete der ältere Bruder Grigorij Slissenko. Er zeigte auf Nikolaj und verkündete: »Hier ist unser Kandidat.«

Dieser Vorschlag war ganz unerwartet: für Gäste, für einige Älteste und insbesondere für Nikolaj, weil keiner mit ihm darüber gesprochen hatte. Eine Minute lang herrschte Stille: Jeder hing seinen Gedanken nach.

Nikolaj war auf dem Weg seiner beruflichen Kariere und wollte erfolgreicher Geschäftsmann werden, und nicht ein Diener der Gemeinde. Der Wahl zum Helfer des Ältesten hatte er zwar zugestimmt, aber ohne dabei sein Geschäft aufzugeben. Aber als Oberpresbyter müsste er sein Geschäft komplett aufgeben und wäre von den Unterstützungen der Gemeinde abhängig. Dies kam für ihn nicht infrage. Außerdem war er noch jung, hatte keine Erfahrung im Dienst und eine sehr gespannte Beziehung zur Behörde. All das wies er gegen seine Kandidatur auf.

Nachdem die Brüder sich eine Zeit lang beraten hatten, unterstützten sie den Vorschlag und wollten sofort den Oberpresbyter wählen. Alle Ältesten der Sowjetrepubliken kannten Nikolaj aufgrund seiner Besuche und seiner Dienste beim BdG und unter den Jugendlichen. Deswegen entsprach diese Kandidatur ihrem Herzen. Obwohl die Gäste aus Moskau einen solchen Ausgang nicht erwartet hatten, widersprachen sie nicht; vor allem nach den Worten von Bruder Timtschenko:

»Als Leiter der Delegation habe ich nichts gegen eine sofortige Wahl.«

Die Brüder nötigten Nikolaj, keine Zeit zu verlieren und sein Einverständnis zu geben. Doch er bestand darauf, dass ihm sein Dienst als Helfer des Ältesten in Frunse genüge und sie einen anderen wählen sollten. Keines seiner Argumente konnte die Brüder umstimmen.

Dann schlug Bruder Slissenko vor:

»Lasst uns ihm mit unserem Aufstehen die einmütige Meinung zeigen!« Anschließend fügte er hinzu: »Wenn wir wollen, dass dieser Bruder Oberpresbyter wird, dann knien wir jetzt nieder und flehen zu Gott, Nikolajs steinernes Herz zu zerbrechen, damit er sich mit der Meinung der Brüder einverstanden erklärt. Und du, Nikolaj, bleibe sitzen. Wenn du einwilligst, kannst du mit uns zusammen auf die Knie gehen und beten.«

Alle gingen einmütig auf die Knie; nur Nikolaj blieb sitzen. Dreiundzwanzig Älteste beteten nacheinander. Nikolaj weinte, aber rührte sich nicht. Er schämte sich, weil die Ältesten vor ihm auf den Knien standen. Doch er wusste: hinzuknien bedeutete dem Dienst zusagen. Darum blieb er beharrlich auf seinem Platz.

Sie beteten nacheinander. Als der ältere Bruder wiederholt an die Reihe kam, hob er die Augen, schluchzte und rief:

»Herr! Herr! Wie lange soll ich, ein alter Mann, auf den Knien bleiben und er, ein junger Mensch, sitzen? Herr, aber ich werde weiter knien, bis du sein hartes Herz zerbrichst.«

Er betete und weinte.

Wie von einem Wind wurde Nikolaj auf die Knie geworfen; er schluchzte laut. Es entstand eine Verwirrung, doch der alte Bruder betete weiter: jetzt dankte er Gott laut und unter Tränen. Nach ihm beteten noch viele Älteste und dankten dem Herrn für die Einwilligung von Nikolaj. Nach dem Gebet gratulierten sie Nikolaj zum Dienst. Nikolaj nuschelte etwas vor sich hin. Plötzlich fiel ihm ein Argument ein:

»Brüder, ich danke für das Vertrauen. Allerdings sollte vor der Wahl zum Dienst mit dem Bruder ein Gespräch geführt werden, auch mit seiner Frau. Es fand aber keins statt.«

Er schwieg zufrieden.

Der viel geschätzte Bruder Timtschenko überlegte ein wenig und fragte Nikolaj:

»Als du zum Helfer des Ältesten gewählt wurdest, war deine Frau einverstanden?«

»Ja, aber das war damals.«

»Sowohl die Wahl zum Helfer des Ältesten als auch zum Oberpresbyter ist eine Berufung zum Dienst des Presbyters; somit sind keine zusätzlichen Gespräche notwendig. Das ist kein Grund für eine Ablehnung.«

»O«, wandte jemand ein, »draußen wartet doch der Bruder, dessen Kandidatur wir zu Beginn besprochen hatten.«

Er wurde tatsächlich vergessen. Sie riefen ihn herein, entschuldigten sich, teilten ihm die Änderung mit, beteten mit ihm und begaben sich zum Gemeindesaal, wo die anderen Brüder warteten.

Nikolaj begriff noch nicht endgültig, was geschehen war. Er folgte den anderen zum Republikanischen Rat von Kirgistan.

Die Brüder begegneten ihnen angespannt und schweigend. Als Vorsitzender der Delegation wandte sich Timtschenko an den Rat:

»Zuerst singen wir ein Lied und dann verkündigen wir euch die Kandidatur für die Beratung und Bestätigung. Stimmen sie an!«, wandte er sich an Bruder Ivan Skirda.

Doch dieser schwieg. Dann sollte Bruder Vassilij Alperov das Lied anstimmen. Er schwieg ebenfalls.

»Sagt zuerst, wen ihr zum Oberpresbyter gewählt habt, und dann sehen wir, ob wir singen oder nicht«, entgegnete Bruder Skirda.

Die anderen Brüder unterstützten ihn. Jetzt wurde allen klar, welch eine Sorge und Not die Herzen der Brüder bewegte. Sie ließen ja ausrichten, dass sie den ersten Kandidaten, der draußen warten sollte, nicht bestätigen würden; und weil später sonst keiner draußen warten musste, wussten sie nichts vom zweiten Kandidaten. Deshalb gingen sie davon aus, dass der erste Kandidat gewählt wurde. Wer sonst?

Timtschenko gab nach und war einverstanden, die Kandidatur vorzustellen. Alle verstummten in großer Erwartung. Was wird er sagen? Sein Blick blieb auf Nikolaj haften und er verkündete:

»Hier ist unsere Kandidatur. Die Ältesten empfehlen einstimmig diesen Mann zum Dienst des Oberpresbyters.«

»So, jetzt können wir singen«, atmete Bruder Skirda auf. »Wir wollten auch ihn vorschlagen.«

»So lasst uns die Sache zuerst zu Ende führen, dann singen wir«, ergriff Timtschenko das Wort. »Überlegt und dann bestätigt ihn.«

Nikolaj wurde einstimmig bestätigt. So begann Nikolaj den Dienst des Oberpresbyters von Kirgistan, den er dreiundzwanzig Jahre unter der Leitung des Herrn, mit seiner Hilfe und seinem Segen wahrnahm!

Während des Mittagessens begab sich Timtschenko mit seiner Delegation, dem Ältesten der Gemeinde Frunse und Nikolaj zum Beauftragten, der die Bevollmächtigung ausstellte.

Dort wurden sie schon erwartet. Sie wurden freundlich begrüßt. Dann lächelte der Mann und fragte:

»Nun, habt ihr gewählt? Wen?«

Alle schweigen. Dann antwortet Bruder Timtschenko: »Hier, diesen Diener«, und wies auf Nikolaj.

Der Beauftragte erhob sich und blickte verdutzt Bruder Timtschenko und Nikolaj abwechselnd an.

»Wie? Und was ist mit unserer Abmachung?«, fragte er. Peinliches Schweigen. Schließlich unterbrach Nikolaj die Stille:
»Soll ich vielleicht herausgehen?«
Bruder Timtschenko sagte erleichtert:
»Danke, Nikolaj, dass du selbst darauf gekommen bist. Warte im Vorzimmer. Wir müssen hier etwas besprechen.«
Nikolaj verließ das Zimmer. Bald wurde das Gespräch hinter der Tür lauter. Nikolaj beschloss wegzugehen und wandte sich an die Bürokraft:
»Ich gehe zum Gebetshaus, mögen sie diskutieren. Hier bin ich überflüssig.«
Nikolaj kehrte zu den Brüdern im Gebetshaus zurück. Die anderen erschienen zwei Stunden später. Sie waren müde und frustriert.

Nach der Sitzung erfuhr auch Nikolajs Frau Katja, dass ihr Mann zum Oberpresbyter von Kirgistan gewählt wurde. Zuerst war sie kategorisch dagegen und freute sich nicht darüber. Nach einer Weile wurde sie allerdings ruhig und nahm dies wie von Gott an.

Zur Unterstützung des Oberpresbyters wurden fünf Älteste zum Bruderrat gewählt: I. Martens, V. Losnikov, P. Dick, S. Lunev und V. Dick. Später waren auch andere Brüder diesem Bruderrat zugeteilt; diese erlebten aber weniger Schwierigkeiten als die ersten, während die Bruderschaft von Kirgistan aufgebaut wurde.

Außer diesem Bruderrat standen Nikolaj die Brüder G. Velka und J. Rempel zu Hilfe: mit Rat und geschäftlicher Unterstützung. Sie waren von der Gemeinde des Dorfes Rot-Front und wurden von Gläubigen liebevoll »unsere Generäle« genannt. Diese Brüder waren in der Vergangenheit tatsächlich den schweren Weg des Dienstes gegangen; sie hatten reiche Erfahrung und halfen bei aktuellen Fragen.

In Dankbarkeit erinnert sich Nikolaj an alle diese Brüder und viele andere. Er denkt zurück an ihre Hilfe, den gemeinsamen Dienst, den freundschaftlichen Umgang miteinander in Kirgistan und über die Grenzen hinaus. Möge Gott euch vergelten, meine Brüder!

Nikolaj wurde zwar zum Oberpresbyter gewählt, konnte aber seinen Dienst nicht antreten. Es verging ein Monat, zwei, drei... Er konnte die anderen Gemeinden nicht besuchen, denn aus Moskau folgten ein Telegramm nach dem anderen: »Reisen sie nicht«, »Besuchen sie vorläufig keine Gemeinden«, »Besuchen sie keine Gruppen« und so weiter. Die Brüder verstanden dieses Verhalten der AUR-Leitung nicht. Zur Abklärung sandten sie zwei Personen nach Moskau. Dort wurde ihnen versichert, dass die Kandidatur von Nikolaj noch nicht beim Rat für religiöse Angelegenheiten der UdSSR durchgekommen sei; sie hoffen, dass bald alles in Ordnung käme.

Sie warteten noch drei Monate. Schließlich verging ein halbes Jahr und die Verbote bestanden immer noch. Deshalb sandten die Brüder ein Telegramm nach Moskau, dass sie als Bruderrat ihren Dienst mit Nikolaj beginnen. Wenn die AUR den Dienst stören sollte, gehen alle Gemeinden von Kirgistan in den BdG über.

Daraufhin wurde Nikolaj nach Moskau eingeladen, zum Rat für religiöse Angelegenheiten der UdSSR, wo er die erste Mahnung für den Ungehorsam gegenüber der AUR-Leitung erhielt. Nikolaj antwortete, dass er vom Volk gewählt worden sei, dem er dienen müsse; wenn nicht, gehe ganz Kirgistan in den BdG über. Angesichts der Umstände in AUR wurde sein Dienst nicht verboten. Es wurde befürchtet, dass die Gemeinden zum BdG übertreten würden. Das beendete ihr Widersetzen gegenüber dem Volk Gottes und seiner Wahl.

Auf diese Weise und mit Gottes Hilfe behaupteten die Brüder ihren Oberpresbyter; und der Herr segnete ihren gemeinsamen Dienst im Laufe vieler Jahre!

Ein Mann Gottes sagte: »Wenn Gott zum Dienst beruft, unterordne dich im Gehorsam. Wenn nicht, führt Gott dich einen langen und schwierigen Weg, und du wirst wieder von vorne beginnen müssen.« Denk an Jona, Elia, Petrus, Mose und andere. Wenn Gott dich zu irgendeinem Dienst beruft – eile hin. Wenn du den Dienst selber aussuchst, dann rechne mit ›Eselinnen‹, die dich in die Enge treiben werden, wie es bei Bileam war. Vielleicht nicht sofort, aber das Gericht Gottes wird sich vollziehen.

Gehorsam gegenüber Gott und ein Leben nach seinem Willen – das erwartet der Herr von jedem Nachfolger und besonders von jedem Diener der Gemeinde. Wie soll jemand einen Dienst in der Gemeinde ausüben, wenn er nicht nach dem Willen Gottes lebt?

Ja, das muss euer Credo sein, liebe verantwortliche Brüder: den Willen Gottes erfüllen! Denn einen ungehorsamen und eigensinnigen Diener erwartet kein beneidenswertes Los! (Mt 25:30)

SCHWIERIGKEITEN IM DIENST

Im Vergleichen liegt Erkennen. Anders gesagt: Wer das Süße erkennen will, muss in den bitteren Apfel beißen; um den Segen im Dienst zu erfahren, ist es nützlich auch Schwierigkeiten zu erleben. Nikolaj hatte viele Schwierigkeiten und Hindernisse, denn der Feind Gottes und der Menschenseele kennt keine Ruhe und auch keine freien Tage, keine Ferien, keinen Urlaub. Alle Schwierigkeiten, die Nikolaj erlebte, kann er unmöglich erzählen. Hier ein kurzer Auszug.

Nikolaj hinterblieb ein schwieriges Erbe von seinem Vorgänger. Vergessene Gemeinden: in den Städten – im Kampf ums Überleben, in den Dörfern fast ausgestorben. Probleme und Fragen in den Gemeinden wurden über Jahre nicht gelöst. Strenge Verbote für Schüler und Kinder die Sonntagsschule zu besuchen. Bekehrungen waren nur schriftlich möglich, nicht öffentlich in der Gemeinde. Die

Anzahl der Prediger wurde begrenzt. Es fehlten junge Prediger und Diakonen, Jugendchöre, Orchester; es gab keine anderen Möglichkeiten in Gemeinden zu dienen, falls es jemand wünschte. Der Jugend war es untersagt, sich in Gemeinden oder in Privathäusern zu versammeln. Den Predigern und Chören wurde verboten in anderen Gemeinden zu dienen. Vielen anderen Problemen begegnete er am Anfang seines Dienstes als Oberpresbyter von Kirgistan. Noch galten die gegen das Evangelium gerichteten Dokumente der EChB: »Instruktionsbrief an alle Oberpresbyter« und »Verordnung für die Gemeinden«. Die örtlichen Gemeinden wurden gezwungen, nach diesen Verordnungen zu leben.

Als einer, der in der Lehre des Evangeliums unterwiesen war, veränderte Nikolaj sofort das Gemeindeleben. Einige Gemeinden unterstützten ihn; sie halfen in Richtung Heiligung und Evangelium zu gehen. Andere wiederum verstanden ihn zunächst nicht; vielleicht bewusst – und die Situation blieb wie zuvor. Allerdings nicht lange. Sobald sie bei den mutigeren Gemeinden das neue Wehen des Heiligen Geistes erkannten, fragten sie nach Hilfe, um wieder einen gottgefälligen Dienst zu erlangen.

Kinder und Jugendliche kamen wieder in die Gemeinden. Kinder besuchten nun die Sonntagsschule. Junge Brüder predigten mit Hingabe. Die Jugend wurde aktiver und traf sich in Wohnungen, auf Feldern, in Bergen, sogar in Gemeinden. Andere Gruppen und Gemeinden wurden von Jugendlichen und Chören besucht. In Gebetshäusern erklang wieder Musik. In Gottesdiensten wurden immer öfters Gedichte und Lieder vorgetragen. Ein neues Leben war zu spüren!

Doch das sah der Feind der Menschenseele, der Teufel, und er trommelte seine Dämonen zum Kampf zusammen.

Nikolaj wurde von örtlichen und regionalen Behörden mit Klagen überschüttet. Er musste zum Rat für religiöse Angelegenheiten der UdSSR, zum KGB, zur Polizei und sogar nach Moskau. Mündliche Warnungen, schriftliche

Anordnungen, Fahrten im »schwarzen Raben« zur Polizei, Bedrohung seiner Familie, Verhöre bei KGB, Versuche Nikolaj und einige Älteste vom Dienst abzubringen, Mordversuche... Das ist nur eine kurze Aufzählung dessen, was ihm zu Beginn seines Dienstes begegnete.

Nikolaj wurde von den Dorfräten und Exekutivkomitees der Bezirke eingeladen; auch andere Vertreter der Gemeinden, die ihren Dienst auf dem Weg des Evangeliums begannen. In der Regel ging keiner der Brüder allein hin: Sie nahmen Nikolaj mit, ließen sich gemeinsam beschimpfen und schützten sich gegenseitig. Selbst wenn Nikolaj allein gehen musste, war ihm bewusst, dass sein Beschützer, der Herr, immer mitgeht!

So geschah es, dass Nikolaj bei S. Vischnjakov, dem Stellvertreter für religiöse Angelegenheiten war. Es ging um den Ältesten G. Dirksen aus der Stadt Kant. Vischnjakov war ein Atheist, ein ehemaliger Lektor der antireligiösen Propaganda, ein Hasser der Gläubigen und dazu ein nervenkranker Mensch; er konnte mit Christen nicht freundlich und friedlich sprechen.

An diesem Tag war Vischnjakov schlecht gelaunt. Nikolaj erläuterte ihm, warum es falsch sei, den Ältesten G. Dirksen für illegal zu erklären; er schilderte, warum diese Entscheidung gefährlich sei und welche negativen Folgen für die Regierung daraus resultieren könnten. Vischnjakov ignorierte seine Argumente und griff Nikolaj an:

»Wen nimmst du in Schutz? Die Deutschen? Sie verzehren unser sowjetisches Brot! Und dich stecke ich auch hinter Gitter am Ende der Welt! Dort kannst du verrecken. Wir nehmen dir die Kinder weg, weil dein Verhalten dem kommunistischen Moralkodex widerspricht. Du bist ein verrückter Fanatiker!«

In diesem Sinne ging es weiter. Irgendwann hielt es Nikolaj nicht mehr aus. Er griff nach einem Rechenbrett und schleuderte es voller Wucht auf die gläserne Tischplatte. Das Glas zersprang. Vor Schreck verschwand Vischnjakov unter dem Tisch.

»O, Schlange! Warum willst du mich ins Gefängnis stecken? Mein Vater, mein Bruder und Schwager sind im Krieg gefallen, damit ich frei leben und denken darf, damit ich an Gott glauben darf! Und du!..«
Vischnjakov blieb unter dem Tisch, streckte seine Hand nach dem Telefon aus und wählte eine Nummer. Nach einigen Minuten betraten zwei Polizisten den Raum:
»Was ist los? Vischnjakov hat uns gerufen. Wo ist er?«
Schweigend deutete Nikolaj auf den Tisch. Der Machtvertreter kroch hervor, zeigte auf Nikolaj und stotterte entweder aus Angst oder Aufregung:
»Der hier wollte mich umbringen!« Er wies auf die Glassplitter hin. »Verhaftet ihn!«
Die Polizisten traten näher und meinten:
»Komm, jetzt hast du es verbockt!«
»Wie? Soll ich ohne ihn zur Polizei? Da kann ich dann viel erzählen und ihn beschuldigen.«
Die Polizisten schauten sich gegenseitig an. Einer von ihnen telefonierte und verkündete:
»Der Chef befahl beide zu bringen.«
Vischnjakov weigerte sich, doch sie hörten nicht auf ihn. Er musste mitfahren. Im Hof standen ein schwarzes Gefängnisauto und das Polizeiauto. Die Polizisten öffneten die hinteren Türen des Gefängnisautos und halfen Vischnjakov einzusteigen. Sie wollten auch Nikolaj hineinsetzen, aber er fragte sie:
»Habt ihr keine Angst, dass ich ihn dort umbringe? Ich denke, wir dürfen nicht zusammen fahren.«
Die Beamten blieben verdutzt stehen. Beide Polizisten mussten ans Steuer und wollten nicht hinten im Gefängnisauto sitzen. Sie kamen kurz in Verlegenheit. Dann schlug Nikolaj vor:
»Ich kann im Polizeiauto mitfahren.«
»Also gut, steig ein, wir müssen weiter!«
Nikolaj nahm im Polizeiauto Platz. Die Türen des Gefängnisautos wurden mit einem Schloss verriegelt und es ging los. Als Vischnjakov zur Besinnung kam, war es zu

spät. Er sprang zur Tür und wollte gerade etwas ausrufen, doch aus Angst, jemand auf der Straße könnte ihn hinter der Gitteröffnung erkennen, schritt er zurück in die Tiefe. So kamen sie bei der Polizeistation an.

Als sie ausstiegen, keuchte Vischnjakov vor Erniedrigung und Wut; er überschüttete die Polizisten mit Flüchen und Drohungen. Diese ließen es sich nicht gefallen:

»Lauf und halt den Mund, sonst kannst du was erleben! Wir führen nur den Befehl des Chefs aus.«

Vischnjakov krächzte weiter. Als er dem Chef der Polizei begegnete, brüllte er und beschuldigte ihn wegen seiner Mitarbeiter, denen er keine Manieren beigebracht habe. Zum Vorteil von Nikolaj. Der Chef blickte Vischnjakov abwertend an und sagte:

»Wir sind kein Institut der vornehmen Damen, sondern die Polizei!«

Dann durfte Vischnjakov berichten, was geschehen war. Mit vielen Widersprüchen erklärte er, dass Nikolaj ihn umbringen versuchte. Alles wurde dokumentiert. Er unterschrieb das Protokoll. Nun wurde der »Anstifter und Rebell« verhört. Nikolaj erzählte offen, wie es war. Dann wurde er vor die Tür geschickt und ein stellvertretender Bevollmächtigte führte das Gespräch weiter. Schließlich kam Vischnjakov heraus und Nikolaj wurde ins Büro geholt.

Der Bevollmächtigte rügte Nikolaj und riet ihm:

»Wir wissen, dass Vischnjakov psychisch krank ist, aber du bist noch jung und musst leben. Du solltest dich mit ihm versöhnen. Und am besten sich nie wieder bei ihm blicken lassen.«

Nikolaj dankte für den Rat und versicherte, sich als Christ bei Vischnjakov zu entschuldigen und zu erklären, dass er einfach nicht mehr seine Drohungen anhören konnte. Damit wurden beide entlassen. Nikolaj bat beim ›Betroffenen‹ um Verzeihung und hat ihn etwa ein halbes Jahr nicht mehr gesehen. Wenn er oder andere Brüder zum Gespräch eingeladen wurden, gingen sie direkt zum Bevollmächtigten, nicht mehr zu Vischnjakov.

* * *

Vieles passierte damals. Zum Beispiel wurde in Frunse mit einem Bulldozer eine Ecke des Gemeindehauses zerstört. Somit war das ganze Gebäude einsturzgefährdet. An jenem Mittwoch musste Nikolaj den Gottesdienst draußen halten. War das denn keine offene Christenverfolgung? Darauf begann die Suche nach einem Grundstück für den Bau eines neuen Gebetshauses. Vorübergehend errichteten sie im Garten von Bruder A. Dick eine Überdachung – trotz des Verbotes der Stadtverwaltung. Bis zur Einweihung des neuen Gemeindehauses fanden die Gottesdienste dort statt.

Öfters stürmte während des Gottesdienstes die Polizei herein und schleppte die Gläubigen zu den Behörden. Eine Unmenge an Papier wurde verbraucht, um die Bittgesuche an die örtlichen Behörden und nach Moskau zu senden! Unzählige Hindernisse richteten sich gegen den Neubau: verschiedenste Abteilungen der Polizei, Bildungsministerium, Bezirksbehörde, Öffentlichkeit, Bauamt, Schulen, Gosplan, städtischen Behörde und der Nachbar! Täglich erschien irgendeine Kommission zur Baustelle, um alles zu stoppen. Sogar die Lastfahrer wurden daran gehindert, den Baptisten Sand, Zement oder Kies zu liefern, geschweige denn das Baumaterial, das 1975 eine Mangelware war; insbesondere der Betonstahl und die Betonplatten.

Es wurden wiederholt Anschläge auf die Bauleiter Viktor Blank und Nikolaj verübt, um den Bau zur verhindern.

Eines Tages kam eine junge Frau auf den Bau; sie wollte Viktor und Nikolaj sprechen, die allerdings in der Stadt waren, um dringend benötigtes Baumaterial zu bestellen und es zum Bau zu transportieren. Als sie zurückkehrten, trafen sie die Besucherin.

Sie war eine junge hübsche Frau, aber in einem zerrissen und billigen Sommerkleidchen. Sie erzählte, wie sie aus der Ukraine nach Frunse gelangt sei. Im Zug habe sie einen jungen Mann aus Kirgistan kennengelernt und schließlich geheiratet. Jetzt würde er sie misshandeln und kein Geld für Kleidung geben. Sie lebe unter sehr schwierigen Bedingungen. Es gäbe keine Möglichkeit nach Hause zu fahren. Jemand habe ihr gesagt, dass die Gläubigen hier ein Gebetshaus bauen, dass sie sehr hilfsbereit und pflichtbewusst seien und ihr helfen würden. Es sei ihr peinlich, um Hilfe zu bitten. Um ihre Not zu beweisen, möchte sie, dass Viktor und Nikolaj zu ihr nach Hause kämen. Das sei gleich um die Ecke.

Es war Zeit für das Mittagessen und die Brüder luden sie zum Tisch ein. Nach langem Ablehnen willigte sie schließlich ein. Nikolaj bemerkte, dass sie nicht wie eine Hungrige aß; ihre Antworten waren widersprüchlich. Nikolaj und Viktor gingen als erste vom Tisch und besprachen die Situation. Sie entschieden den Vorsitzenden der Gemeinde Petr Avdeev mit ihr zu schicken; er war zwar ein alter Mann, aber noch sehr rüstig und fit. Doch die Frau versuchte eindringlich Nikolaj und Viktor einzuladen. Der Verdacht der Brüder erhärtete sich. Da stimmte etwas nicht.

Die Brüder lehnten ab, weil sie wegen des Baues dringend in die Stadt mussten. Die Frau blieb mit Bruder Avdeev zurück. Als sie aus der Stadt zurückkehrten, hörten sie vom Bruder, dass die Frau ihn nicht mitnehmen wollte. Als er darauf beharrte, fiel ihr am Tor der Baustelle ein, dass sie eilig zu einem Unternehmer musste, um Arbeit zu bekommen. Sie versprach morgen zu kommen.

An diesem Tag blieben die Brüder lange auf dem Bau. Irgendwann ging auch der lange Sommertag zur Neige. Die Brüder fuhren mit Viktors Auto nach Hause. Nach etwa 300 Metern bemerkten sie zwei Frauen und drei Kirgisen auf der Straße. Sie fuhren etwas näher heran. Nikolaj erkannte unter ihnen die ›Unglückliche‹: jetzt elegant angezogen und geschminkt. Ja, das war sie. Nikolaj sagte es Viktor.

Er fuhr auf die Gruppe zu, blendete sie mit den Scheinwerfern und erkannte die Frau auch. Er öffnete das Fenster und rief:

»Hallo, Marina! Kommst du morgen?«
Die Gruppe verschwand eilig. Weder morgen noch später tauchte die Frau auf. Es stellte sich heraus, dass in das Haus, wohin die Brüder eingeladen wurden, eine Bande eingezogen war, die gegen Bezahlung einen beliebigen Auftrag ausführte, sogar einen Mord.

Ein anderes Mal beschlossen die Brüder für ein paar Stunden nach Hause zu fahren, um sich auszuruhen und gegen Abend wieder auf der Baustelle zu sein. Erschöpft vom dauernden Suchen nach fehlendem Baumaterial gingen sie zum Auto. Dort stand Robert, der Cousin von Viktor, und hielt in der Hand einen großen Rollgabelschlüssel – er werkte etwas damit im Gebäude und schnappte gerade frische Luft. Robert wollte auch mitfahren. Alle drei stiegen ins Auto. Ergriffen von Müdigkeit legte sich Robert auf den Hintersitz und schlief sofort ein – mit dem Werkzeug in der Hand.

Sie passierten drei Bushaltestellen. Plötzlich raste aus der Kurve eine schwarze Wolga und stellte sich quer vor ihnen, sodass Viktor gerade noch bremsen konnte. Aus dem schwarzen Auto sprangen zwei junge kräftige Männer heraus und öffneten im selben Augenblick die Türen von Viktor und Nikolaj. Wegen der Vollbremsung erwacht, beugte sich Robert mit dem Rollgabelschlüssel in der Hand nach vorne und fragte mit tiefer Bassstimme:

»Was ist los?«

Im Reflex richtete er das Werkzeug in seiner riesigen Faust gegen das Gesicht des Mannes, der bei Nikolaj stand. Dieser schlug schnell die Tür wider zu; der andere stammelte:

»Entschuldigung! Ein Missverständnis!«

Sie sprangen in ihr Auto und brausten davon. Robert begriff nicht sofort, dass er mit dem Werkzeug und seiner imposanten Gestalt die Brüder vor dem Arrest gerettet hatte, und vielleicht vor dem Tod.

Auch diesmal misslang die Entführung der Brüder mit dem Ziel, den Bau des Gebetshauses zu stoppen.

Es gab noch weitere Versuche Viktor und Nikolaj zu beseitigen. Aber Gott war bei seinem Volk und den leitenden Brüdern. Er wachte über dem Bau, beschützte und half, wie es beim Wiederaufbau der Mauern von Jerusalem und dem Tempel war. Lest die Bücher Esra und Nehemia!

Die Brüder wiederholten mit Esra: »O Herr, du Gott Israels, du bist gerecht; denn wir sind übrig geblieben und entkommen, wie es heute der Fall ist.« (Esr 9:15)

Dank sei dir, Herr, von deinen Knechten, Viktor und Nikolaj, sowie von ihren Frauen und Kindern! Das bleibt uns und späteren Generation im Gedächtnis!

Unvergesslich bleibt auch Ostern 1975, als zum Gebetshaus ein Kran der Behörden anrollte, um die vor kurzem gelieferten Eisenbetonplatten für die Decken wegzufahren.

Wie enttäuscht stellten die Volksdiener fest, dass die Platten längst verbaut und mit Armaturen verschweißt waren. Sie herausreißen bedeutete zerbrechen – und das war sinnlos, denn kein Bauleiter würde sie wieder verwenden wollen.

»Wann habt ihr das geschafft? Gestern und heute waren ja wichtige Festtage! Woher hattet ihr ein Schweißgerät und Elektroden, die momentan in keinem Laden zu finden sind? Und wer hat euch die Platten gelegt? Woher hattet ihr einen Kran?«

»Wir haben alle Dokumente und können Rechenschaft geben. Aber gemacht ist gemacht«, antworteten die Brüder.

Doch genug vom Bau des Gemeindehauses – des ersten Gebetshauses auf einem neuen Grundstück in der UdSSR. Das wäre ein ganzes Buch; dazu noch ein spannendes. Es würde zum einen die zahlreichen Fakten über die Verletzungen der Rechten von Gläubigen enthalten; zum anderen – die Hilfe und den Segen Gottes zeigen, der die Pläne des Teufels und seiner Diener zerstörte...

Und doch sei noch an einen Fall erinnert. Als der Grundriss des Gebetshauses entworfen wurde, ohne den es keine Baugenehmigung gegeben hätte, planten die Brüder einige Emporen, um mehr Sitzplätze zu ermöglichen. Allerdings wurde diese Idee abgelehnt, weil es eine Vorschrift gab: Das Dach darf keinen Zentimeter höher sein als die umliegenden Häuser.

Der Herr in seiner Weisheit ließ die Brüder trotzdem auf allen Seiten eine Empore einplanen: eine Empore für den Chor, eine für die Kanzel und die Leitenden des Gottesdienstes sowie zwei seitliche für Besucher. Dazu legten sie den Eingang des Gemeindehauses achtzig Zentimeter tiefer. Und sie machten ein Flachdach: mit Platten und einigen Schichten aus Dachpappen mit Sand und Teer. Auf diese Weise wurden die Vorschriften eingehalten und die Emporen waren gebaut. Natürlich gab es bei der Übergabe ein wenig Kritik, aber alles war nach einem Grundriss ausgeführt, der von mehr als fünfzehn staatlichen Institutionen genehmigt wurde. Und einige Mitglieder der staatlichen Kommission brachten sogar ihre Bewunderung und Zustimmung zum Ausdruck.

Zu der Einweihung des Gebetshauses trafen außer den Gläubigen auch verschiedenste Leute aus der Stadtverwaltung ein, darunter auch Vischnjakov. Am nächsten Tag bestellte er die Gemeindevorsteher zu sich und kritisierte ein Chorlied unter der Leitung von Bruder Skirda:

Über die Heimat geht's Morgenrot auf.
Liebe Geschwister, beginnt euren Lauf!
Die große Aufgabe, sie steht nun vor uns:
Die Brüder zu retten – ist heilige Pflicht:
Sie brauchen die Freiheit, ja, Freiheit und Licht...

»Welche Heimat? Was für ein Morgenrot? Wovor wollt ihr eure Brüder retten? Welche Freiheit brauchen sie?«, und vieles mehr wollte der Gesetzeshüter wissen.

Gleich darauf las er eine vorbereitete Entscheidung vor: Ivan Skirda dürfe den Dienst des Dirigenten nicht mehr ausüben. Lange diskutierten sie. Schließlich sagte Nikolaj:

»Dann setzen sie mich auch als Oberpresbyter ab. Hier ist meine Urkunde. Doch weil ich vom Volk gewählt wurde, werden wir den Dienst weiterhin tun und gehen in den Untergrund.«
»Dann werdet ihr das neue Gebetshaus verlieren!«
»Das Haus hat sich schon bezahlt: Gestern bekehrten sich neue Seelen! Deswegen hat sich der Bau gelohnt! In Gottes Augen ist eine Seele wertvoller als alle Schätze der Welt!«

Es gibt Menschen, die anderen viel Böses antun. Sie sind nicht nur dazu fähig, sondern »erfinderisch zum Bösen«, wie die Bibel sagt. Ein solcher Mensch war Vischnjakov. Wie viele Nerven hatte er Nikolaj und anderen Brüdern gekostet! Aber ein Denkmal wurde ihm trotzdem nicht errichtet! Und für alle seine bösen Taten wird er einmal vor Gott Rechenschaft ablegen müssen!

W*enn ihr boshaft seid – bremst und tut den Dienern Gottes nichts Böses. Es ist schrecklich gegen Gott zu sein! Denkt an Saulus, der die Gemeinde Gottes peinigte und von Jesus Christus selbst aufgehalten wurde.*

* * *

Wie viel Unterdrückung erlebten die deutschen Gläubigen auf der Arbeit, in Schulen und sogar in Gemeinden! Sie wurden als Faschisten beschimpft und schikaniert. Ihnen wurde gedroht, die Gebetshäuser zu schließen, wenn sie ihre Kinder zum Gottesdienst mitnehmen. Doch was hatten sie verbrochen? Wo blieb die Freiheit, die sogar die Atheisten so lauthals behaupteten? Oder waren es bloß leere Worte?

Auch andere Gläubige und ihre Kinder wurden verfolgt: am Arbeitsplatz, in der Schule und in der Gesellschaft. Sie wurden gemobbt, verspottet und als Abschaum der Gesellschaft betrachtet.

Nikolajs Kinder erlebten ähnliches. In der Grundschule waren ihre Namen und Porträts an der Ehrentafel; dann wurden diese entfernt, weil sie Baptisten waren. Obwohl die Kinder gut lernten, bekamen sie schlechte Noten und wurden gedrängt dem Komsomol beizutreten. Wenn das erfolglos blieb, wurden sie schlecht behandelt und verspottet. Universitäten, Fachhochschulen sowie Ausbildungsstätten waren für sie unzugänglich.

Eine der Töchter Nikolajs wollte unbedingt Ärztin werden und ihr Leben den Kranken widmen. Sie reichte ihre Dokumente an der medizinischen Fakultät ein. Nach dem ersten erfolgreichen Aufnahmeexamen wurde sie gebeten auf weitere Prüfungen zu verzichten, weil sie nicht zum Studium zugelassen werde. So blieb ihr Wunsch ein Traum. Nur deshalb, weil sie nicht dem Komsomol beigetreten war und Baptistin blieb. Doch sie und viele andere, die Ungerechtigkeit erlebten, wurden vom Herrn nicht als Waise im Regen stehen gelassen. Er nahm sie unter seinen Schutz. Bis heute verneigen sie sich vor ihrem Hirten, der sie durch das finstere Todestal an seiner Brust trug...

Zwei Christinnen ließ man im Medizinstudium durchfallen: im Fach Atheismus. War das nicht ein direkter Angriff auf die Freiheit? War das keine Verfolgung der Gläubigen? Nikolaj traf sich mit der Leitung der Hochschule; nach vielen Hindernissen und langen Gesprächen durften die Studentinnen in Nikolajs Anwesenheit die Prüfung wiederholen. Sie bestanden mit »Sehr gut«. Gott sei Dank wurde das Böse vom Guten besiegt! Gott triumphierte über Satan!

Nina Semtschenko studierte Medizin. Das Diplom wurde ihr verweigert, weil sie Christin war. Dennoch durfte Nina als Ärztin arbeiten. Aber wie oft wurden Fürbitten eingereicht, unzählige schwierige Gespräche mit den regierenden ›Herren des menschlichen Schicksals‹ geführt, wie viel wurde geschrieben – an alle Behörden der Stadt und der Republik, sogar nach Moskau. Preis dem Herrn! Ehre seiner allmächtigen Hand und seiner erhabenen Macht!

***

Das hundertjährige Jubiläum der Dorfgemeinde Leninpol ist nicht zu vergessen. Eine ganze Armee von Dämonen unter Führung des brüllenden Löwen belagerten das Dorf am Tag der Feier. Unter dem Vorwand einer Maul- und Klauenseuche versperrten sie den Gläubigen aus den umliegenden Dörfern den Zugang zum Fest. Als Nikolaj eintraf, wurde er von der Polizei abgeholt. In der Nähe des Gemeindehauses wurden Abhörgeräte aufgestellt. Es wurden nicht nur Leute aus dem Dorf mobilisiert, sondern aus dem ganzen Bezirk; auch aus der Hauptstadt Frunse, die 300 Kilometer entfernt war, kamen Beobachter und Berater.

Trotzdem fand die Feierlichkeit statt. Mit vielen Gästen. Allerdings waren alle schmutzig, weil sie über Felder und durch einen Kanal laufen mussten. Es waren nicht nur junge Menschen dabei, sondern auch ältere, sogar 90-jährige. Noch lange wurden Nikolaj und andere Brüder wegen dieses Festes bedrängt. Wem schadete dieses unschuldige Fest? Dem Staat? Weshalb wurde ein solches Theater daraus gemacht?

***

Aus einem friedlichen Ausflug der Gemeindejugend aus der Stadt Kant wurde ein großes Gerichtsverfahren. Der Jugendleiter, der Älteste und der Oberpresbyter sollten ins Gefängnis kommen. Wie viele Nerven, Kraft, Zeit und Fürbitten brauchte es, damit die Brüder nicht inhaftiert wurden.

Die Verfolger wollten folgende Älteste für illegal erklären, weil sie den Gottesdienst nicht nach Wünschen der Regierung hielten, sondern biblisch: I. Martens, G. Dirksen (Gemeinde Kant), A. Neufeld (Dorf Krasnaja Retschka), V. Dick (Stadt Talas), N. Nebogin (Stadt Dschalal-Abad), A. Krasnovskij (Stadt Tokmok) und andere.

Wieder setzte sich Gott für sein Volk ein, sodass in der Zeit von Nikolajs Dienst kein einziger Ältester in Kirgistan inhaftiert wurde. Aber wie viel Papierkrieg, wie viele Nerven und Treffen mit Behörden und Beamten für religiöse Angelegenheiten kostete es!

Viele Einschränkungen für Gläubige und vor allem Jugendliche leisteten streitlustige Atheisten, besonders B. Galperin. Er veranstaltete ständig verpflichtende antireligiöse Vorlesungen: sonntags nach dem Morgengottesdienst, damit die Jugend die Kranken und Alten nicht besuchen konnte. Er publizierte schmutzige Zeitungsartikel, veröffentlichte Karikaturen, verbreitete Gerüchte und Lügen, führte Streitgespräche mit Gläubigen in Betrieben und vieles mehr. Nikolaj lockte er mit einer List in sein Büro, indem er eine Einladung vom Rekrutierungsbüro fälschte. Er überlegte viele Strafen für Nikolaj: das Offiziersgericht, das Zivilgericht und anderes. Er verletze viele, nicht nur Nikolaj. Sascha Losnikov, Vladimir Chivrenko, Ekaterina Chivrenko und viele andere mussten seinen Spott erdulden. Auch Raja Tischenko fügte er viel Leid zu: moralisch und körperlich; er verkrüppelte ihr junges Leben!

* * *

Zusätzlich verbreiteten die Atheisten in der Gesellschaft ein negatives Bild von Gläubigen, insbesondere von Baptisten. Das geschah mittels Druckerzeugnissen, Kino, Fernsehen, Vorträgen, Gesprächen und so weiter. Sogar gebildete Menschen glaubten es.

1969 sollte in Moskau erneut ein Kongress der Baptisten stattfinden. Zum Kongress waren Delegierte aus allen Gemeinden eingeladen, auch aus Frunse. Sie flogen nach Moskau. Weil einem älteren Bruder beim Fliegen sehr schlecht wurde, kehrten er und Nikolaj mit dem Zug zurück. Am 5. Dezember reisten sie von Moskau nach Frunse ab.

Als die Brüder ihren Abteilwagen betraten, waren dort zwei junge Frauen, die lebhaft diskutierten. Sie waren so ins Gespräch vertieft, dass sie die hereingekommenen

Männer nicht wirklich wahrnahmen. Die ältere Frau fuhr unbeirrt fort:

»Sie opfern Menschen, vor allem Kinder, und trinken ihr Blut.«

»Warum werden sie nicht bestraft? Warum tut die Polizei nichts dagegen?«, fragte die jüngere Frau aufgewühlt.

»Weil sie sich geheim versammeln. Sie leben im Untergrund.«

»Allein der Gedanke ist erschreckend... dass irgendwo in deiner Stadt solche Menschen umherlaufen und Ausschau nach einem Opfer halten!«

»Du oder dein Kind können diese Opfer werden«, sprach die andere weiter. »Gut, dass wir nicht in Frunse wohnen. Dort lebt der wichtigste Baptist von Kirgistan. Ich habe das in einem antireligiösen Seminar gehört. Sogar die Behörden fürchten sich vor ihm.«

»Was sind das für Horrorgeschichten! Von wem redet ihr?«, fragte Nikolaj, während er gegenüber den Frauen Platz nahm.

»Wir sprechen über Baptisten. Wann ist endlich Schluss mit denen? Sie verüben furchterregende Dinge! Man sollte sie alle erschießen oder an einen Pfahl hängen – zur Warnung für andere; damit jedem die Lust auf solches Grauen vergeht!«

»Haben sie diese Baptisten gesehen? Oder vielleicht ihre Opfer, die sie ihrem Gott bringen?«, fragte Nikolaj nach.

»Nein, und wir möchten sie auch nicht sehen!«, antworteten die Frauen im Chor.

»Was würdet ihr denn tun, wenn jetzt zwei Baptisten hereinkämen, um drei Tage lang mit euch zu reisen?«, ließ Nikolaj nicht locker.

»Ich würde sofort aus dem Fenster springen!«, antwortete die jüngere Frau mutig.

Nikolaj erhob sich, ging zum Fenster und versuchte es zu öffnen. Doch im Winter waren die Fenster dicht verriegelt und ließen sich nicht öffnen.

»Was machen sie da?«, fragten die Frauen neugierig.

»Ich will das Fenster öffnen!«
»Draußen ist es doch eiskalt und hier nicht gerade heiß. Wozu das Fenster öffnen?«
»Ich versuche ihnen zu helfen, hinauszuspringen«, antwortete Nikolaj ruhig. »Denn die nächsten drei Tage verbringen sie mit Baptisten. Und mit welchen? Mit dem ersten Baptisten von Frunse und dem Oberpresbyter von Kirgistan. Gemäß ihren Worten sind es die schrecklichsten Menschen überhaupt.«
Die Augen der Frauen wurden kugelrund. Sie starrten angstvoll auf ihre Mitreisenden und erblassten. Sie waren wie gelähmt; nur die zitternden Hände, die sie an den Lippen hielten, zeugten vom Leben.

Nikolaj setzte fort:
»Soll ich das Fenster öffnen oder fahren wir zusammen weiter, ohne das jemand aus dem Fenster springt?«
Die Frauen gaben keine Antwort. Sie schwiegen; schauten sich gegenseitig an, dann die Baptisten. Erst nach einigen Minuten kamen sie wieder zu sich und konnten reden.

Bereits gegen Abend fürchteten die Frauen die Baptisten nicht mehr und stellten ihnen Fragen. Das Gespräch dauerte bis Mitternacht. Die Herzen beider Frauen, die Lehrerinnen waren, tauten auf. Sie erkannten ihre Naivität gegenüber den Atheisten, die ihnen Lügen über die Baptisten erzählt hatten.

Noch lange unterhielten sie sich über den christlichen Glauben, die Weltanschauungen und das Zwischenmenschliche. Am Schluss bemerkte Nikolaj:
»Wenn die Sicherheitsbeamten eure Gespräche gehört hätten, würden sie euch zur Rechenschaft ziehen.«
»Warum?«
»Weil eure Gespräche ihre Autorität untergraben. Denn seit einem halben Jahrhundert können sie diese Bluttrinker und ihre getöteten Kinder nicht finden. Mit anderen Worten, sie arbeiten schlecht. Aber das stimmt doch nicht. Denn selbst heute noch spüren sie Menschen auf, die im

letzten Krieg mit Deutschen zusammengearbeitet hatten. Obwohl diese ihren Namen ändern, ständig umziehen und sich tarnen, werden sie von den Sicherheitsbehörden gefunden und vor Gericht gestellt. Gleichzeitig sollte es eine riesige Sekte geben, die an jeder Ecke ihr gesetzloses Unwesen treibt, aber von keinem gefunden wird. Es wird viel erzählt, aber es gibt absolut keine Fakten! Ist das nicht seltsam?«, erklärte der Bruder.

»O, Mascha, so werden wir tatsächlich im Gefängnis landen«, sagte die ältere Frau. »Danke, dass sie uns die Augen geöffnet haben.«

Nach drei Tagen trennten sie sich wie gute Freunde. Die Brüder schenkten jeder Lehrerin ein Evangelium, in dem sie die Adresse einer Baptisten-Gemeinde in Taschkent notierten, wo die beiden Frauen wohnten.

***

Die Drohungen an Nikolajs Familie begannen mit kurzen Botschaften, die in den Briefkasten eingeworfen wurden: »Lege deinen Dienst nieder!« Dann wurden die Botschaften konkreter: »Beende deinen eifrigen Dienst, wenn dir dein Leben und das Leben deiner Kinder lieb ist. Wir stecken sie in die Kanalisation, damit sie verfaulen, und niemand wird sie finden.«

Nikolaj fand diese Zettel am frühen Morgen, aber er zeigte sie nicht seiner Frau. Später entdeckte sie immer diese Zettel, aber erzählte auch nichts. Schon bald aber sprachen sie gemeinsam darüber. Die Sorgen um ihre Kinder wurden ernster. Sie mussten mit dem Bus zur Schule fahren. Würden sie auch heimkehren? Nicht immer konnte Mama sie abholen, da sie Babys auf den Armen hatte und Nikolaj war auf Reisen.

Nach Karakol und Süd-Kirgistan verreiste er für drei-vier Tage. Dann kamen nachts schwarz gekleidete Fremde, kletterten über den Zaun, liefen laut ums Haus herum, lehnten die Leiter an und verdeutlichten somit ihren Besuch. Dabei befand sich im Haus eine junge Mutter mit ihren Kindern. Das waren natürlich lange und qualvolle Nächte. Offene und geheime Drohungen an Nikolaj persönlich wurden regelmäßig und bereiteten der Familie Sorgen. Was mit Bitten begann, endete fast mit dem Tod.

Zwei Wochen vor der bevorstehenden Prüfung wurde Nikolaj gewarnt. Er saß an seinem Schreibtisch und arbeitete an einer Predigt. Plötzlich leuchteten vor seinen Augen weiße Kreise. Er kniff die Augen zu; als er wieder aufblickte, stand vor ihm ein großer Mann in weißen Kleidern und mit hellen Haaren. In den Händen hielt er eine Papierrolle.

»Ich wurde mit einer Botschaft zu dir gesandt«, hörte Nikolaj und nahm die Rolle entgegen.

Er öffnete sie, konnte aber die unbekannten Zeichen nicht lesen.

»Ich verstehe nicht, was hier steht«, sagte Nikolaj verwirrt.

»Dieser Brief warnt dich. Was auch geschehen mag, fürchte dich nicht! Und erzähle Katja davon.«

In diesen Augenblick vergaß Nikolaj alles und fragte:
»Wer ist diese Katja?«
»Deine Frau.«

Das blendende weiße Licht wurde immer schwächer bis es verschwand. Als Nikolaj zur Besinnung kam, begriff er, dass er allein im Zimmer war. Er blieb in Gedanken versunken sitzen, dann ging er zu Katja und erzählte ihr von dem ungewöhnlichen Besucher.

Es geschah am letzten Samstagabend im Februar 1972. Nikolaj stieg aus dem Bus und machte sich auf den Weg zum Gottesdienst. Unterwegs betrat er eine Telefonzelle, um zu telefonieren. Es tauchten einige junge Männer auf. Kaum hatte Nikolaj die Nummer gewählt, da spürte er einen kräftigen Schlag auf den Kopf.

Er verlor das Bewusstsein. Erst als er auf Bahngleise geworfen wurde, kam er zu sich. Ein starker Schlag gegen Brust brachte ihn zum Bewusstsein, aber lähmte ihn. Er lag mit dem Gesicht zur Erde. Aus den Augenwinkeln konnte er Schuhe und Menschen erkennen. Er lauschte: irgendwo in der Nähe hielt ein Auto. Nikolaj hörte eine Stimme:

»Gib mal schnell den Benzinkanister und die Zündhölzer!«

Nikolaj vernahm einen Lärm und das dumpfe Aufschlagen des Kanisters gegen Steine. Ihm wurde klar: man wollte ihn verbrennen. Er begann inbrünstig zu beten, denn er liebte das Leben und wollte nicht brennen wie ein Sünder... Plötzlich rollte direkt neben ihm irgendein blecherner Gegenstand hinunter. Einer der Männer fluchte. Der andere rannte hinterher und stieg dann keuchend wieder den Bahndamm hinauf; er blieb immer wieder stehen und fluchte heftig.

»Noch wenige Minuten und ich werde brennen«, dachte Nikolaj. Noch inbrünstiger betete er und bat den Herrn, sein Leben zu bewahren – wegen seiner vier Kinder.

Während er noch betete, erschallten neben ihn und in der Ferne schreckliche Schreie, ähnlich eines Tieres. Dann wieder Schreie und das Getrampel der davoneilenden Menschen. Nikolaj öffnete die Augen und staunte: Die Erde um ihn herum war wie vom Blitz weiß erhellt. Er meinte, das wären Scheinwerfer eines Zuges, der auf ihn zufuhr.

»Ich werde vom Zug zerstückelt. Aber ich will doch leben, leben!«, schrie er in seinem Herzen.

Er versuchte von den Gleisen hinunterzukommen, aber er konnte sich nicht bewegen, geschweige aufstehen. Nikolaj war ganz Ohr: Die Gleise schwiegen. Wo blieb der Zug? War er stehengeblieben? Kurz darauf wurde alles wieder dunkel.

So lag er einige Zeit. Dann rief er erneut zu Gott, damit er ihm Kraft gäbe, um nach Hause zu kommen. So geschah es auch. Mit großer Mühe rappelte er sich auf. Es nieselte; der Regenmantel, der Anzug, die Hände – alles war schmutzig. Er schaute sich um: niemand zu sehen. Neben ihm verliefen einige Gleise, unten – eine befahrene

Straße. Nikolaj stand eine Weile, kam zu Atem und schritt langsam am Bahndamm entlang. Der Abhang war steil. Er glaubte nicht, hinunterkommen zu können. Er legte sich auf die Seite und rutschte hinunter zur Straße. Am Straßenrand angekommen, setzte er sich hin. Hier lag der zwanzig Liter Kanister. Nikolaj erhob sich. Wo war er, wohin sollte er gehen? Er wusste es nicht.

»Herr, ich bin wie Hagar in der Wüste, ich weiß nicht, wohin ich gehen soll. Zeige mir den Weg!«

Einige Passanten hörten die Hilferufe und bemerkten den Leidenden, aber sie eilten ihm aus dem Weg. Nikolaj begriff, dass sein schmutziges Aussehen und seine verwaschene Sprache die Menschen abschreckte. Ein Mann blieb dennoch stehen, erklärte ihm höflich, wo er sich befand und schilderte ihm den Heimweg. Es war nicht weit.

Schließlich erreichte er es. Seine Frau erwartete ihn schon. Die Kinder schliefen. Er verlor nochmals das Bewusstsein, dann schlief er ein. Er erwachte erst morgens und erinnerte sich an die gestrigen Ereignisse. Sie waren wie ein Traum. Nur der Schmerz und die Wunden bezeugten, dass er nicht geträumt hatte.

Später stellte sich heraus, dass in der linken Innentasche seines Regenmantels, genau am Herzen, seine Bibel lag. Sie wurde mit einem Messer bis zum hinteren Buchdeckel durchstochen! Nach dem Messerschlag ins Herz dachten die Mörder wahrscheinlich, dass ihr Opfer tot sei, und schleppten es aus der Stadt, um es zu verbrennen.

Die Bibel rettete Nikolaj das Leben. Genauer gesagt, Gott rettete sein Leben mittels der Bibel! Das war dieselbe Bibel, die er gegen ein neues Fahrrad eingetauscht hatte. Sie befindet sich noch heute im Besitz von Nikolajs Familie: als Erinnerung an die Allmacht und den Schutz Gottes.

Am nächsten Tag kam die Polizei und fragte, ob Nikolaj eine Strafanzeige erstatten wollte und ob die Mörder gesucht werden sollten?

»Wenn sie die Mörder suchen wollen, kann ich aussagen, soweit ich mich erinnere«, antwortete Nikolaj. »Wenn nicht, werde ich mich niemals beschweren! Entscheiden sie selbst!«

Nikolajs Frau ergänzte:

»Hier sind sein Regenmantel und der Anzug; und die durchgestochene Bibel. Sie können diese für die Expertise mitnehmen, wenn es nötig ist.«

Die Männer betrachteten die Sachen, schwiegen und gingen schlussendlich, ohne etwas mitzunehmen. Erst in zwei Monaten wurde Nikolaj von der Polizei eingeladen und sollte den Regenmantel und die Bibel für die Expertise mitbringen. Sie begannen das Opfer zu beschuldigen: Nikolaj hätte den Anschlag selbst inszeniert.

»Warum habt ihr die Sachen damals nicht mitgenommen, als die Spuren noch frisch waren? Warum habt ihr die frischen Wunden und Verletzungen am Bein nicht dokumentiert?«

Diese Fragen blieben ohne Antwort in der Luft hängen.

»Nein, das war deine Inszenierung!«, behauptete die Polizei hartnäckig.

Auch einige ›Brüder‹ griffen diese Behauptung auf. Aber wozu eine Inszenierung? Wozu sollte ein Diener sich seinen Großzeh zerquetschen? Wozu sich selbst das Bein verwunden, die Venen zerstören, sodass dieses Bein lebenslang schwarz bleibt? Zu welchem Zweck monatlich 500 Kopfschmerztabletten einnehmen? Wozu den eigenen Brustkorb verletzen?

Die Antwort liegt auf der Hand: Die Behörden wollten diesen Fall nicht aufklären und wünschten Nikolajs Tod.

Dank innigen Gebeten der Familie und vielen Gemeinden warf Nikolaj eines Tages die Krücken weg, schluckte keine Tabletten und begann die Gemeinden zu besuchen.

* * *

Viele Gemeinheiten seitens der Regierung wären noch zu erwähnen, allerdings reicht das Gesagte, um einen Eindruck davon zu bekommen, wie Diener Gottes bedrängt wurden.

Eins erstaunt bis heute: Wie konnten einige Brüder bewusst oder unbewusst mit Behörden zusammenarbeiten und damit den Kindern Gottes physische und psychische Leiden zufügen?

Zum Beispiel verbot die Leitung im Dorf Leninpol einer großen deutschen Gemeinde den Kindern und Jugendlichen die Gemeinde zu besuchen. Als Nikolaj seinen Dienst begann, erklärten ihm die Brüder den Grund dieses Verbotes: 1967 hätten sie gegenüber der Registrierung unterschrieben, dass Kinder, vor allem Schüler, die Gottesdienste nicht besuchen dürfen; und sie hielten sich an ihr Versprechen. Auch die Siebzehnjährigen durften nicht kommen, wenn sie noch die Schule besuchten.

Ein solches Gesetz existierte nicht. Aber die Brüder wollten nichts davon hören und hatten Angst ins Gefängnis zu kommen. Nikolaj riet ihnen, freiwillig vom Dienst zurückzutreten, damit sie keine Verantwortung für das Handeln der anderen Brüder tragen müssten. Die Gemeindeleitung wollte dies jedoch nicht.

Nach viel Zureden besuchte Nikolaj sie mit dem Bruderrat und setzte die ganze Gemeindeleitung ab: insgesamt sieben Leiter. Die abgesetzten Brüder beklagten sich bei den Behörden und Nikolaj spürte noch lange ihre heiße ›brüderliche Liebe‹. Einer von ihnen rächte sich noch viele Jahre später an Nikolaj.

In der Stadt Dschalal-Abad diente als Ältester ein gesegneter Mann des Glaubens, der Gefängnis und Straflager durchgemacht hatte: Stepan Surmij. Er war schon betagt und konnte die einzelnen Brüder nicht zur Ordnung anhalten: allerdings war er in der örtlichen Gemeinde unersetzbar.

Die Stadtbehörden mochten ihn nicht und versuchten ständig ihn abzusetzen. Den Behörden halfen ›seine Brüder‹, Mitglieder seiner Gemeinde, indem sie ihn wegen einer schrecklichen Sünde verleumdeten. Sie fügten ihm eine tödliche Herzwunde zu, die ihn umbrachte. Die Verschwörung war geplant und mit List umgesetzt.

Bei der Beerdigung von Bruder Surmij sagte Nikolaj, dass die ›Brüder in Christus‹ an seinem Tod schuld seien, und Gott sie streng zur Rechenschaft ziehen werde: für die Leiden, die sie dem Diener Gottes zugefügten, und für ihre Verleumdung.

Auch in Frunse gab es eifrige ›Brüder in Christus‹. Wie bereits berichtet, wurde Nikolaj im Jahr 1972 überfallen und sollte verbrannt werden, damit selbst am Friedhof keine Erinnerung an ihn bliebe. An diesem Anschlag beteiligten sich auch zwei ›Brüder‹, die den Mördern Nikolajs Route zum Gottesdienst beschrieben und Benzin sowie Zündhölzer brachten, als Nikolaj auf den Gleisen lag.

Einer von ihnen bereute aufrichtig seine Tat und bekannte Nikolaj sein Verbrechen. Er schilderte alle Einzelheiten: Wie sie Nikolaj auf den Kopf schlugen, ihn wegtrugen, mit einem Messer ins Herz stachen, ihn verbrennen wollten, bis schließlich ein leuchtender Engel erschien und sie mit Schrecken davonrannten.

»Wie konntet ihr euch auf so etwas einlassen?«, fragte Nikolaj bestürzt.

»Um des Volkes Gottes willen!«

»Wie? Bin ich denn ein Feind dieses Volkes gewesen? Habe ich ihm geschadet? Was hat das Volk Gottes von meinem Tod?«, forschte Nikolaj nach.

»Nein! Du warst kein Feind der Christen. Im Gegenteil, du warst zu eifrig. Aber dein Dienst war für einige unangenehm. Und weil du nicht freiwillig gehen wolltest, wollte man dich gewaltsam beseitigen«, war die Erklärung.

»Und warum warst du unter diesen Einigen?«

»Es wurde behauptet, wenn du im Dienst bleibst, würden die Behörden alle Gebetshäuser in Kirgistan schließen; dann müsste das ganze Volk Gottes leiden. Es sei besser, wenn nur eine Familie leidet und nicht hunderte. Um die Gläubigen vor den Versammlungen in Privathäusern zu retten und um die Gebetshäuser zu bewahren, haben wir zugesagt. Wir gingen zu dieser Tat mit Schmerzen im Herzen«, bekannte der ehemalige ›Wohltäter‹.

***

Fast zwanzig Jahre später musste Nikolaj wegen einer Gruppe der Brüder aus seiner Gemeinde leiden, weil sie ihn absetzen wollten. Die Gruppe leiteten drei ›Brüder‹, von denen einer (oder alle) Nikolajs Posten wünschte. Unter dem Druck dieser Brüder wollte Nikolaj 1990 seine Vollmachten abgeben. Doch der Republikanische Rat entließ Nikolaj nicht. Ein Jahr später forderten die drei ›Brüder‹ von ihm, bei dem bevorstehenden Treffen mit dem Rat zurückzutreten. Lange redeten sie auf ihn ein und drohten schließlich: Wenn Nikolaj den Dienst als Oberpresbyter nicht abgeben werde, würde die Gemeinde in Frunse aus AUR austreten. Nikolaj wusste, dass nicht die ganze Gemeinde an Gängelband dieser ›Brüder‹ hing, doch einige Mitglieder waren von ihnen beeinflusst und hätten es gemacht. Die anderen würden bei Nikolaj im Gebetshaus bleiben – dies bedeutete eine Gemeindespaltung. Das wollte er nicht. Also willigte er ein, seinen Dienst niederzulegen; das war ein freiwilliges Muss.

1992 bat Nikolaj den Republikanischen Rat um die Freistellung vom Dienst des Oberpresbyters. Einige der Ältesten wussten den wahren Grund seines Rücktrittes. Sie wussten von den Schwierigkeiten mit den ›Brüdern‹ und von der festen Entscheidung des Oberpresbyters. Sie hielten Nikolaj nicht zurück und waren mit seiner Bitte einverstanden.

Die Sitzung leitete A. Bytschkov und er verstand die Hintergründe gut. Doch auch er wollte sich nicht gegen die Absetzung von Nikolaj stellen, der in zwei Jahren so oder so pensioniert wäre. Auch die Brüder aus Moskau hatten Angst, sich für Nikolaj einzusetzen. Also wurden der Oberpresbyter und seine Frau mit Blumen und einem Erinnerungsgeschenk verabschiedet. Man dankte für den jahrelangen Dienst, betete für sie und wünschte noch einen fruchtbaren Dienst für Gott.

Nach der Absetzung des Oberpresbyters las Bytschkov den nächsten Punkt der Tagesordnung: Antrag der

Gemeindeleitung Frunse an EChB. Aber der Älteste erwiderte:

»Ja, wir haben einen Antrag für den Austritt der Gemeinde verfasst, doch wir ziehen diesen Antrag zurück, weil Nikolaj freiwillig seinen Dienst als Oberpresbyter abgelegt hat. Wir bleiben im Verband.«

An diesem Tag wurde einer der drei Agitatoren zum Oberpresbyter; oder wie damals neuerdings genannt wurde: Vorsitzender des Gemeindeverbandes von Kirgistan. Einige Zeit später wanderte er nach Amerika aus, und seinen Platz nahm der zweite von den drei ›Brüdern‹ ein. Der dritte kam noch nicht dran.

Nach einiger Zeit verboten dieselben Brüder, die das Abschiedsgeschenk überreicht hatten, Nikolaj in allen Gemeinden von Kirgistan zu predigen, auch in Frunse, was bei der Mitgliederversammlung verkündigt wurde. Schwester Ljuba Avdeeva, Mitglied der örtlichen Gemeinde, schlug vor, dass die Gemeinde entscheiden soll, ob Nikolaj predigen dürfe oder nicht. Daraufhin meinte der neue Oberpresbyter, dass er das bestimme:»Wir fragen nicht die Gemeinde, sondern informieren lediglich!«

Nikolaj nahm auch diese ›brüderliche‹ Neuerung demütig hin, um keine Spaltung auszulösen. Er besuchte regelmäßig die Gemeinde, saß schweigend an seinem Platz und beteiligte sich nirgendwo. Er beachtete das Verbot auch bei Besuchen von anderen Gemeinden in Kirgistan, obwohl die Brüder vor Ort ihm das Predigen erlaubten. Sie meinten, dass solche Beschlüsse keine biblische Grundlage hätten und sogar im Widerspruch zu den Worten Christi stehen würden:»Geht hin in alle Welt und verkündigt das Evangelium der ganzen Schöpfung!« (Mk 16:15), und nicht den evangelischen Prinzipien entsprechen, wie Apostel Paulus schreibt:»Wehe mir, wenn ich das Evangelium nicht verkündigen würde!« (1Kor 9:16), und:»Jedenfalls wird auf alle Weise, sei es zum Vorwand oder in Wahrheit, Christus verkündigt, und darüber freue ich mich…« (Phil 1:18) Nikolajs demütige Haltung bemerkte sogar der neue

Oberpresbyter, der in einer Gemeindestunde äußerte, dass Nikolaj einer der demütigsten Menschen sei, den er kenne! Viel Leid fügten Nikolaj auch die Brüder zu, die behaupteten, dass er mit dem KGB zusammengearbeitet hätte. Versucht mal das Gegenteil zu beweisen!

»Ja«, sagte Nikolaj, »ich war bei der KGB und Polizei, wenn ich gerufen wurde, ich war im Rat für religiöse Angelegenheiten, ich war im Ministerrat, aber ich arbeitete nie für KGB, und niemand kann mich einer Lüge überführen. Niemandem und niemals hatte ich etwas Böses getan. Und niemand kann auch nur eine einzige überzeugende Tatsache anführen, um diese schmutzigen Gerüchte zu belegen. Wenn ich die Behörden besuchte, dann mit dem Ziel, das Volk Gottes und die Brüder zu schützen.« Nikolaj probierte dies zu erklären, aber vergebens.

Das böse Gerede fiel in die Herzen einzelner unbefestigten Brüder, die den gefährlichen und selbstlosen Dienst des Oberpresbyters zum Wohle der Gemeinden nicht sahen oder sehen wollten.

Erst nachdem Nikolaj seinen Dienst abgelegt hatte, kamen einige Brüder zu ihm und baten um Vergebung dafür, dass sie diesen Schmähungen und Verleumdungen geglaubt hatten. Dann konnte Nikolaj ihnen bezeugen: »Überlegt mal, ich diente dreiundzwanzig Jahre lang als Oberpresbyter und sollte dabei für den KGB gearbeitet haben? Am Ende meines Dienstes fanden sich drei Brüder, die Gottes Volk leiten wollten und mich als einen KGB-Agenten abstempelten. Und weder der KGB noch die Bevollmächtigten für religiöse Angelegenheiten in Frunse und Moskau, noch die Polizei schützten ihren Mitarbeiter. Ist das möglich? Würden diejenigen unbestraft bleiben, die einen KGB-Agenten verjagen? Für mich setzte sich keiner der Regierenden ein, und die neue Leitung an meiner Stelle erfuhr keine Nachteile.«

Die Menschen mit gesundem Verstand hörten endlich auf, böse Gerüchte zu glauben. Sogar einige Brüder aus den USA, die durch diese Gerüchte betrogen wurden, rie-

fen Nikolaj an. Andere besuchten ihn und baten um Verzeihung für den zugefügten Schmerz.
Wie viele ›Brüder‹ waren damit angesteckt? Nicht wenige! Denn Satan hat eine große Armee. Einige gehen unbewusst an den schrecklichen Ort, wo alle Verleumder und ihre Anführer hinkommen (2Tim 3:3; Offb 12:10); sie wollen sich nicht demütigen und um Vergebung für das Böse bitten, das sie den Glaubensbrüdern und somit auch unserem Erlöser Jesus Christus angetan hatten. Davon redet Christus selbst im 25. Kapitel des Matthäusevangeliums. Für diese Sünde gibt es keine Vergebung.

Solchen ›Brüdern‹ ist zu empfehlen, folgendes Lied zu lesen oder zu singen, wenn sie es können:

Hast du, mein Freund, mit deinem Bruder Streit?
Hast ihn veracht't und wünschst ihm viele Schmerzen?
Für seine Lieb bringst ihm nur Herzeleid
Mit bösem Blick ins Innerste des Herzens?

O eil zu sagen herzliches »Vergib«.
Eh's Leben dir verdecken dunkle Nächte,
Solang dir's Licht noch scheint, erweis ihm Lieb,
Eh deine Seele binden finstre Mächte.

Weil Nikolaj im Dorf Novo-Pavlovka wohnte, beschloss er, sich der dortigen Gemeinde anzuschließen. Das Gebetshaus war zu Fuß erreichbar. Deswegen meldeten sich Nikolaj und seine Frau in der Gemeinde Frunse ab. Zwei anwesenden Leiter, A. Barg und I. Skrobko, ließen die Gemeinde aufstehen – zum Zeichen, dass keiner dagegen war. Sie entließen die Beiden in Frieden, beteten für sie und wünschten ihnen Gottes Segen. Nikolaj wurde bald darauf nach Sankt Petersburg eingeladen, um dort zu arbeiten. Katja und die Kinder wollten sich der Gemeinde im Dorf anschließen, weil sie in der Nähe war. Doch zwei leitende ›Brüder‹, nahmen sie nicht auf; mit der Begründung: Sie sei Nikolajs Frau; obwohl beide von der Gemeinde in Frunse mit Frieden entlassen wurden. Und das sind Brüder in Christus? Nikolaj erfuhr davon erst in St. Petersburg, und das schmerzte ihn sehr.

Wie herb, undankbar, voreingenommen und heuchlerisch sind manche Menschen. Sie leben und dienen, aber sie dienen nicht Christus. Gott sei Dank, dass es in der Ewigkeit, in der neuen Welt, solche Menschen nicht geben wird!

Pflügt erneut und sät die Wahrheit,
Um die Sündenschuld zu tilgen.
Es ist Zeit den Herrn zu suchen!
Und er schenkt den Wahrheitsregen.
Lasst die Bosheit und die Lügen.

Die Spitzel störten den Dienst ebenfalls. Sie waren überall gegenwärtig, auch in leitenden Kreisen. Besonders in den ersten Jahren des Dienstes war es schwierig, weil Nikolaj diese ›Brüder‹ nicht durchschaute. Später kannte er sie mit Namen. Es gab natürlich weniger Schwierigkeiten, wenn bekannt war, wem die Anliegen anvertraut werden konnten. Diese Spitzel verloren viele Möglichkeiten. Einige von ihnen haben Buße getan. Doch viele blieben leider auf dem Weg Judas und sündigten gegen die Brüder in Christus, das heißt gegen Christus selbst.

* * *

Viele Schwierigkeiten im Dienst waren dem Mangel an Fahrzeugen geschuldet. Damals hatte fast niemand ein Auto oder Motorrad. In der Gemeinde Frunse hatte nur ein betagter Bruder ein altes Auto: Moskwitsch 401. Das Auto bekam nur der Diakon, um in der Sowchose den Wein für das Abendmahl zu besorgen. Aufgrund einer schwierigen finanziellen Lage in der Familie verkaufte Nikolaj sein Motorrad einem Bruder: für einen niedrigen Preis und ein Ferkel, das der Besitzer freiwillig zusätzlich anbot. Das Ferkel wollte er bis zum Herbst mästen und dann Nikolaj bringen. Allerdings wächst es beim Besitzer bis heute – und das sind mittlerweile dreißig Jahre her. Das Schwein müsste inzwischen riesengroß sein.

Ohne ein eigenes Fahrzeug musste man für die Besuche der Gemeinden öffentliche Busse nutzen, die unregelmäßig fuhren. Zurück ging es per Autostopp, meist in offenen Lastwägen. Im Sommer war es nicht schlimm: nur Staub und Unbequemlichkeit. Aber im Herbst und Winter war es schwieriger: kalt, nass, starker durchdringender Wind und nicht selten Schnee.

Eines Tages reiste Nikolaj mit V. Losnikov, einem Mitglied des Bruderrates, aus Rot-Front zurück. Der Gottesdienst endete erst um Mitternacht, weil die Christen dort sich erst nach dem abendlichen Melken versammelten. Die Brüder mussten im Laderaum eines LKWs zurückfahren. Aufgrund des späten Herbstes fror Losnikov sehr, wurde deshalb krank und konnte leider nicht mehr die Dörfer besuchen.

Die Brüder sind viel zu Fuß gelaufen. Sie fuhren mit dem Linienbus zum Dorf Ivanovka und liefen dann etwa acht Kilometer über die Berge. Anschließend – nach dem Gottesdienst und Gesprächen mit Brüdern – wieder acht Kilometer zurück zur Landstraße. Nicht alle Brüder hielten solche Strapazen aus, besonders im Herbst und Winter.

Bei einem Besuch war Nikolaj mit Ivan Martens, einem Mitglied des Bruderrates, unterwegs. Bis zum Dorf Leninpol brauchte der Bus einen ganzen Tag. Sie fuhren mit dem Nachtbus; so konnte sie etwas schlafen und morgens in der Gemeinde sein. Etwa um vier Uhr morgens kamen sie zu einer Kreuzung; von dort aus mussten sie etwa sieben Kilometer bis zum Dorf laufen. Sie waren noch nicht die Hälfte marschiert, als sie ein Heulen hörten.

»Was ist das?«, fragte Bruder Ivan beunruhigt.

»Das sind Wölfe«, antwortete Nikolaj, der dieses Heulen gut kannte.

»Ich gehe nicht weiter«, protestierte Bruder Ivan. »Du kannst auch bis zum Morgen hier bleiben oder zurück zur Straße gehen; vielleicht findest du eine Fahrgelegenheit. Aber wahrscheinlich wirst du weder ein Auto noch das Morgen sehen.«
»Warum?«, fragte schnell der Gefährte.
»Weil die Wölfe dich fressen werden. Das Heulen kommt von dort. Sie laufen vom Berg zum Dorf herunter und suchen nach Nahrung. Sie sind hungrig. Ich gehe weiter«, sagte Nikolaj und schritt Richtung Dorf.
Das war im Jahr 1969. In Kirgistan war einer der härtsten Winter. Die Wölfe kamen bis zu den Dörfern; sogar Hunde versteckten sich vor ihnen.

Bruder Ivan musste nicht länger überredet werden; er überholte sogar Nikolaj, um schneller im Dorf anzukommen. Denn das Heulen der Wölfe näherte sich.

»Ich gehe nie wieder nachts mit«, versicherte Bruder Ivan. »Die Wölfe werden mich fressen und keiner wird meine Knochen beerdigen! Nein, das muss nicht sein!«

Dabei blieb es. Er unternahm keine Nachtreisen mehr.

Bei diesen Besuchen gab es noch andere Probleme: nicht viele wollten die kleinen Dorfgemeinden besuchen.

Einmal sprach die Jugend in Frunse darüber, wie schön es wohl den Brüdern bei Besuchen ergehe. Soeben kehrte der Jugendchor nach einem Gemeindebesuch zurück. Die Jugendlichen wurden dort nach dem Morgengottesdienst gut bewirtet und fuhren mit einem Bus zurück. Sie begannen die Brüder zu beneiden. Der Oberpresbyter hätte es besonders gut, weil er die meisten Gemeindebesuche unternahm.

Nikolaj vernahm dieses Gespräch und beschloss, die Gemeinde in Ivanovka zu besuchen. Er lud eine Gruppe Jugendlicher ein, auch jene Schwestern, die von einer schönen Bewirtung träumten. Sie mögen doch das Volk Gottes mit ihren Liedern erfreuen. In der dortigen deutschen Gemeinde wurde Russisch gut verstanden, wie überall in Kirgistan.

So machten sich Nikolaj, Bruder I. Masur und eine Jugendgruppe auf den Weg. Irgendwann erreichten sie Ivanovka. Weiter ging es zu Fuß über die Berge zum Gebetshaus. Unterwegs wurden die Schwestern müde, doch sie hielten durch und sangen viel im Gottesdienst. Das Treffen zog sich in die Länge. Sie wollten noch zur Hauptstraße kommen, um den letzten Bus zu kriegen. Deshalb blieb das für sie zubereitete Abendessen unberührt. Es war Herbst; abends und nachts war es kalt. Lange warteten sie auf den Bus. Alle waren durchgefroren. Die Uhr zeigte zwölf Uhr Mitternacht. Zwei Schwestern gingen auf die Seite und weinten.

»Was ist los? Wer hat euch beleidigt?«, fragte Nikolaj.

»Wir haben Hunger, wir frieren und sind müde. Und wir dachten, es würde Hähnchen mit Sauerrahm geben.«

»Möchtet ihr vielleicht noch eine gebratene Gans mit Äpfeln? Dann können wir nächsten Samstag ein anderes Dorf besuchen«, sprach Nikolaj und fügte bei: »Wir haben öfters solche Fastentage.«

Mit der Zeit wurde es leichter: Es gab Autos, Motorräder und man war nicht zu Fuß oder per Autostopp unterwegs. Doch in den ersten fünf Jahren des Dienstes gab es in dieser Hinsicht viele Nöte! Arme Füße durchwanderten viele Wege! Doch wenn wir etwas von ganzer Seele für den Herrn tun, erwächst aus den Schwierigkeiten eine Freude und kein Murren.

* * *

Des Öfteren waren Gemeindebesuche mit Gefahren für das Leben verbunden. Einmal fuhr Nikolaj nach Leninpol mit einem Minibus (RAF); zusammen mit zwei seiner Söhne: dem ältesten Sohn Sascha und einem Teenager von zwölf Jahren. Nach dem Gottesdienst wollten sie bei einem Bruder übernachten. Als sie unterwegs waren, begegneten sie einer Gruppe betrunkener Kirgisen, die sie zu stoppen versuchten. Um Schwierigkeiten zu vermeiden, hielten unsere Freunde nicht an. Am Steuer saß der älteste Sohn, der auf Befehl des Vaters wendete und zurückfuhr.

Die Betrunkenen liefen zum nächstgelegenen Haus, holten noch andere dazu, stiegen in ein Auto und verfolgten schreiend den Minibus. Die Kirgisen waren schneller; sie überholten und hielten direkt vor dem Minibus. Die Betrunkenen sprangen heraus und stürzten schreiend mit Stöcken und Brechstangen in den Händen zum Minibus.

Ohne auf Anweisung zu warten, wendete der Sohn und raste zurück ins Dorf, woher sie gekommen waren; weiter übers Feld in die Stadt Talas. Der Minibus wurde ausgepresst. Sascha lenkte Hals über Kopf auf dem holprigen Weg. Der zwölfjährige Junge saß daneben und verkrallte sich in den Handgriff. Er war kreideweiß vor Angst. Nikolaj betete.

Die Verfolger blieben zurück. Die Entfernung von 35 Kilometern war in kürzester Zeit zurückgelegt. In Talas fuhren sie zum Ältesten Valentin Dick. Sie parkten den Minibus im Hof und begaben sich ins Haus. Der jüngere Sohn musste mit Kraft vom Griff gelöst werden; er konnte seine Fäuste kaum öffnen, die Finger waren verkrampft. Sie beteten und dankten dem Herrn für seine Bewahrung. Nach ihrem Abenteuer konnten sie lange nicht einschlafen.

Hätten die aggressiven Betrunkenen sie eingeholt, wären Nikolaj und seine Söhne nicht am Leben geblieben. Wenn der Motor oder ein Reifen versagt hätte, wären sie umgebracht worden.

Wenn Nikolaj und seine Söhne sich an diese Begebenheit erinnern, geben sie Gott die Ehre. Er schenkte Sascha Weisheit beim selbstständigen Handeln. Gott lies den Motor laufen und bewahrte vor einem Unfall. Er bewahrte ihr Leben. Noch heute erinnern sie sich an Gottes Gnade in jener Nacht und preisen Gott mit dem 91. Psalm. Denn die Verheißung Gottes gilt auch heute, wie geschrieben steht: »Und siehe, ich bin mit dir, und ich will dich behüten überall, wo du hinziehst...« (1Mo 28:15)

***

Zu den Nöten des Dienstes gehörte auch das Fehlen der geistlichen Literatur. Als Nikolaj zum Oberpresbyter ernannt wurde und viel im Kontakt mit Gläubigen war, besonders mit Jugendlichen, erkannte er diese gewaltige Not. Deshalb begann er intensiv nach geistlicher Literatur zu suchen.

Oft war er dienstlich in Moskau: Sitzungen, Konferenzen, Kongresse und so weiter. Er knüpfte Kontakte mit Brüdern im Baltikum und im Ausland. Er gab ihnen seine Adresse und bat um eine Zusendung von Bibeln und Evangelien.

Ins Baltikum fuhr Nikolaj gewöhnlich für ein oder zwei Tage und ›fischte‹ frühmorgens am Ostsee. Zur bestimmten Zeiten konnte er Neue Testamente aus Finnland ›fischen‹, die von dortigen Brüdern in Plastikfolien eingeschweißt wurden, weil sie um die Not in der UdSSR wussten. Manchmal war das ›Fischen‹ am Ostsee erfolgreich, manchmal nicht. Unabhängig davon bestand das Problem mit dem Transport. Das Gepäck und auch das Handgepäck wurden sorgfältig auf geistliche Literatur kontrolliert. Beim Finden wurde verhört: von wem, wie, wozu?

Aus dem Ausland erhielt Nikolaj kleine Pakete mit Neuen Testamenten und sogar mit Bibeln. Aber es war schwierig ein solches Paket zu bekommen. Die Post wurde kontrolliert. Alle Briefe und Pakete aus dem Ausland wurden von einer Einladung zum KGB oder zum Bevollmächtigten für religiöse Angelegenheiten begleitet. Dort wurde Nikolaj des unerlaubten Kontaktes zu Ausländern beschuldigt und fast zum Spionen erklärt. Es brauchte viel Geduld und Nerven, um jedes Paket zu verteidigen.

Der BdG startete eine illegale Herausgabe der Bibel. Ein Teil der Nachfrage konnte aus dieser Quelle abgedeckt werden. Aber die UdSSR ist groß – und diese Literatur reichte niemals aus; außerdem war diese Herausgabe riskant und mit großen Schwierigkeiten verbunden.

Als Nikolaj von der Mission »Licht im Osten« hörte, versuchte sie zu kontaktieren. Dabei half ihm sein Freund Viktor Blank, der zum Glück im Jahr 1976 mit seiner Familie nach Deutschland ausgewandert war. Vor seiner Ausreise nach Deutschland vereinbarten die Freunde, dass Viktor von dort geistliche Literatur senden würde, und zwar in großen Mengen. Um sein Versprechen einzulösen, trat Viktor in den Dienst der Mission »Licht im Osten« ein und begann Pakete zu verschicken: unter seinem Namen oder durch andere Personen.

Doch es gab wieder Probleme. An der Grenze wurden diese Pakete zurück nach Deutschland gebracht, und die Absender bekamen Geldstrafen. Innige Gebete stiegen zu Gott empor wegen dieser Not der Christen.

Und Gott zeigte Bruder Viktor einen anderen Weg. Er bat Touristen, die nach Moskau, Leningrad oder Odessa reisten, einige Bibeln mitzunehmen. Viele Bibeln kamen nicht durch, aber wenigstens ein Exemplar durfte jeder Ausländer als sein Eigentum mitnehmen.

So kam die Literatur aus dem Ausland. Dafür waren aber für die Touristen vertrauenswürdigen Adressen in der UdSSR notwendig. Zuverlässige und mutige Menschen waren schwer zu finden. Oft musste Nikolaj persönlich hinfahren. Auch das war mit einem großen Risiko verbunden. Denn der Ausländer könnte ein Spitzel sein. Es bedeutete Gericht und Gefängnis. Doch um der Gläubigen willen wagte er solche Treffen.

Nikolaj nahm seine älteste Tochter mit, die aus der Ferne solche Begegnungen beobachtete, damit im Fall einer Verhaftung die anderen wenigstens wüssten, von wem und wohin der Vater weggefahren wurde. Anschließend gab es wieder das Problem mit der Überbringung der Literatur nach Hause.

Kurzum, eine Bibel nach Frunse zu bringen, war ein langer und steiniger Weg. Viele Brüder, die eine Bibel geschenkt bekommen hatten, ahnten nicht den hohen Preis.

Nikolaj schenkte eine Bibel jedem Bruder, der zum Gemeindedienst gewählt wurde. Junge Menschen bekamen bei der Hochzeit eine Bibel als Grundlage für das Eheleben. Auch zu Geburtstagen und an Jubiläen erhielten viele Geschwister das wertvolle Geschenk, da die Bibeln immer mehr gefragt waren.

Viktor Blank war allerdings mit diesen wenigen Körnchen nicht zufrieden. Er experimentierte. Mit der Einwilligung des Direktors von »Licht im Osten« kaufte er kleine Busse, fertigte darin geheime Fächer an und füllte sie randvoll mit geistlicher Literatur. Dann reiste er (manchmal mit einem Glaubensbruder) als Tourist in die UdSSR. Das war schon eine beträchtliche Zahl an Bibeln und Evangelien. Trotz der sorgfältigen Kontrollen passierten in der Regel alle Autos die Grenze. Die Literatur wurde nicht entdeckt. Doch es gab ein weiteres Problem: Wie sollte diese Literatur geheim abgeladen werden? Die Autos der Touristen standen in den Garagen der Hotels und jede Fahrt wurde von Beamten überwacht. Damals herrschte ein Generalverdacht: Die Touristen und diejenigen, die Kontakt zu ihnen hatten, könnten Spione oder Feinde des Regimes sein.

Nikolaj erinnert sich noch heute, wie er und Viktor in Odessa verfolgt wurden, um auf frischer Tat ertappt zu werden. Die Beamten verfolgten sie den ganzen Tag: zu Fuß, mit Auto, mit öffentlichen Verkehrsmitteln. Doch Gott schützte seine Diener auf wunderbare Weise vor dem scharfen Blick der KGB-Agenten. Auch die Literatur wurde beim Ausladen und Transportieren bewahrt. Herr, dir sei Ehre und Preis! Deine Weisheit übersteigt alle unsere Gedanken.

Als später die sogenannte Tauwetter-Periode begann, konnte Nikolaj zu Viktor nach Deutschland reisen. Die Freunde besuchten dutzende der Gemeinden von Russlanddeutschen mit der Bitte um christliche Literatur. Die Gemeinden mussten nicht vom Defizit der Literatur überzeugt werden. Viele waren erst vor kurzem aus der UdSSR ausgewandert und verstanden diese Bitte. Sie überwiesen Geld auf das Konto der Mission »Licht im Osten«. Die Mission fügte noch eigene Spenden hinzu und schickte offiziell einen großen Container (zwanzig Tonnen) mit geistlicher Literatur: Evangelien, Bibeln und sehr viel Kinderliteratur. Alle Gemeinden Kirgistans freuten sich sehr und lobten Gott! Das war eine große Hilfe für das Volk Gottes.

Später bemerkte Viktor Blank scherzhaft: »Gorbatschow nahm mir die Arbeit weg, als er die Lieferung von geistlicher Literatur erlaubte.«

Eine große Hilfe leisteten die Mitarbeiter der Mission, die von Kirgistan nach Deutschland ausgewandert waren. Nikolaj beanspruchte oft ihre Unterstützung bezüglich Literatur. Gegen Ende seines Dienstes als Oberpresbyter gab es genügend geistliche Literatur: Alle Gemeinden in Kirgistan waren bis zum Überfluss versorgt. Viele Dankesgebete stiegen zu Gott für die Brüder Zorn und Bruder Blank, die wahre Anteilnahme und Liebe bewiesen hatten. Möge der Herr sie weiterhin dafür segnen, was sie in seinem Namen getan hatten und noch tun werden. Bei Gott bleibt nichts unbemerkt: sogar ein Glas Wasser, das im Namen Christi gereicht wird! Und ist das nicht eine geistliche Genugtuung zu wissen, dass jemand dich braucht und dein Dienst Christus wohlgefällig ist!

* * *

Zeitmangel war auch ein Problem. Zu Beginn seines Dienstes setzte Nikolaj sich das Ziel, alle Gemeinden regelmäßig zu besuchen. Das tat er im Laufe von 23 Jahren. Er besuchte jede Gemeinde nicht seltener als viermal jährlich, und einige kleine Gemeinden bis zu zehnmal im Jahr.

Zum Dienst gehörten die Mitwirkung in Gottesdiensten, Gespräche mit Leitenden und Mitgliedern, Gemeindestunden, Vorbereitung und Durchführung von Wahlen zum Dienst, Hilfe bei Problemen und Fragen. Donnerstags empfing er Gemeindemitglieder und Älteste in seinem Büro.

Zusätzlich besuchten die Diener Gottes den Oberpresbyter zu Hause. Seine Tür stand immer offen. Die Familie wusste Bescheid. Wenn es nachts um 02:00 Uhr klingelte – waren es die Brüder aus Leninpol; morgens um 06:00 – die Brüder aus Rot-Front; abends um 23:00 – die Brüder aus Romanovka; um 8:30 kamen Brüder, die eine Einladung vom Rat für religiöse Angelegenheiten erhielten. Die große Mehrheit der Ältesten und anderen Amtsträger ging nicht allein dorthin, sondern zusammen mit Nikolaj.

Außerdem war Nikolaj in die Revisionskommission gewählt worden; später – zum Mitglied der AUR. Er reiste oft nach Moskau sowie durch die ganze Sowjetunion, um Revisionen der Ältesten durchzuführen, an Ordinationen von Ältesten teilzunehmen, um Konflikte zu lösen und so weiter. Das brauchte Zeit und war anstrengend, was sich bald auf seine Gesundheit auswirkte.

1968 begann Nikolaj Bibelfernkurse in Moskau. Auch das brauchte seine Zeit: Er musste Seminararbeiten schreiben und sich auf die Prüfungen vorbereiten...

Schließlich erlitt Nikolaj einen Herzinfarkt, den er knapp überlebte. Er verbrachte einen ganzen Monat im Krankenhaus. Als er entlassen wurde, nahm er seinen Dienst mit doppelter Energie auf, um die verpasste Zeit nachzuholen. Als er bei seiner Absetzung vom Dienst mit Herzschmerzen die Stufen der Kanzel fast hinunterfiel, meinten einige ›Brüder‹ spottend, dass Nikolaj sich anstelle.

Als er nach Amerika emigrierte, wunderten sich die Ärzte beim Einwanderungscheck, dass er mit seinem Herz überhaupt noch am Leben war. Nikolaj wurde sofort ins Krankenhaus eingewiesen. Es folgten zwei Herzoperationen. Bis heute trägt er in sich einen Herzschrittmacher, der vierteljährlich eingestellt wird.

Das Fehlen der Telefone erschwerte den Dienst ebenfalls. Die Brüder mussten wegen jeder Kleinigkeit einander besuchen, was sehr zeitaufwendig war. Nikolajs Familie hörte oft vier Tage lang nichts von ihm, wenn er in einen entfernten Bezirk oder sogar über die Grenzen von Kirgistan hinaus verreiste. Anrufen konnte er nicht, weil sie zu Hause kein Telefon hatten. Die Post befand sich am anderen Stadtende. Seine Frau hatte weder Zeit noch Möglichkeit dorthin zu gehen.

* * *

Schwierig war auch die finanzielle Lage. Vor seinem geistlichen Dienst verdiente Nikolaj sehr viel. Als er ledig war, spendete er viel für Arme und Bedürftige und sparte nicht.

Als Oberpresbyter erhielt er 180 Rubel im Monat. Seine Familie begann Not zu leiden. Sie hatten kein eigenes Haus und mieteten eine Wohnung. Seine Frau war zu Hause mit den Kindern. Die Krippe oder der Kindergarten kamen für sie nicht infrage, weil dort atheistisch erzogen wurde. Nikolaj sagte damals zu seiner Frau:

»Bleibe zu Hause, auch wenn wir arm werden. Unsere Kinder sollen eine biblische Erziehung genießen.«

Die Frau war einverstanden. So wuchsen die Kinder in der christlichen Lehre auf, wurden von einer gläubigen Mutter erzogen, liebten die Gemeinde, die Bibel sowie das Gebet und wurden alle Christen. Heute sind sie alle Mitglieder einer Gemeinde. Nikolaj dankt Gott für die Segnung seiner Kinder und weiß, dass die Hauptlast der Kindererziehung auf den Schultern seiner Frau Katja lag, da er oft auf Reisen war.

In den 23 Jahren seines Dienstes als Oberpresbyter hatte er nur zweimal Urlaub. In seinem ganzen Leben war er weder an einem Kurort noch in einem Ferienhaus. Dazu hatte er keine Zeit und keine Mittel. Gott selbst stärkte ihn und gab ihm Kraft, damit er allen seinen Verpflichtungen nachgehen konnte.

Nikolajs Kinder mussten zwar nicht hungern, aber sie lebten bescheiden: keine Feinkost, Fleisch einmal in der Woche, Schokoladenbonbons sahen sie kaum, Kaviar kannten sie nicht. Die jüngeren Kinder trugen die Kleider

der älteren. Die älteste Tochter nähte zusammen mit der Mutter Kleidung für sich und ihre Geschwister. An allem wurde gespart. Doch Katja konnte leckere Gerichte zubereiten: aus einfachen Kartoffeln, Teigwaren, Gemüse und allerlei Grünem. Nikolaj kochte oft eine Soldatensuppe: nur Kartoffeln, Salz und Wasser. Aber die Kinder verspeisten diese Suppe mit großem Vergnügen. Nicht selten aß die Familie ein sogenanntes Türü: kaltes Wasser mit Zucker und Brotstückchen. Das schmeckte köstlich, besonders im heißen Sommer. Als Viktor Blank einmal Nikolaj besuchte, wurde ihm Türü serviert. Zu Hause verkündigte er dann seiner Frau, dass er heute das Mittagessen zubereite, und zwar für alle. Er hatte eine große Familie. Seine Frau überließ ihm freudig ihre Küche. Viktor füllte einen großen Topf mit kaltem Wasser, fügte drei Packungen Zucker hinzu, schnitt zwei Brotlaibe hinein und lud alle zum Tisch ein. Auch seine Familie aß Türü mit großem Appetit. Später sagten sie manchmal: »Lasst uns heute Türü machen, die Spezialität von Nikolaj!«

Einmal geschah Folgendes. Nikolaj erhielt Besuch aus dem Dorf Leninpol: Bruder Eduard Wall, der heute mit seiner Familie in Deutschland lebt. Eduard war beim Mittagessen dabei. Die Hausfrau stellte eine Suppe und Brot auf den Tisch. Eines der Kinder bat um den Segen und alle legten los. Eduard schwieg und beobachtete die Kinder beim Essen. Dann kostete er die Suppe. Zu Hause erzählte er den Brüdern:

»Ich war zum ersten Mal bei Nikolaj gewesen. Die Familie lud mich zum Mittagessen ein. Es gab Suppe. Welche? Wasser, einige Stückchen Kartoffeln und sonst nichts. Und das als Mittagsmahlzeit! Ich habe – so leid es mir tut – gedacht, dass die Suppe meinetwegen serviert wurde. Es konnte doch nicht sein, dass der Oberpresbyter und seine Familie sich so ernähren... Ich beobachtete, ob Vater und Kinder diese Brühe essen würden. Doch als ich sah, wie sie sich darauf stürzten und Nachschub wollten, begriff ich, dass sie tatsächlich solche Nahrung gewohnt waren. Ich konnte diese fade Brühe nicht essen. Meine Schweine futtern Besseres als die Kinder des Oberpresbyters.«

Am nächsten Tag trafen Brüder aus Leninpol ein: Robert Ekk, Eduard Wall und Valerij Friesen. Sie brachten Nikolaj ein ganzes geschlachtetes Schwein mit und sprachen: »Katja, bereite es für deine Kinder zu. Mögen sie so essen, wie alle Menschen unserer Zeit.«

Katja erklärte, dass es bei ihnen durchaus Suppen mit Fleisch oder Borschtsch gäbe, aber nur einmal in der Woche.

An jenem unvergesslichen Abend dankten die Kinder Gott und den Brüdern und aßen Fleisch nach Herzenslust.

Wie schwer war doch der lange und harte Winter 1969! In diesem Jahr wohnte Nikolajs Familie vorübergehend im Haus ihrer Verwandten, die nach Sibirien gingen. Der Ofen wärmte kaum; die Kohle war wie Staub und brannte sehr schlecht. Der Ofen musste Tag und Nacht geheizt werden. Vom Abend bis etwa drei Uhr nachts heizte Nikolaj. Dann übernahm seine Frau diese Aufgabe. Sie schliefen angezogen. Die Kinder begaben sich »ins warme Land«, wie sie es nannten: auf kleine Holzbänke, seitlich am Ofen. Dort schliefen sie im Sitzen. Gegen Morgen war es derart kalt, dass sogar das Wasser in Eimern gefror. So verbrachten sie den ganzen Winter. Sie konnten keine gute Kohle kaufen. Und sich über Finanzen bei den Brüdern zu beklagen, war Nikolaj nicht gewohnt. Gewiss war Gott mit ihnen. Trotz dieser Umstände erkrankte keines der Kinder. Sie fanden es sogar spannend, »wie die Menschen im Norden« zu leben. Wer auf Gott vertraut, bekommt einen hundertfachen Segen. Preis dem Herrn, der auch in Armut und Kälte ein glückliches Leben schenkt!

In den Jahren der materiellen Entbehrungen dachten sie an die Worte von Ivan Tatartschenko, des ehemaligen Oberpresbyters des Bezirkes Donezk. Es war im Jahr 1969. In der Stadt Sagorsk fand eine internationale Konferenz zum Weltschutz statt. Es reisten Delegationen aus verschiedenen Ländern und Konfessionen an. Sie trafen sich in einem Kloster.

Auch Baptisten waren eingeladen: alle Oberpresbyter der Sowjetrepubliken sowie zahlreiche Diener der Gemeinden. Nikolaj war dabei. Sie übernachteten in Klosterzellen der Mönche. Nach der Konferenz gab es Gespräche. Die orthodoxen Priester interessierten sich sehr für die Löhne der baptistischen Leiter, besonders der Oberpresbyter.

Die Brüder erklärten, dass ein Ältester der Gemeinde monatlich etwa 110 Rubel bekommt und der Oberpresbyter einer Republik 180 Rubel.

»So wenig?«, staunten die orthodoxen Priester und verkündigten stolz: »Wir erhalten fünfzehnmal mehr.«

»Ja«, antworteten die Brüder, »wir verdienen wie einfache Arbeiter.«

»Warum? Gibt es zu wenig Gottesdienstbesucher?«

»Nein, es gibt auch große Gemeinden: zehn Tausend und mehr Mitglieder in einer Republik oder im Bezirk.«

»Nein! So kann man doch nicht leben. Die Schrift sagt, dass ein Ochse, der drischt, auch essen soll. Sie müssen mehr Lohn fordern«, belehrten die Priester.

Darauf entgegnete Tatartschenko:

»Ja, die Schrift erlaubt dem dreschenden Ochsen zu essen, aber nicht sich vollfressen, sonst wird er nicht mehr dreschen. Wir bekommen deswegen wenig, weil wir hier auf Erden für unsere Arbeit nur den Vorschuss erhalten. Der volle Lohn wartet im Himmel. Und ihr bekommt schon alles auf Erden.«

Die Priester blickten einander an und schwiegen. Dann wechselten sie das Thema.

An diese Worte: »Wir erhalten hier nur den Vorschuss und den vollen Lohn im Himmel«, erinnerte sich Nikolaj immer wieder und sie trösteten ihn in schwierigen Tagen.

Ja, wehe den Dienern, die sich wegen der Belohnung abmühen und bestrebt sind, möglichst viel auf Erden zu erhalten, wozu sie sogar List anwenden, heucheln und lügen. Und was bekommen sie dann in der Ewigkeit? Womit rechnen sie? Was werden sie vom Herrn hören? Und wie geht es ihren armen Gemeinden? Denn sie irren zusammen mit ihren Leitern! Christus lehrt: »Wenn aber ein Blinder den anderen leitet, werden beide in die Grube fallen.« (Mt 15:14)

Wie schön wird es sein, die gütigen Worte des Erlösers zu hören: »Recht so, du guter und treuer Knecht! Geh ein zur Freude deines Herrn!«

Diese Worte wird derjenige hören, der seinen Dienst um des Herrn willen getan hat, wer mit wenigem zufrieden war, der nicht pikant essen und weich schlafen wollte, der nicht geizig war, der nicht Auszeichnungen und weichem Sessel nachjagte! Das alles vergeht. Außer bitterer Enttäuschung und Bedauern bringt es hier nichts, umso weniger in der Ewigkeit.

Seid fleißig, ihr Kinder Gottes! Denkt nicht an sich, sondern an das Volk Gottes! Strebt nach ewigen Schätzen, die Gott gefallen! Dann werdet ihr glücklich sein, zusammen mit allen, die euch nachfolgen, die ihr belehrt und die Christus erlöst hat.

FREUDEN UND SEGEN IM DIENST

Dieses Kapitel soll mit den Worten des Patriarchen Jakob beginnen: »Ich bin zu gering für alle Gnade und Treue, die du an deinem Knecht bewiesen hast!« (1Mo 32:11)

Jemand sagte: »Wenn Wolken die Sonne bedecken, dann nur deswegen, damit sie sich im wohltuenden Regen ergießen.« So ist es auch im Leben von Christen: »Je größer die Not, desto näher ist Gott!« Manche Nöte bewirkt Gott selber, manche lässt er zu.

Alle Schwierigkeiten in Nikolajs Dienst als Oberpresbyter, die Gott zuließ, wurden in Segensströme verwandelt!

Fangen wir in der gleichen Reihenfolge an wie bei den Schwierigkeiten.

Die erste Schwierigkeit im Dienst war das schwere Erbe des Vorgängers. Nikolaj, der schon in Sibirien gelernt hatte, keine Kompromisse mit dem Gewissen zu schließen, sondern Gott gemäß dem Evangelium zu dienen, war von dem geistlichen Zustand der Gemeinden niedergeschlagen. Sein inniges Gebet und die Gebete seiner Freunde stärkten Nikolaj in seinem Wunsch, das geistliche Leben der Gemeinden zu erneuern.

Der ruhige Jakov Schidkov sprach zu ihm:
»Bruder, du beginnst deinen Dienst mit einer geistlichen Revolution.«

Darauf antwortete Nikolaj:
»Die Revolution brachte ja ein besseres Leben, oder?«
»Das mag sein, doch es sind andere Zeiten«, bedauerte Schidkov väterlich. »Und während der Revolution kamen viele um, so auch heute...«
»Aber Gott ist mit uns! Und unsere Revolution ist geistlich!«

Nach seinen Gesprächen in Moskau im Rat für religiöse Angelegenheiten der UdSSR sowie mit Jakov Schidkov und Aleksandr Karev fühlte Nikolaj sich in seinem Vorhaben bestätigt. Nach langen und offenen Gesprächen mit der Leitung der AUR wurde eine unausgesprochene Vereinbarung getroffen: Wenn die AUR-Leiter auch nicht bei »seiner Revolution« helfen, so werden sie wenigstens nicht stören. Was sie zugegebenermaßen einhielten.

Bei späteren Treffen in Moskau nannten sie Nikolaj »Evangelistischer Revolutionär«. Er nahm diese neue Bezeichnung gern an, weil sie ihm entsprach.

Nach ungefähr zwei Jahren veränderten sich die EChB-Gemeinden in Kirgistan. Unter dem Wirken des Heiligen Geistes begann in Gemeinden eine Erweckung und eine geistliche Wiedergeburt des Volkes Gottes: Kinder und

Jugendliche in Gebetshäusern; Jugendchöre und Orchester; junge Prediger; Jugendtreffen in Gemeinden und in der freien Natur; Besuche der anderen Gemeinden; jährliche Sitzungen der Diener in Kirgistan unter der Leitung des Oberpresbyters und ohne staatliche Behörden (was in Sowjetrepubliken an der Tagesordnung war); sachliche Mitgliederversammlungen, ohne Bewilligung der Regierung; öffentliche Massentaufen und Taufen in Bergen, auch von Jugendlichen unter achtzehn Jahren.

Mit der Zeit wurden die geheimen Taufen bekannt und Nikolaj musste Rechenschaft geben. Doch die Freude an neuen Gemeindemitgliedern sowie ihre erste Liebe und ihr Eifer ermutigten ihn immer wieder zu solchen Taufen. Das stand im Widerspruch zum Gesetz der religiösen Kulte, aber die Taufe wurde höher geachtet. Die Menschen ließen sich gemäß ihres Glaubens taufen.

Damit sind viele Erinnerungen verbunden. Hier eine davon. In der Gemeinde Frunse bekehrte sich ein bedeutender Mann des Militärs. Seine Taufe fand in den Bergen statt und er wurde Gemeindemitglied. Anschließend war er nicht nur Prediger, sondern auch Ältester in der kirgisischen Stadt Osch.

Es gab auch bekannte Persönlichkeiten, die sich nicht vor einer öffentlichen Taufe scheuten. Beispielsweise eine Schwester, eine Abgeordnete des Stadtrates. Sie lud zu ihrer Taufe ihre Arbeitskollegen und Freunde ein und bezeugte vor ihnen den Glauben an Jesus Christus.

Am nächsten Tag wurde Nikolaj zum Bevollmächtigten für religiöse Angelegenheiten einbestellt, wo er den Druck der Widersacher Gottes aushalten musste:

»Wie hast du es gewagt, eine Kommunistin, eine Stadträtin zusammen mit ungehobelten Leuten zu taufen, sie mit anderen gleichzustellen? Das ist eine Beleidigung und ein Eingriff in die Freiheitsrechte...«

»Ich taufte sie gemäß ihrem Wunsch. Es war kein Eingriff in ihre Freiheit. Und auch wenn sie eine Stadträtin ist – bei uns sind alle gleich, unabhängig vom Status und

Beruf. Aber ich machte trotzdem eine Ausnahme für sie – und taufte sie als erste. Auf diese Weise wurde sie privilegiert. Eigentlich müssten sie mich für diese Taufe loben, nicht beschimpfen«, erklärte Nikolaj.

Wegen dieses Vorfalls wurden der Älteste, die Getaufte und die städtischen Behörden eingeladen. Sie waren sogar im Ministerium der Kirgisischen Sowjetrepublik. Somit sorgte die Regierung selbst dafür, dass diese Taufe auch für hochrangige Leute zum Zeugnis wurde. Die Schwester bezeugte den Glauben an Gott und an das Opfer Jesu Christi auf Golgatha. Wie viel Ehre haben diese Menschen Gott durch ihre Bekehrung und ihr christliches Leben erwiesen!

Viel Freude und Zufriedenheit bringt die Erkenntnis, dass während Nikolajs 23-jährigen Dienstes die Behörde keinen einzigen Ältesten und keinen einzigen Prediger absetzen konnte, obwohl einige Beamten sich sehr bemühten.

Die Ältesten wurden nicht mehr nach dem Wunsch der Behörden gewählt, sondern allein nach der einmütigen Entscheidung der örtlichen Gemeinden!

Natürlich gab es auch Schwierigkeiten. Der Bevollmächtigte wollte solche Brüder nicht als legitim anerkennen. Das hatte wiederum den Vorteil, dass die Brüder seine Einladungen ignorierten, da sie nicht als registrierte Älteste anerkannt wurden. Aber sie dienten der Gemeinde als Gewählte: durch das Volk und für das Volk. Nach einer gewissen Zeit händigte der Bevollmächtigte den Brüdern die Registrierung aus und bestätigte sie damit als Älteste.

P*reis sei dir, Herr, für deine mächtige Hand! Wir sahen sie und deshalb verneigen wir uns vor dir!*

* * *

Welch eine Freude erfüllte die Herzen, wenn die Krankenschwestern oder die Medizin-Studenten dank der Fürsprache das Examen ablegen durften – in Anwesenheit des Ältesten der Gemeinde; und sie hatten gute Noten und bekamen ihr Diplom! Nikolaj erlebte folgende Wahrheit des Evangeliums: »Wenn ein Glied leidet, so leiden alle Glieder mit; und wenn ein Glied geehrt wird, so freuen sich alle Glieder mit.« (1Kor 12:26) Das bedeutete, dass ihre Freude auf ihn übersprang. Da freute sich die Seele!

* * *

Die Mitglieder der Gemeinde in Leninpol, die heute in Deutschland leben, haben sicherlich das Fest zum 100-jährigen Jubiläum ihrer Gemeinde nicht vergessen. Damals versuchten alle Kräfte der Hölle dieses Fest zu verhindern. Doch es fand statt. Diese Feierlichkeit wurde zum markanten Zeugnis für die Dorfbehörden, für den Bezirk, für die Hauptstadt von Kirgistan und sogar für Moskau.

Nikolaj erinnert sich noch heute an alle Einzelheiten. Er ist den Brüdern aus Rot-Front sehr dankbar, weil sie den Mut fanden, die Geschichte dieser Gemeinde in Gegenwart der Regierung vorzulesen!

* * *

1975 – der Bau des Gebetshauses in der Hauptstadt Frunse! Es war der erste Bau eines neuen Gebetshauses in der UdSSR. Bis zu diesem Zeitpunkt erlaubten die Behörden lediglich ein Privathaus zu kaufen, die Innenwände einzureißen und die Decke zu erhöhen – das war alles. Aber auf einem neuen Grundstück ein neues Gebetshaus zu bauen – das kannten die Sowjetbehörde der Nachkriegszeit nicht. Doch die einmütige Bruderschaft hielt dieser schweren Prüfung stand und erhielt die Baugenehmigung. Um die Brüder zum Kauf und Umbau eines Hauses zu überreden, reisten sogar die Beauftragten des Rates für religiöse Angelegenheiten aus Moskau an, auch die Vertreter der AUR kamen, etwa S. Fadjuchin. Wie oft musste Nikolaj diesbezüglich nach Moskau!

Doch die Ortsgemeinde betete weiter und die Brüder wandten sich wiederholt an alle Instanzen. Und siehe: im Frühjahr 1975 genehmigten die Behörden der Gemeinde den Kauf von zwei Privathäusern. Zum freiwilligen Arbeitseinsatz erschien fast die ganze Gemeinde. An einem Tag wurden beide Häuser abgerissen und der Schutt abtransportiert. Damit war das Grundstück für den Bau des neuen Gebetshauses vorbereitet.

Freudig und einmütig arbeiteten sie in zwei Schichten: Jung und Alt, Männer und Frauen. Alle hatten eine Beschäftigung und alle arbeiteten für den Herrn mit Hingabe! Viktor Blank war Bauleiter und Nikolaj – Bauingenieur. Diese Zeit wird keiner der Beteiligten vergessen! Bis zum Herbst war das neue Gebetshaus gebaut und wurde von der staatlichen Kommission mit »Gut« abgenommen, obwohl alle für »Ausgezeichnet« waren. Doch um andere wichtige staatliche Objekte nicht in den Schatten zu stellen (Frunse hatte nur zwei Objekte mit »Ausgezeichnet«), bewertete die Kommission mit »Gut«, womit die Brüder einverstanden waren.

Besonderes Interesse der Baukommission galt den runden Eisenbetonsäulen, die das gesamte Gewicht der Emporen trugen. Die Betonstahlsäulen waren mit geschnittenen Stahlrohrstreifen umrahmt und von innen verschweißt. Wo lag das Geheimnis ihrer Schönheit und Stabilität? Wie konnte bei bereits gegossenem Beton von innen geschweißt werden?

Alle, die im Gebetshaus Frunse waren, kennen den breiten und gut eingerichteten Raum unter dem Saal. Allerdings kennen die Wenigsten seine Geschichte. Dieses Untergeschoss wurde nicht genehmigt. Er fehlte auch im Bauplan. Doch die Brüder wussten, wie notwendig er war: für Jugendstunden, Kinderstunden, gemeinsame Mahlzeiten und andere Zwecke.

Deswegen wurde beim Ausheben tiefer gegraben. Einige verstanden dies nicht; sie sprachen von unnötiger Arbeit für Bagger- und Lastfahrer. Doch die Brüder machten weiter, zumal die zusätzliche Grube nichts kostete; und zwar aus folgendem Grund: Die Brüder mieteten für einen Samstag einen Bagger mit einem jungen Baggerführer, welcher der Ortsgemeinde nahestand. Außerdem wollte er eine junge Frau aus der Gemeinde heiraten. Die Brüder sagten ihm: »Wenn du in der gemieteten Zeit diese Baugrube aushebst, so gehört die Braut dir.«

Er legte los. Sein Eifer war nicht in Worte zu fassen! Die vielen Lastwagen kamen beim Abtransportieren der Erde nicht hinterher. Er verließ die Kabine nicht einmal für die Mittagspause – er aß im Bagger und schuftete. An einem einzigen Tag hatte er die ganze Baugrube geschafft.

Sobald die Betonmauern hochgezogen waren, wurde die Grube mit Eisenbetonplatten abgedeckt und der Bau auf einer ebenen Fläche fortgesetzt.

Nach einer gewissen Zeit nahm die staatliche Kommission das Gebetshaus ab. Erst als die Stadtleitung wechselte, suchten Viktor und Nikolaj den Hauptarchitekten der Stadt auf, um die Genehmigung für den Bau des Kellerraumes zu bekommen.

Sie wurden vom Vertreter des Hauptarchitekten empfangen, da sein Vorgesetzter abwesend war. Er las den Antrag durch und lachte:

»Wie? Habt ihr den Verstand verloren? Wollt ihr, dass wir alle ins Gefängnis kommen? Keiner wird das genehmigen: einen Keller unter einem Saal mit Menschen zu bauen. Nein und nochmals nein! Das wird es nicht geben!«

»Doch!«, antworteten die Brüder fest.

Sie stellten wieder einen Antrag und wollten den Hauptarchitekten sprechen. Der Architekt war ein vernünftiger und tüchtiger Mann: Gennadi Kutateladse. Er pflegte ein gutes Verhältnis zu den Brüdern und wusste vom Kellerraum. Er bat sie allerdings, mit der Genehmigung zu warten.

Die Brüder schilderten dem Architekten ihren ersten Besuch und das Gespräch mit seinem Stellvertreter. Sie baten, den Antrag zu unterschreiben. Dieser rief seinen

Stellvertreter und reichte ihm den Antrag der Brüder. Ohne zu Ende gelesen zu haben, lachte dieser wieder und erklärte, dass er diesen Antrag bereits abgelehnt hatte. Er meinte, die Baptisten hätten große Wünsche, aber keinen Verstand. Wie könnten sie nur auf eine solche Idee kommen; sie kennen keine Regeln. Noch viel Böses sagte er über die Brüder.

Nach der langen Anklage nahm der Hauptarchitekt den Antrag und unterschrieb ihn: »Wir bewilligen den Bau des Kellerraumes«. Auch der Stellvertreter sollte unterschreiben. Dieser sprang auf, schrie und meinte, dass Herr Kutateladse diese Entscheidung bedauern würde.

Der Hauptarchitekt sprach ruhig:

»Grübeln sollen diese Leute. Sie besitzen auch ein Denkvermögen. Sie kennen alle Regeln des Bauens.« Schließlich fragte er die Brüder: »Seid ihr mit dem Auto hier?«

»Ja«, war die Antwort.

»Dann nehmt ihn mit, damit er es selbst sieht. Ich habe ja schon alles gesehen.«

Die Brüder brachten den Stellvertreter zum Gebetshaus. Beim Eingang zum Saal öffneten sie eine Klappe in der Wand und zündeten das Licht an. Der Stellvertreter steckte den Kopf in die Öffnung und entdeckte ein sauberes und gut beleuchtetes Untergeschoss.

»Wie? Es ist schon fertig? Wann habt ihr das geschafft?«

»Noch vor dem Bau des Gebetshauses; unter Beachtung aller Bauvorschriften.«

Erstaunt und entmutigt berichtete der Stellvertreter alles dem Hauptarchitekten. Anschließend unterschrieb auch er den ›Bau des Untergeschosses‹. Der Hauptarchitekt bemerkte:

»Die klugen Baptisten! Wenn die Bauherren unter jedem Wohnhaus ein solches Untergeschoss geplant hätten, würde unsere Jugend nicht auf den Straßen herumhängen und Abenteuer suchen. Wie viele Kinder- und Jugendtreffs könnten ohne erhebliche Zusatzkosten stattfinden!«

Die Brüder setzten die eingeplante Tür zum Untergeschoss ein, verputzten, strichen die Wände weiß – und schenkten der Gemeinde einen weiteren, großen und wunderschönen Raum. Nun begriffen alle, warum damals eine große Baugrube ausgehoben wurde. Der Herr war mit seinem Volk. Seine Leitung und sein Wachen begleiteten den Bau! Ehre sei Gott für seine Fürsorge!

Am ersten Arbeitstag, als beide Häuser abgerissen wurden, stellte ein Auto ein großes Fass ab; eine Frau rief die Bauleiter zu sich.

»Womit können wir helfen?«, fragten die Brüder.

»Ich möchte, dass eure Arbeiter den ganzen Tag Kwas trinken können, so viel sie wollen«, antwortete sie freundlich.

»Wie viel kostet ihr Kwas, das ganze Fass?«

»Das braucht euch nicht zu kümmern. Ich mache es umsonst und von ganzem Herzen.«

»Ist ihr Kwas gut? Werden die Arbeiter nicht krank?«

»Natürlich nicht! Er ist ganz frisch. Ich habe selbst alles vorbereitet. Macht euch keine Sorgen.«

»Erlauben sie uns zuvor zu kosten!«, baten die Brüder.

Der Kwas war tatsächlich frisch, kühl und lecker. Im Laufe des Tages konnten alle ihren Durst löschen. Sie dankten dieser Frau und Gott, dass er ihr Herz zu dieser guten und notwendigen Tat bewegt hatte!

Und die heißen Teigtaschen von Nachbarn! Die gemeinsamen Mahlzeiten auf der Baustelle! Wahrlich, eine Familie Gottes! Welche Kraft, welches Zeugnis für die Umgebung!

»Die Baptisten bauen ein neues Gebetshaus« – diese Nachricht verbreitete sich in der ganzen Stadt und fand Resonanz in einzelnen Herzen, die beim Erwerb von fehlendem Baumaterial viel halfen: Zement, Armaturen, Eisenbetonplatten. Möge Gott selbst das alles Gute vergelten!

* * *

Auch die große Taufe in der Gemeinde Kant bleibt in Erinnerung. Damals bezeugten gemeinsam mit älteren Menschen dutzende Jugendliche ihre Glauben an Christus. Der Älteste der Gemeinde, Bruder Ivan Martens, lud Nikolaj zu dieser Taufe ein, um bei der Handauflegung zu unterstützen. Wie herrlich war es, den Täuflingen zu gratulieren und ihnen ein neues christliches Liederbuch zu schenken, das damals ein großes Defizit war. Nikolaj vergisst nicht ihre in himmlischer Freude strahlenden Gesichter, als sie behutsam ihre wertvollen Liederbücher in Händen hielten.

War es nicht Gott, der die Nachfrage der Gläubigen nach christlicher Literatur bis zum Überfluss abgedeckt hatte?

* * *

Unvergesslich bleiben die Besuche in Gefängnissen und im LTP: Therapiezentrum für Alkohol- und Drogenabhängige mit Einschränkung der Freiheit. Mit großer Mühe erhielt Nikolaj die Bewilligung des Innenministeriums. Der erste Besuch im LTP war sehr interessant. Im Gespräch mit dem Innenminister von Kirgistan bewies Nikolaj den Nutzen solcher Besuche. Er versicherte, dass Patienten, die von der Gesellschaft isoliert werden, völlig verwildern. Die Gläubigen würden sie erziehen, ihnen erklären, wie schädlich Alkohol und Drogen seien und sie in das bürgerliche und geistliche Leben eingliedern.

Darauf antwortete der Minister, dass die Patienten von LTP intelligent und erzogen seien, weil sie genug Vorlesungen und Konzerten bekämen und selbst künstlerisch aktiv seien.

Nikolaj ließ sich zu einem Auftritt der Patienten einladen. Eine Woche später war Nikolaj im LTP, wo er zum Versammlungsraum begleitet wurde. Der erste Programmpunkt war das Lied »Die Partei ist unser Steuermann«, das der Moderator feierlich mit kräftiger Stimme ankündigte. Der Chor sang disharmonisch, aber ziemlich laut.

Nikolaj wusste nicht, ob er lachen oder weinen sollte, bleiben oder weglaufen! Er bat den danebensitzenden Leiter, ihn zum Ausgang zu begleiten.

»Warum?«, staunte dieser. »Gefällt ihnen das Konzert nicht? Es hat erst angefangen.«

»Zum Glück hat es erst begonnen!«, antwortete Nikolaj und erhob sich. Der Leiter führte ihn nach draußen.

Am nächsten Tag war Nikolaj zusammen mit dem Leiter des LTPs beim Innenminister. Es fand ein offenes Gespräch über das gehörte Lied statt.

»Überlegt mal«, erklärte Nikolaj, »die Alkoholiker und Drogenabhängigen singen, dass die Partei ihr Steuermann sei. Was ist das für ein Steuermann? Unter der Leitung der Partei kamen sie ins LTP und unter dieser Leitung leben sie weiter als Drogen- oder Alkoholsüchtige? Was würde die Partei zu diesem Lied sagen?«

»Gut, dass am Konzert niemand von dieser Leitung der Republik anwesend war.«

Der Minister dankte Nikolaj herzlich für seine Bemerkung. Gern erlaubte er den Gläubigen das LTP und sogar die Gefängnisse zu besuchen. Und dem Leiter des LTPs wurde nahegelegt, in Zukunft das Repertoire besser zu überdenken und mit Nikolaj zu besprechen.

Anfangs waren die Mitarbeiter im LTP und in Gefängnissen sehr zurückhaltend. Die Leitung fand diese Besuche nicht ungefährlich und nutzlos. Zuerst durften nur wenige Besucher in Begleitung bewaffneter Wache kommen. Doch bald beruhigten sie sich. Beim ersten Besuch weinten die Gefangenen und ergriffen die Hände der Christen, als sie den Versammlungsraum verließen. Die Gefängnisadministration staunte sehr:

»Wie? Diese Kriminelle mit blutbefleckten Händen können weinen? Haben sie etwa ein Herz? Sind sie für Christen nicht gefährlich? Wie könnt ihr diesen Sträflingen vertrauen?«

Doch die Gläubigen vertrauten. Sie hatten Gemeinschaft mit Häftlingen und umarmten sie beim Abschied.

Die Leitungen des LTPs und der Gefängnisse waren bald vom Nutzen solcher Treffen überzeugt.

Irgendwann bat der Gefängnisleiter Nikolaj, möglichst schnell ins Gefängnis zu kommen; es wäre ganz dringend.

Nikolaj begab sich sofort dahin. Der Gefängnisleiter wartete bereits am Durchgang. Schnell waren die Formalitäten erledigt. Sie betraten eine Zelle, in der ein hochgewachsener aufgebrachter Mann in Handschellen saß.

»Hier, schau mal! Er plante mich umzubringen!«

»Woher wissen sie das?«, fragte Nikolaj.

»Er gab es zu, sogar schriftlich.«

Der Direktor zog einen Brief aus seiner Tasche und gab ihn Nikolaj. Tatsächlich gestand der Häftling, den Gefängnisleiter töten zu wollen; und zwar wegen seiner Willkür und seiner Verhöhnung gegenüber den Sträflingen. Weiter schrieb dieser Mann, dass er unter dem Einfluss der Gläubigen, ihren Predigten und Liedern sich entschieden hatte, seine Hände nicht mit Blut zu beflecken.

»Haben sie diesen Brief geschrieben?«, fragte Nikolaj und setzte sich auf die Pritsche neben den Gefangenen.

»Ja, ich«, antwortete der Mann mit gesenktem Haupt.

»Nun, das ist gut! Sehr gut. Er wollte sie umbringen und hat sich umentschieden. Das steht hier deutlich geschrieben«, wandte sich Nikolaj an den Leiter.

»Aber ich glaube ihm nicht!«, schrie dieser. »Deswegen habe ich ihn in Handschellen in diese Einzelzelle gesteckt.«

»Lassen sie das! Nehmen sie die Handschellen ab und bringen sie ihn zurück«, bat Nikolaj.

»Das mache ich nicht! Ich lasse ihm im Karzer verrecken!«, brüllte der Leiter.

Nikolaj bat um ein Gespräch unter vier Augen. Lange und ausführlich erklärte er dem Gefängnisleiter, wie wichtig es sei, dem Häftling die Handschellen abzunehmen und aus der Einzellzelle zu befreien. Schließlich willigte dieser ein, und sie gingen wieder in den Karzer. Der Häftling stand auf Knien und bemerkte sie nicht. Als er sie sah, sprang er auf und setzte sich mit dem Gesicht zur Wand.

Der Leiter und Nikolaj traten näher und bemerkten Tränen auf seinen Wangen. Es war irgendwie unheimlich, diesen finsteren Mörder weinen zu sehen. Der Leiter öffnete die Handschellen. Da fiel der Häftling wieder auf seine Knie und schluchzte laut! Nikolaj gab mit einem Handzeichen zu verstehen, dass er mit dem Häftling allein bleiben wollte. Der Leiter verließ die Zelle.

Nikolaj umarmte den Mann und weinte auch. So verharrten sie einige Minuten auf den Knien, dann umarmte dieser furchterregende Mann Nikolaj kräftig und schluchzte wieder. Nikolaj begann laut zu beten und bat Gott, den Weinenden zu trösten, ihm die Sünden zu vergeben und ihn zu beruhigen; und wenn das sein Wille sei, auch aus dem Gefängnis zu befreien. Allmählich beruhigte sich der Häftling. Er erhob den Kopf, schaute Nikolaj an – und küsste ihn kräftig. Sie setzten sich auf die Pritsche und der Gefangene erzählte seine traurige Lebensgeschichte.

Die Geschichte dieses Mannes war erschütternd. Er hatte fünf Morde auf dem Gewissen, sechs Vorstrafen und schließlich – die lebenslängliche Haft.

Verbittert auf alle, ohne Hoffnung, von keinem freundlich behandelt – wollte er schon zweimal sich das Leben nehmen, doch er traute sich nicht, diese schreckliche Idee umzusetzen.

Der Gläubige tröstete ihn: Er wolle für ihn beten und eine Fürbitte nach Moskau schreiben.

Beim nächsten Besuch schenkte Nikolaj dem Häftling ein Neues Testament. Der Mann sagte, dass er weiterhin betete. Der Gefängnisleiter berichtete nur positives über ihn und ließ ihn als Bauleiter arbeiten. Nikolaj erzählte über die Fürbitte für den Häftling und hielt den Leiter an, die Befreiung zu fördern.

Der Leiter fürchtete immer noch um sein Leben und bat Nikolaj, am nächsten Samstag mit einer Gruppe zu kommen.

»Warum diese Eile?«, fragte Nikolaj erfreut. »Dieser Häftling ist für sie und andere nicht mehr gefährlich.«

»Ja, er nicht, aber vielleicht gibt es in unserem Gefängnis andere, die mit mir abrechnen wollen. Und ich möchte noch leben!«

»Sie haben Angst um ihr irdisches Leben, aber warum sorgen sie sich nicht um ihr ewiges Leben?.. Gut, wir kommen nächsten Samstag. Allerdings sollen sie Konsequenzen ziehen: also barmherziger mit den Gefangenen umgehen, die es schon schwer genug haben...«

Der Leiter versprach, sein Verhalten zu ändern, weil er um sein Leben fürchtete.

Welch eine Freude – diejenigen zu sehen, die Christus verändert, äußerlich und innerlich, sie zum neuen Leben auferweckt! Jemand sagte: »*Wenn Satan aus Schafen blutdürstige Wölfe macht, so verwandelt Christus sogar reißende Wölfe in ruhige Lämmlein.*« *Das ist ein großes Wunder! Preis sei Gott für seine vielen Wunder, die es auch heute gibt!*

* * *

Manchmal erhalten wir eine gesegnete Lektion dort, wo wir nicht damit rechnen! So erging es Nikolaj beim Besuch eines Seniorenheimes. Nicht weit von Frunse gibt es ein solches Haus. Er suchte es mit einigen Schwestern auf, um die alten Menschen zu ermutigen und ihnen Freude zu bereiten.

Die Heimbewohner versammelten sich im Aufenthaltsraum. Die Gäste verteilten Geschenke, sangen Lieder und sagten Gedichte auf. Dann sprach Nikolaj zu den Bewohnern. Er las Psalm 92:13-16 vor. Mehrmals redete er sie mit »alte Männer« und »alte Frauen« an. Plötzlich stand ein Mann auf und rief munter aus:

»Nenne uns nicht alt! Wir haben das Alter noch nicht erreicht!«

Nikolaj war ein bisschen verwirrt von dieser unerwarteten Unterbrechung und blickte erstaunt in den Saal. Vor ihm saßen alte Menschen. Er fragte nach:

»Aber wie soll ich euch nennen? Wie alt seid ihr?«
»Ich bin erst zweiundsiebzig und der älteste hier ist erst vierundachtzig Jahre alt!«

Nikolaj schwieg verlegen. Wie sollte er diese Menschen ansprechen? Der »noch nicht alte« Heimbewohner half ihm aus seiner Verlegenheit:

»Gehen sie nach draußen, junger Mann, und lesen sie das Schild auf unserem Haus.«

Nikolaj ging und las: Seniorenheim. Er kam wieder herein und verkündete:

»Dort steht ›Seniorenheim‹. Deshalb sage ich auch ›alte Menschen‹. Ich habe keinen beleidigen wollen.«

»Du hast richtig gelesen«, erklärte der Mann, »aber du redest falsch. Wir sind Senioren, also ältere, aber nicht alt. Wir sind noch im Voralter; das Alter liegt noch vor uns. Wir sind noch tatkräftig!«

»Und wann beginnt das Alter?«

»Es beginnt dann, wenn der Mensch sich alt fühlt. Er kann schon mit dreißig Jahren alt sein.«

Nikolaj bezeichnete die Senioren nicht mehr als alte Leute. Er wünschte ihnen Gottes Segen und betete für sie.

An diese Lektion erinnert sich Nikolaj noch heute, kurz vor seinem siebzigsten Geburtstag. Wir sollen uns vor dem kommenden Alter nicht fürchten, sollen nicht weinen, verzagen, murren und sich als unbrauchbar abschreiben, sondern diesem Alter freudig entgegenkommen, denn »Kindheit und Jugend sind fast allen gegeben, aber das Alter – nur den Auserwählten«. Wir altern – Gott hat es festgelegt! Und wir Christen müssen das Alter nicht fürchten, denn wir haben ein »segensreiches Alter – die Kindheit der Unsterblichkeit«.

Gesegnet, wer in alten Jahren
Die ganze Frische noch bewahrt,
Bei wem die schwere Todesbahre
Nicht ausgesaugt die Geisteskraft...

Und ihr, junge Menschen, solltet nicht mit dreißig Jahren wie Alte sein! Vergesst auch die Betagten nicht. An der Wand eines Seniorenheims war geschrieben: »Wir sind noch nicht ganz vergessen!«
Kinder, zeigt den älteren Menschen, dass sie noch geliebt werden und nicht vergessen sind!
Jemand sagte: »Alt bist du dann, wenn du alle Fragen beantworten kannst, aber niemand fragt dich!«

* * *

An dieser Stelle sei ein bedeutendes Erlebnis erwähnt, das tiefe Spuren in Nikolajs Leben hinterließ. Obwohl das Ereignis keinen direkten Bezug zu seinem Dienst hatte, half es ihm bei Gesprächen mit Ungläubigen.

Als Nikolaj mit siebzehn Jahren die Mittelschule beendet hatte, war er mit anderen Schülern in Sankt Petersburg. Im Vorort Pulkovo gibt es ein großes Observatorium, eine Sternwarte. Nikolaj war zweimal dort: tagsüber und nachts. Er hatte das Glück durch das große Teleskop nachts den Sternenhimmel und tagsüber die Sonne zu betrachten. Das war unbeschreiblich!

Ein majestätischer Anblick bot sich seinen Augen. Wie leuchtende Teller funkelten sehr große Sterne mit einem geheimnisvollen Licht am finsteren Himmel; der Horizont war von hellen Blitzen der Sternschnuppen durchzogen. Der Himmel schien sich der Erde zu nähern. Das war in der Nacht.

Die Mitarbeiter des Observatoriums erklärten, dass die genaueste Zeit anhand eines bestimmten Sterns ermittelt wird, der seine Bahn durchläuft und genau um zwölf Uhr nachts an dieselbe Stelle zurückkehrt, wobei er die gleiche Linie auf dem Glas des Teleskops passiert. So ist es schon seit Jahrtausenden.

Es war beängstigend, tagsüber durch ein Teleskop auf die Sonne zu blicken. Ein glühender großer Ball schwebte in der Luft. Aus diesem feurigen Ball schossen mächtige Protuberanzen heraus, ähnlich langen Flammenzungen, die wieder hineingezogen wurden. Es war zu sehen, wie die Sonne tief und schwer atmete, wie diese gewaltige Maße anschwoll, brodelte und keine Minute ruhte. Es schien, als ob diese ganze brodelnde Feuermasse jeden Augenblick auf die Erde fallen würde. Der Astronom erklärte, dass die Sonne heute ganz ruhig sei. Aber wenn sie manchmal unruhig werde, entstehe ein noch eindrucksvolleres Bild.

Nikolaj war beeindruckt. Neben der Ehrfurcht erfüllte sein Herz die Begeisterung für die Größe, Allmacht und Weisheit des Schöpfers dieses wunderbaren Weltalls!

Die Erklärungen lieferte ein betagter Astronom mit weißem Bart und beachtlicher Glatze. Als Nikolaj mit den Mitschülern auf der Plattform stand, fragte er ihn:

»Was bedeutet das alles? Einige behaupten, dass Gott es geschaffen hätte, die anderen schreiben es der Natur zu. Wer hat recht?«

»Sie müssen nachdenken, junger Mann!«, lautete die Antwort.

Nikolaj dachte: »Super, dieser Gelehrter!« Für diese Antwort hätte er gern seine Glatze geküsst.

Doch das war in den schrecklichen stalinistischen Jahren. Es durfte absolut nicht über Gott gesprochen werden. Um den Astronomen nicht herauszufordern, schwieg Nikolaj.

Die gedämpften und schweigenden Schüler schlichen fast auf Zehenspitzen die Treppe hinunter und verließen leise das Observatorium.

Nach vielen Jahren erinnert sich Nikolaj an das Gesehene und Gehörte, als wäre alles gestern passiert.

》 *Herr, unser Herrscher, wie herrlich ist dein Name auf der ganzen Erde [...]. Wenn ich deinen Himmel betrachte, das Werk deiner Finger, den Mond und die Sterne, die du bereitet hast: Was ist der Mensch, dass du an ihn gedenkst, und der Sohn des Menschen, dass du auf ihn achtest?« (Ps 8:2,4-5)*

***

Alle Nöte in Nikolajs Dienst und die Ränke der Feinde verblassen neben der Liebe und dem Vertrauen, die ihm wahre Kinder Gottes entgegenbrachten. Dafür gibt es viele Beispiele. Hier eines davon.

Jakov Duchontschenko, der Oberpresbyter von Ukraine, schlug Nikolaj vor, nach Ukraine umzuziehen, um dort in zwei südlichen Gebieten als Oberpresbyter zu dienen. Die ganze Familie betete und fragte nach dem Willen des Herrn. Davon erfuhren auch andere Gläubige. Bald kamen Brüder aus der Gemeinde Rot-Front und teilten mit, dass die ganze Gemeinde für Nikolajs Bleiben in Kirgistan betete. Als Nächstes teilten Brüder aus einer anderen Gemeinde die gleiche Nachricht mit. Am selben Tag kamen weitere Brüder aus verschiedenen Gemeinden, um Nikolaj zu überzeugen, in Kirgistan zu bleiben und weiterhin seinen Dienst zu verrichten.

Das reichte aus, um zu verstehen, dass Gott Nikolaj in Kirgistan haben wollte. Dadurch wurde er zusätzlich vom Vertrauen der Brüder überzeugt. Trotz aller Schwierigkeiten und Drohungen setzte er seinen Dienst an dem Ort fort, wo der Herr ihn hingestellt hatte.

Noch heute erinnert sich Nikolaj an die Familien, deren Häuser für ihn jederzeit offen standen. Davon gab es viele: in allen Gemeinden der Bruderschaft in Kirgistan. Und wie viel Gutes wäre über die Ältesten der kirgisischen Gemeinden und den Bruderrat zu erwähnen. Sie dienten in Freundschaft, in Einheit des Geistes und im Frieden.

Es ist unmöglich die Namen aller ernsthaften Kinder Gottes aufzuzählen, denn es waren außerordentlich viele. Sie alle hinterließen eine gute Spur in Nikolajs Leben; und der Herr wird sie belohnen.

Es gab oft kräftiges Händeschütteln nach dem Gottesdienst, viele Wünsche zum Geburtstag von Einzelnen und Gruppen – mit Chor und Streichorchester! In schweren Jahren bekam Nikolaj viele Zettel mit Ermutigungen! Das schenkte seiner Seele Lebensmut und Trost.

* * *

Auch der Allunionsrat der Evangeliums-Christen-Baptisten (AUR der EChB) ist zu würdigen, obwohl viele Christen ihn kritisierten und verurteilten.

Bei einem Kongress in Moskau sagte ein Generalsekretär der EChB eines westlichen Landes: »Die Baptisten-Vereinigung ist wie eine trockene Haut, die das trockene Skelett eines sterbenden Körpers zusammenhält.« Ja, die Brüder der Baptisten-Vereinigung hatten Mängel, sogar große. Aber ist heute, während der religiösen Freiheit, ein fehlerloser Ältester zu finden?

Die Baptisten-Vereinigung diente in den schwierigen Jahren des militanten Atheismus. Trotzdem bewahrte sie die brüderliche Einheit in Gemeinden.

Am Verlust der nötigen geistlichen Höhe der Gemeinden waren Älteste der Ortsgemeinden schuldig. Dort, wo Älteste sich bemühten, im Licht der evangelischen Lehre zu bleiben und Gott zu gefallen, wurden keine unbiblischen Vorschriften umgesetzt; egal von wem vorgegeben: von AUR, von örtlichen Behörden oder von Bevollmächtigten für religiöse Angelegenheiten. In solche Gemeinden durften auch Kinder kommen und die Gottesdienste waren vom Geist Gottes inspiriert. Es gab viele solche Gemeinden. Ihre Ältesten gefielen den Behörden nicht und erlitten viel Verfolgung und Gefängnis, doch sie gaben nicht auf. Andere machten sich bewusst vor Gott und seinem Volk schuldig, indem sie die ganze Schuld der AUR gaben.

Wie bereits erwähnt, hatte Nikolaj zu Beginn seines Dienstes eine unausgesprochene Vereinbarung mit der Leitung der Baptisten-Vereinigung geschlossen, mit Jakov Schidkov und Aleksandr Karev: Wenn sie auch nicht unterstützten, so wollten sie wenigstens nicht stören. Sie hatten ihr Wort gehalten.

In guter Erinnerung bleibt die neue Zusammensetzung der AUR; nicht weil Nikolaj auch dazu zählte, sondern weil die Brüder den Dienst vor Ort nicht störten, da sie die Bedrängung der Gemeinde seitens des Atheismus sahen.

Als der Generalsekretär der AUR Alexej Bytschkov erfuhr, dass die ganze Bruderschaft in Kirgistan unter der Leitung des Oberpresbyters als erste Gemeinde in der UdSSR aus dem ökumenischen Weltkirchenrat austrat, waren seiner Begeisterung keine Grenzen gesetzt. Bei den Treffen sagte er immer gutmütig:

»Das unabhängige Kirgistan ist gekommen!«

Nikolaj gefiel diese neue Bezeichnung und der liebevolle Ton, mit dem Bruder Bytschkov diesen Namen erwähnte.

Und wen hatte jemals die offene Art von Michail Schidkov gestört? Oder wen störte der väterliche Vorsitzende der AUR Andrej Klimenko? Oder der neue Vorsitzende Vassilij Klimenko, der Gemeinschaft mit Brüdern aus vielen Nationen pflegte? Und die Brüder J. Duchontschenko, M. Tschernopjatov, A. Mizkevitsch, I. Gnida und viele andere? Wer mag sie heute verurteilen?

Nicht alle Brüder der AUR verhielten sich christlich gegenüber Nikolaj, nicht alle haben die Gemeinde erbaut, aber es waren nicht viele. Die meisten bleiben in guter Erinnerung.

Eines Tages wurde Nikolaj zum Rat für religiöse Angelegenheiten der UdSSR in Moskau gerufen. Er wurde aufgefordert, freiwillig als Oberpresbyter und Ältester zurückzutreten. Nikolaj erinnert sich bis heute an den Schmerz im Gesicht von Bruder Vasilij Logvinenko und seine vor Aufregung stockende Stimme:

»Dann streicht auch mich als Vorsitzenden der AUR, sollte ich mich für meine Presbyter nicht einsetzen dürfen!«

Trotz eines schwierigen Gespräches und eines Konfliktes mit dem sowjetischen Rat für religiöse Angelegenheiten konnte er Nikolaj verteidigen.

Und wie offen und gesegnet verliefen die erweiterten Sitzungen der AUR unter den Brüdern V. Logvinenko und V. Bytschkov; damals wurden alle Oberpresbyter der Sowjetrepubliken eingeladen! Es gab offene Gespräche und konstruktive Kritik. Niemand wurde beleidigt.

* * *

Zum Segen Gottes zählt auch die Einheit der Gläubigen in Kirgistan. Es waren Menschen verschiedener Nationalitäten. Die meisten allerdings – Russen und Deutsche; ungefähr gleich vertreten. Es gab russische, deutsche und gemischte Gemeinden. Trotz allem existierten keine nationalistischen Konflikte unter den Gläubigen: Jeder achtete den anderen. Es gab zwar einzelne »sehr russische« und »sehr deutsche«, aber sie fielen nicht ins Gewicht. Der Bruderrat und die Ältesten der Ortsgemeinden, insbesondere der gemischten Gemeinden, leisteten dazu einen wichtigen Beitrag. Diese Diener, die im Geist der biblischen Bruderschaft erzogen waren, duldeten keinen Nationalismus.

Zur Ehre der Bruderschaft in Kirgistan sei hinzugefügt, dass im langjährigen Dienst von Nikolaj die AUR-Leitung dort niemals irgendwelche Streitigkeiten unter den Gläubigen schlichten musste. Auch wenn die mehr als 7.000 Gemeindemitglieder unterschiedlich waren, wie alle Menschen. Die Ehre dafür gehört allein Gott. Das war seine weise Führung!

Auch durch die Prediger aus anderen Orten der UdSSR schenkte Gott reichen Segen. Beispielsweise reisten zwei Brüder aus der Ukraine an: Vladimir und Ruvim. Sie durchzogen das nördliche Gebiet Tschüi und predigten in allen Gemeinden, wo sie willkommen waren. Ihr Dienst wurde von massenhaften Bekehrungen und einer Erweckung begleitet, was die Widersacher Christi aufschreckte. Die Polizei war ihnen auf den Fersen. Um Empörung in der Bevölkerung zu vermeiden, versuchten sie beide Prediger nach einem Gottesdienst zu verhaften. Aber in keiner Gemeinde gelang es ihnen. Die Prediger wurden gejagt: in Gemeinden Karabalta, Romanovka, Kant, Krasnaja Retschka, Tomok und anderen. Doch immer wieder kamen die Prediger mit anderen Gläubigen an Polizisten vorbei, ohne erkannt zu werden. So kehrten sie wohlbehalten zurück: begleitet von Gebeten der Gläubigen und unter der Hand des Allmächtigen.

Die Atheisten tobten, weil sie diese Prediger nicht erwischt hatten! Ihre ganze Wut ließen sie am Oberpresbyter und einigen Ältesten aus. Die Diener Gottes hielten mit Freuden stand, weil sie wussten, dass diese Zeit geistlich nützlich war: für Gemeinden und Ungläubige.

* * *

Bis heute steigen viele Dankgebete von Nikolaj und seiner Familie zu Gott empor für seine Hilfe in materiellen Nöten! Als die älteste Tochter noch ganz klein war, nähte sie Kleider für ihre Puppe. Nikolaj kaufte ihr eine Kindernähmaschine und einen Sack mit Lappen und Stoffresten. Zuerst nähte sie Kleider für ihre Puppen, bald darauf – Kleider für ihre jüngeren Geschwister. In all den Jahren der materiellen Entbehrung fertigte sie aus Stoffresten Kleidung für alle Geschwister und sich selbst. Sie meisterte das so gut, dass die Menschen dachten, diese Kleider wären aus dem Ausland. Diese Begabung des kleinen Mädchens war ein großer Segen für die Familie. Als die Tochter größer wurde, arbeitete sie ohne Ausbildung in einem städtischen Atelier, wo sie als beste Schneiderin und Näherin galt. Dabei dachte sie immer an ihre Familie; sie erfreute alle mit ihrer selbstgenähten Kleidung.

In diesen schwierigen Jahren sandte Gott eine besondere Hilfe durch Bruder Viktor Blank.

Als Viktor einmal Nikolaj besuchte, war er über die Armut der Familie sehr überrascht. Es war tatsächlich schwierig: Nikolaj erhielt einen kleinen Lohn für seinen Dienst, seine Frau konnte wegen der Kinder nicht arbeiten; außerdem gab es Schulden, weil sie in einem Stadtgebiet eine günstige Lehmhütte gekauft hatten, eine sogenannte »Nachalovka«. Hier bearbeiteten die Menschen eigenmächtig, also ohne Bewilligung, ein Grundstück und bauten darauf irgendeine Hütte. Diese Hütten waren günstig, weil sie keine Anmeldung voraussetzten und privat verkauft wurden.

Viktor hatte Mitleid mit Nikolajs Familie und schlug ihnen eine Heimarbeit vor. Sein Team produzierte damals Griffe und Schatullen für Rasierer. Er brachte dünne Sperrholzaufkleber für die Schatullen und Anleitungen mit. Die Familie freute sich sehr über diese Arbeit. Abends arbeiteten die Frau und vier Kinder; dabei sangen sie christliche Lieder.

Viktor brachte noch Drechselröhren zum Schleifen und Lackieren. Das war eine schwierige Arbeit, weil der Lack mit Aceton verdünnt wurde, das einen unangenehmen Geruch hatte und das Atmen erschwerte. Diese Aufgabe erledigten Nikolaj und Katja nachts, wenn die Kinder im Bett waren. Sie gingen in den Flur, schlossen die Tür hinter sich, damit der Geruch nicht in die Hütte drang, stellten einen elektrischen Heizofen auf und lackierten.

Sie brauchten Geld, um die Schulden zu bezahlen. Weil die ganze Familie diese Arbeit mit Freuden verrichtete, waren die Schulden beglichen.

1976 zeigte Gott erneut dank Viktor und Lena Blank seine Fürsorge für Nikolajs Familie. Damals erhielten Viktor und seine nächsten Verwandten eine Bewilligung für die Ausreise nach Deutschland!

Viktor eilte zu Nikolaj und sagte:

»Ich brauche dringend noch 7000 Rubel.«

»So viel Geld haben wir leider nicht«, sagte Nikolaj.

»Verkaufe bitte dein Haus! Ich brauche diese Summe für die Verwandten; mein Geld reicht nicht aus. Wir sind doch Freunde«, bat Viktor.

»Gut, dann verkaufen wir es«, willigte der Freund ein.

Sogleich gingen die Beiden hinaus und Viktor schrieb mit Kreide auf dem grünen Tor: »Sofort zu verkaufen!«

Da lief eine Nachbarin vorbei; blieb stehen und fragte:

»Wie viel kostete das Haus?«

»Ich brauche genau 7000 Rubel«, antwortete Viktor.

»Gut, wir kaufen es«, versicherte die Nachbarin. »In den nächsten Tagen zieht meine Tochter hierher und sie bat mich, nach einem Haus Ausschau zu halten. Das wird ja schön, wenn wir nebeneinander wohnen werden.«

Am selben Tag brachte sie das Geld. Viktor nahm es entgegen. Er formulierte einen Kaufvertrag, beide Seiten unterschrieben und schon war die Sache erledigt.

Anschließend lud Viktor Nikolaj und seine Familie zum Abschiedsessen ein. Bei diesem Mahl waren viele Angehörige von Viktor anwesend. Es wurde viel geredet und gegessen. Danach verteilte Viktor an seine Verwandten Umschläge mit Geld.

Nikolaj dachte:»Nun fährt Viktor weg, und ich bleibe mit fünf Kindern auf der Straße. Was soll ich tun? Wohin jetzt? Dann mieten wir halt eine Wohnung; wir sind es ja gewohnt...«

Als alle Umschläge verteilt waren, richtete sich Viktor an seine Verwandten:

»Wir fahren weg, und bald werdet ihr folgen. Ich habe euch Geld gegeben, weil ihr relativ gute Häuser habt. Der Familie von Nikolaj überreichen wir dieses Schild: es ist poliert und sehr schön. Nehmt und bewahrt es gut auf!«

Nikolaj nahm das Schild entgegen und las die Inschrift: »Ein Geschenk für Nikolaj und Katja von Viktor und Lena Blank«.

Nikolaj bedankte sich und verstand den Sinn dieser Inschrift nicht. Er verspürte keine besondere Freude an diesem Geschenk. Er überlegte immer noch, wo er nun seine obdachlose Familie unterbringen könnte.

Viktor sprach weiter:

»Befestigt dieses Schild über den Eingang unseres Hauses. Denn jetzt gehört dieses Haus euch!«

Vor plötzlicher Freude und Aufregung blieb Nikolaj die Luft weg, die Augen füllten sich mit Tränen. Katja und Nikolaj dankten nochmals von ganzem Herzen ihren Freunden und Gott für das Haus. Und was für ein Haus: aus Backsteinen, groß, schön, mit einem prächtigen Garten, einer Sommerküche, Garage und Sauna.

Gott hatte die Opferbereitschaft hundertfach vergolten!

Ja, der Herr gibt seinen Reichtum. *Allerdings unterzieht er nicht selten einer harten Prüfung diejenigen, die diesen Reichtum bekommen sollen. Lest dazu 1Kö 17:1-15.*

Damit erschöpfte sich der Segen Gottes nicht. Im August 1976, vor seiner Abreise nach Deutschland, schenkte Viktor Nikolaj sein Auto (Schiguli 2103) – mit einem Autogramm und Wünschen am Lenkrad. Das Auto war nicht mehr neu, lief aber noch gut. Das war eine Freude! Jetzt musste Nikolaj nicht mehr mit dem Bus oder per Autostopp nach Hause fahren oder gar zu Fuß laufen. Nun besaß er ein eigenes Auto, konnte Gemeinden und Älteste besuchen und private Angelegenheiten erledigen. In Gemeinden musste er sich nicht mehr beeilen, denn er hatte ein Fahrzeug für die Rückfahrt. Das war unentbehrlich und eine große Hilfe im Dienst für den Herrn.

Einige Jahre später bekam Nikolaj von Viktor wieder ein Auto geschenkt; diesmal sogar ein neues. Das war so. Viktor rief im Gebetshaus Frunse an und teilte mit, dass er in Moskau sei und Nikolaj für eine sehr dringende Angelegenheit erwarte.

Am nächsten Tag trafen sich die Freunde am Moskauer Flughafen. Lange unterhielten sie sich im Hotel. Kurz vor Mitternacht wollte Nikolaj sich schlafen legen. Viktor bat kurz zu warten, da es etwas sehr Wichtiges gäbe.

Kaum hatte der Uhrzeiger die Grenze zum neuen Tag überschritten, stand Viktor auf, gratulierte Nikolaj ganz herzlich zum Geburtstag und überreichte ihm ein Geschenk im Umschlag. Nikolaj bedankte sich für die Wünsche und öffnete sein Geschenk. Er erwartete, einige deutsche Marken zu finden – doch was er sah, verschlug ihm die Sprache!

Dort befand sich ein Zettel mit dem Wort »Auto«. Nikolaj wusste, dass es kein Scherz war, aber er konnte es trotzdem nicht glauben. Wieder ein Auto! Er stellte sich gedanklich im anderen Auto vor; das alte Auto würde er für Ersatzteile gebrauchen.

Doch Viktor überraschte ihn noch mehr: Es sollte ein Neuwagen beliebiger Marke sein, das Nikolaj selbst im Geschäft aussuchen sollte.

Damals waren Neuwagen eine Mangelware. Sie waren überteuert und nur über Kontakte erhältlich. Und jetzt – ein neues Auto!

Am folgenden Tag fuhren die Beiden zum Autohaus für Ausländer. Dort standen inländische und ausländische Neuwagen.

»Wenn du eine Wolga willst, sage es einfach, geniere dich nicht! Oder BMW, oder Mercedes? Wähle einfach«, bestand Viktor.

Nikolaj war sehr gerührt. Er wollte ein günstiges und unauffälliges Auto haben, und entschied sich deshalb für einen Schiguli (Kombi 2104), den er bis zum letzten Tag seiner Zeit in Frunse gefahren ist.

Sofort zischten böse Zungen: Nikolaj hätte dieses Fahrzeug aus der Gemeindekasse finanziert. Der in Deutschland lebende Viktor Blank kann jedoch allen Zweiflern bestätigen, dass es sein Geschenk war. Nikolaj dankte Viktor und Lena und nahm das Auto als ein Geschenk Gottes an. Es war der Herr, der seinen Verheißungen treu bleibt. Er erfüllte das, was im Matthäusevangelium verheißen wird: »Bittet, so wird euch gegeben; sucht, so werdet ihr finden; klopft an, so wird euch aufgetan! Denn jeder, der bittet, empfängt; und wer sucht, der findet; und wer anklopft, dem wird aufgetan.« (Mt 7:7-8)

Noch vor seiner Ausreise nach Deutschland bot sich Viktor mit seinem Fahrzeug an, Nikolaj in verschiedene Gemeinden zu begleiten. Auch Bruder Vasilij Petratschev besuchte gern mit Nikolaj die Gemeinden Kirgistans. Er erlebte viele Gemeindestunden, Sitzungen und Regelungen von Problemen. Dies half ihm später in seinem Dienst als Ältester in Nischnaja Ala-Artscha.

Wie nützlich war für Nikolaj das neue Auto! Es hatte einen großen Kofferraum und diente der Familie beim Beschaffen von Gras sowie Schilf für die Kuh und Ziegen. Sie gaben Milch, die für die Kinder so nötig war. Das Schilf, das im Überfluss um die Stadt herum wuchs, war die Hauptnahrung für die Tiere im Winter und oft im Sommer. Es wurde mit einer Sichel geschnitten, ins Auto geladen und nach Hause transportiert. Dank gebührt den Brüdern Rudolf und Adolf aus Rot-Front, die Heu für den ganzen Winter direkt an Nikolajs Haus ablieferten. Möge Gott sie segnen!..

Immer wieder erinnert sich Nikolaj an viele Feinde, die seine Kinder in Abwasserkanälen zu verfaulen drohten und in die Brunnen werfen wollten. Doch Gott bewahrte...

Die Eltern sorgten für ihre Kinder und vertrauten sie Gott an, da sie um die Grenzen des eigenen Schutzes wussten. Und der Herr bewahrte sie in dunklen Jahren des tobenden Atheismus. Heute sind die Kinder erwachsen. Sie haben eigene Familien gegründet. Nach der geistlichen Wiedergeburt in frühen Jahren sind sie Gemeindemitglieder geworden. Heute dienen sie dem Herrn und erzählen ihren Kindern vom starken und allmächtigen Gott, der auch heute Wunder tut! Er verheißt, diese Segnungen auch über ihre Kinder auszuschütten, wie es in der Bibel geschrieben steht (5Mo 7:9).

* * *

Nicht zu verschweigen ist, wie Gott die ganze Familie Nikolajs vor dem Tod bewahrte!

Es war im August 1976, als Viktor Blank mit seiner Familie nach Deutschland ausreiste. Viele begleiteten ihn zum Abschied. Ein großer Bus wurde gemietet, der die Abreisenden zum Flughafen brachte. Dem Bus folgten nicht weniger als fünfzig Autos. Nikolaj und seine Familie waren mit Viktor im Bus. Alle erreichten wohlbehalten den Flughafen.

Viktors Familie durchlief die Anmeldung und flog nach Moskau; zusammen mit Nikolaj. Es war sein Wunsch, den Freund bis zur letztmöglichen Station zu begleiten.

Nach der Zollkontrolle begab sich die Familie zum Flugzeug. Nikolaj beeilte sich zum anderen Flughafen, um schnellstmöglich nach Frunse abzufliegen, weil er den ganzen Tag irgendeinen unerklärlichen Schmerz und Sorgen im Herzen verspürte. Er eilte nach Hause, obwohl Viktors Cousins ihn in Moskau aufhalten wollte, um die Stadt zu besichtigen.

Im Flugzeug fand sich überraschenderweise noch ein freier Platz, obwohl die Urlaubszeit begonnen hatte und alle Flugzeuge überfüllt waren. In Frunse wurde er mit seinem Auto abgeholt, doch die Brüder ließen ihn nicht ans Steuer. Vorsichtig erklärten sie ihm, dass seine Frau mit dem neugeborenen Mädchen und der älteren Tochter im Krankenhaus seien; sein ältester Sohn sei im anderen Krankenhaus.

»Warum im Krankenhaus?«, forschte Nikolaj nach.

»Sie sind krank«, war die ausweichende Antwort.

Dann erfuhr er endlich die ganze Geschichte. Nachdem Viktors Familie und Nikolaj zum Flugzeug begleitet wurden, machten sich alle auf den Heimweg. Ein Bruder überredete Nikolajs Frau nicht mit dem Bus nach Hause zu fahren. Er wollte sie und ihre fünf Kinder heimbringen, obwohl seine Familie auch im Auto war. Sie quetschten sich reihenweise in das Mini-Auto Saporoshez. Eine lange Autokolonne begab sich auf die Rückfahrt; alle beachteten die Verkehrsschilder. Der Saporoshez-Fahrer wollte aber alle überholen und fuhr auf die Gegenspur. Dort raste ihm ein Auto entgegen. Der Fahrer begriff, dass sein schwaches Auto das Überholmanöver nicht meistern würde. Er versuchte auszuweichen, doch es war zu spät, sie stießen seitwärts zusammen. Der Saporoshez wurde aus der Fahrbahn geschleudert und landete schließlich auf dem Dach. Die Autokolonne hielt an.

Aus dem Unfallauto ertönten zunächst Schreie und das Weinen der Kinder, aber dann wurde es still. Die Fahrer stiegen sofort aus und entdeckten Nikolajs Frau mit dem Baby auf dem Arm. Die Kleine blutete im Gesicht.

Alle standen schockiert da und hatten Angst sich dem Unfallauto zu nähern. Es war kein Laut mehr zu hören, deshalb dachten sie, die Insassen wären tot. Plötzlich bremste an der Unfallstelle eine Wolga. Ein Mann in Pilotenuniform sprang aus dem Wagen und begann sogleich mit einem Werkzeug die verklemmte Tür des Saporoshez aufzubrechen. Dann zog er Nikolajs ältesten Sohn heraus, der blutete. Er legte ihn auf den sauberen Sitz seines Autos. Als Nächstes trug er die Tochter ins Auto, nahm Katja und den Säugling mit und raste Richtung Frunse.

Endlich kamen einige Brüder zur Besinnung und eilten der Wolga hinterher. Die übrigen Verletzten wurden von Brüdern mitgenommen.

Die Wolga brachte die Verletzten in die alte Unfallklinik in der Stadtmitte. Am anderen Stadtende wurde eine neue Unfallklinik gebaut, die auch Patienten aufnahm, aber noch nicht komplett ausgestattet war. Beide Kliniken arbeiteten jeden zweiten Tag als Notaufnahme.

Deshalb wollten sie Nikolajs Sohn Sascha nicht aufnehmen. Eine Krankenschwester erklärte dem Mann in Pilotenuniform, dass der Verletzte ins neue Krankenhaus müsste. Das wäre eine halbe Stunde Fahrt. Doch weil aus Saschas Mund Blut quoll, konnte er unterwegs sterben.

Der Mann im Pilotenuniform verlangte nach einem Arzt und drohte eindringlich mit Gericht, wenn der Schwerverletzte nicht sofort behandelt werde. Der anwesende Chirurg ordnete eine Operation an und führte sie durch.

Der Junge hatte einen Milzriss. Sie wurde entfernt. Sascha wurde auf die Intensivstation gebracht, wo ihn später sein Vater fand. Am nächsten Tag begegnete Nikolaj dem Chirurgen und wollte Genaueres über die Operation wissen. Dieser winkte beschäftigt ab und antwortete:

»Es gibt nichts zu berichten. Es war eine gewöhnliche Operation. Wenn andere Organe die Funktion der Milz übernehmen, bleibt ihr Sohn am Leben. Wenn nicht, wird er sterben.«

Nach einigen Tagen kam Sascha zu sich und wurde auf eine normale Station verlegt. Wieder begegnete Nikolaj dem Chirurgen und wünschte mehr über das Geschehen zu erfahren. Einiges wusste er von einer Krankenschwester, die bei der Operation assistierte. Aber er wollte vom Arzt wissen, weshalb der Junge eine große und hässliche Naht hatte.

Etwas verlegen gestand der Chirurg, dass er an jenem Abend Wodka getrunken und sich schlafen gelegt hatte, in der Hoffnung nicht gestört zu werden. Er erzählte weiter:

»Als die Krankenschwester mich weckte und vom Piloten und dem Jungen berichtete, der verblutete und dringend Hilfe benötigte, hörte ich draußen eine Stimme mit dem Gericht drohen. Als ich zur Tür kam, sah ich in den Armen des Piloten den blutenden Jungen und eine Menschengruppe: Es standen nicht weniger als zwanzig Autos vor dem Krankenhaus. Ich fürchtete mich vor der Anklage und dachte, der Junge sei wahrscheinlich der Sohn einer wichtigen Persönlichkeit, weil ihn so viele begleiteten. Also ordnete ich die Operation an und musste betrunken operieren. Die Naht ist tatsächlich nicht schön geraten, aber das bemerkte ich damals nicht. Als ich sah, dass die Milz gerissen war, habe ich sie entfernt. Vielleicht hätte man sie auch nähen können, aber dafür war ich nicht in der Lage. Ich tat alles, was ich damals konnte.«

Nikolaj dankte dem Chirurgen für seine Ehrlichkeit und Hilfe. Darauf machte er sich auf die Suche nach dem Piloten. Er wollte sich bei ihm bedanken. Er begab sich mehrmals zum Flughafen und besuchte die Piloten, die gerade Urlaub hatten. Er ließ sich die Namen aller Flugzeugführer geben, die an dem Tag im Einsatz waren. Allerdings fand er seinen Wohltäter nicht; und laut anderen Piloten besaß niemand von ihnen eine neue Wolga.

»Doch das war ein realer Mensch und es war eine Wolga. Wer war das? Wo ist dieser Mann?«, fragte sich Nikolaj.

Später suchte er erneut nach dem Piloten, der seinen Sohn gerettet hatte. Aber die Suche blieb erfolglos.

Nikolaj dachte über das Geschehene nach, betete und folgte daraus: Es war ein Engel! Weil die Brüder sich nicht an das Unfallauto wagten, sandte Gott seinen Engel. Selbst wenn die Brüder den Wagen geöffnet und Sascha in die alte Klinik gebracht hätten, wären sie in ihrer Bescheidenheit und Angst nicht aufgenommen worden. Der Chirurg bestätigte: zehn Minuten später wäre der Junge gestorben. Deshalb sandte Gott seinen Engel, um das Leben des Kindes zu retten.

Katja kam mit den zwei Töchtern in die neue Unfallklinik. Ein Mädchen lag mit Mama im Bett, die andere Tochter konnte weder sitzen noch liegen, weil die Betten fehlten. Bettlaken gab es auch keine. Im Krankenzimmer war es kalt und leer. In so einer Klinik wird keiner gesund. Also holte Nikolaj die Verletzten nach Hause, ohne eine offizielle Entlassung und ohne irgendwelche Dokumente. Zu Hause erholten sie sich gut.

Es war ein Wunder, ein gewaltiges Wunder, dass alle überlebten! Als Nikolaj das total geschrotete und zerquetsche Unfallauto betrachtete, fragte er sich: Wie passten in diesen kleinen Wagen – das nach dem Unfall noch winziger wurde – mehr als zehn Personen? Und keiner hatte Brüche! Wie konnte eine Frau mit einem Kind auf dem Arm, das sie nicht losließ, durch einen solchen kleinen Spalt in der Frontscheibe herausklettern? Diese Fragen blieben unbeantwortet. Es gibt nur eine Antwort: »Was bei den Menschen unmöglich ist, das ist bei Gott möglich.« (Lk 18:27; Jer 32:27)

* * *

Viel Freude brachten und bringen Nikolaj seine Kinder. Er liebt Kinder; besonders seine eigenen, wie alle Väter.

Nikolaj wurde erzählt, wie er vor Freude gesprungen war, als sein erster Sohn geboren wurde! Es war sein Kind – dazu ein Sohn!

Wie traurig war er darüber, dass wegen einer Operation seine Frau eventuell keine Kinder mehr bekommen würde! Er wollte mehr Kinder, viele Kinder. Gott erhörte seine Gebete. Nach der Geburt des ersten Sohnes folgten sechs weitere Kinder. Alle leben und sind heute Gemeindemitglieder. Wie soll man sich dabei nicht freuen und nicht dem Herrn dafür danken, dass er die Wünsche seiner Kinder kennt und erfüllt, wie geschrieben steht: »Er erfüllt das Begehren derer, die ihn fürchten...« (Ps 145:19)

Nach einem schrecklichen Erdbeben in Spitak (Armenien) wollten Nikolaj und Katja drei Waisenkinder adoptieren. Er telegrafierte seinen Wunsch ans Ministerium der SSR Armenien. Die Antwort lautete: Sie seien von seinem Mitleid sehr gerührt, wollten aber ihre Kinder nicht außerhalb der Republik abgeben; sie würden die Waisen in Internaten und Waisenhäusern erziehen.

B esonders heute sagen einige Gläubige, dass ein fruchtbringender Dienst für den Herrn nicht mit Kindern zu kombinieren sei. Nikolaj sieht es anders.

Henoch, der in einer sündigen Welt lebte, »wandelte mit Gott« und gefiel ihm, weshalb ihn Gott lebend in den Himmel nahm. Henoch hatte Söhne und Töchter (1Mo 5:22), die ihn aber nicht daran hinderten, ein heiliges Leben zu führen. Er arbeitete für Gott, er war ein Prediger der Wahrheit (Juda 14-15). Und was für eine Nachkommenschaft hatte er! Er wurde zum Urvater des gerechten Noah, dessen Glaube felsenfest war (1Mo 5:21-29).

Fürchtet euch nicht, Kinder zu haben! Vertraut Gott – und ihr werdet nicht enttäuscht werden! Kinder sind Blumen an Wiesen, Fenster im Haus, Sterne am Himmel, sie sind ein Geschenk Gottes. Doch Kinder zu haben, ist nicht alles; die Kinder müssen auch in Gottesfurcht erzogen und zu Christus geführt werden! Das ist nicht einfach: Es erfordert Zeit, Liebe, Gebete und ein echtes christliches Leben!

Jemand sagte: »In meiner Jugend hatte ich zehn Konzepte der Kindererziehung und sprach den Eltern Empfehlungen aus. Inzwischen habe ich fünf Kinder und kein einziges Konzept, denn jedes Kind ist anders.«

* * *

Es ist unmöglich von allen Wundern zu erzählen, die Nikolaj in den vielen Dienstjahren als Oberpresbyter erlebte. Die Gnade Gottes und seine Wunder waren täglich und unzählbar!

Die Worte des Psalmisten David sollen allzeit erklingen: »Lobe den Herrn, meine Seele, und alles, was in mir ist, seinen heiligen Namen! Lobe den Herrn, meine Seele, und vergiss nicht, was er dir Gutes getan hat!« (Ps 103:1-2) Nikolaj freute sich darüber, dass er dank seines Dienstes vielen Menschen begegnen und ihnen Gott bezeugen durfte. Hin und wieder geschah es im Flugzeug. Bekanntlich darf der Sitzplatz im Flugzeug nicht ausgesucht werden. Der Platz steht auf dem Ticket. So sitzen verschiedene Reisende nebeneinander. Gewöhnlich lernen die Leute sich bereits zu Beginn des Fluges kennen. In der Regel wird auch unterwegs gesprochen. So ergeben sich am Himmel viele interessante Begegnungen und Bekanntschaften.

Eines Tages flog Nikolaj in den Süden Kirgistans zum Besuch der Gemeinde in der Stadt Osch und Dschalal-Abad. Der kurze Flug dauerte nicht mehr als eine Stunde. Sie flogen über das bekannte Tian-Shan-Gebirge.

Zunächst war alles gut: Das Flugzeug flog ruhig über den hohen Wolken. Als es sich aber über einem Bergpass befand, begann es zu rütteln und der Salon füllte sich mit Rauch. Die Stewardess eilte zu den Piloten; kam zurück und verkündete:

»Bitte bewahren sie Ruhe! Schnallen sie sich an! Alles wird gut.«

Alle schnallten sich brav an, aber die Aufregung blieb. Zum Rauch und dem Rütteln kam irgendein Gepolter hinzu. Die Unruhe wuchs.

Aus dem Lautsprecher ertönte die Stimme des Piloten: »Bewahren sie Ruhe! Wir sind in eine turbulente Strömung geraten. Alles wird gut. Eine große Bitte an alle Passagiere: Bleiben sie bitte sitzen!«

Neben Nikolaj saß eine junge Frau. Ihr war die Angst ins Gesicht geschrieben. Sie rieb nervös ihre Hände. Plötzlich schloss sie die Augen und ihre Lippen bewegten sich leicht. Dann bedeckte sie ihr Gesicht mit den Händen und neigte tief den Kopf.

Es verging ziemlich viel Zeit, bevor sie sich aufrichtete und die Augen öffnete. Es war eindeutig – sie betete. Auch Nikolaj betete. Sie passierten die Berge. Es rüttelte und rauchte nicht mehr. Die Sonne strahlte gütig ins Flugzeug. Alle Passagiere atmeten erleichtert auf und lächelten. Nikolaj wandte sich an die Frau:

»Was haben sie gerade gemacht, als das Flugzeug in Gefahr war?«

»Ich war sehr beunruhigt!«, antwortete sie.

»Ja, alle waren beunruhigt, auch ich. Aber ich meine etwas anderes: Was haben sie in dieser Unruhe gemacht?«

Die Frau schwieg.

»Haben sie etwa zu Gott gebetet?«, fragte Nikolaj nach.

»Wissen sie, ich habe in Osch zwei kleine Kinder, die ich seit drei Jahren nicht gesehen habe. Ich möchte sie unbedingt wiedersehen. Darum habe ich das Gebet Vaterunser gesprochen. Aber ich bin eine Ungläubige«, fügte sie eilig hinzu.

»Wozu beten sie das Vaterunser, wenn sie nicht an Gott glauben? Dann ist das nicht ihr Gebet. Wie kann Gott ihr Vater sein, wenn es ihn gar nicht geben sollte? Nein, ich verurteile sie nicht, dass sie zu Gott gebetet haben, ich betete auch! Aber ich glaube an Gott und vertraue ihm mein Leben an, deswegen sage ich mutig: ›Unser Vater, der du bist im Himmel...‹«

»Wirklich?«, freute sich die Frau. »Ich dachte, sie würden mich dafür verurteilen.«

»Nein, ich verurteile niemanden wegen eines Gebets, aber ich will ihnen zwei Ratschläge geben. Erstens: Schämen sie sich niemals vor Menschen wegen ihres Glaubens an Gott und des Betens. Denn im Evangelium steht geschrieben: Wer sich in dieser Welt des Herrn schämt, dessen wird sich Christus schämen vor seinem Vater! Zweitens, wenn sie ihre Kinder sehen, erzählen sie ihnen vom heutigen Vorfall und vergessen sie nicht, Gott dafür zu danken, dass er ihre Bitte erhört hat. In Gefahr bitten die Menschen um so vieles, aber nur wenige danken Gott, wenn die Gefahr vorüber ist.«

»Das stimmt! Wir sind so undankbar! Aber woher sollen wir das Richtige wissen, wenn wir dieses Evangelium, das sie lesen, nicht haben?«, wollte die Frau wissen.

»Hier, ich schenke ihnen ein solches Evangelium. Lesen sie und tun sie alles, was dort geschrieben steht – und sie werden das wahre Glück finden. Dann wird alles gut! Ich gebe ihnen noch die Adresse einer Gemeinde. Dort erfahren sie, wie wir leben sollen. Kommen sie morgen, ich werde auch dort sein und wir können uns wieder unterhalten«, sagte Nikolaj zum Abschied.

Das Flugzeug war bereits gelandet und rollte über die Landebahn. Alle waren froh und machten sich zum Aussteigen bereit.

Am Sonntagmorgen traf Nikolaj diese Frau im Gottesdienst. Sie brachte auch ihre Kinder und Mutter mit. Nikolaj sprach mit ihr und sie teilte ihm ihre Anschrift mit, wohin sie demnächst ihre Kinder und die Mutter mitnehmen wollte. Als er zu Hause ankam, schickte er ihr die Adresse einer Baptisten-Gemeinde in ihrer Nähe. Nikolaj begann für ihre Bekehrung zu beten und glaubt, dass der ausgestreute Same des Wortes Gottes und das Evangelium sie zum Glauben an Gott führen werden, wie geschrieben steht: »Demnach kommt der Glaube aus der Verkündigung, die Verkündigung aber durch Gottes Wort.« (Rö 10:17)

Wie wichtig ist es, den richtigen Moment zu nutzen und mit Menschen über Gott zu sprechen, wenn unsere Wege sich kreuzen. Verpasst diese Möglichkeiten nicht! Denkt daran, dass Gott die Menschen zu euch sendet, damit ihr ihnen von eurem Heiland erzählt und davon, welche Verantwortung der Mensch vor Gott hat!

Ein anderes Mal als Nikolaj nach Moskau flog, saß er neben einem General und seiner Frau.
»Wohin des Weges?«, fragte der General sogleich Nikolaj.
»Nach Moskau.«
»Wozu?«, bohrte der General nach.
»Zum Plenum!«
»Was für ein Plenum? Wo arbeiten sie denn? Welche Position?«
»Sie werden meine Arbeit und Position nicht verstehen!«, machte Nikolaj ihn neugierig.
»Ich sollte es nicht verstehen?«, fragte der General selbstsicher.
»Gut, dann erzähle ich es ihnen.«
Nikolaj zeigte ihm seinen Ausweis mit der Bezeichnung: »Oberpresbyter der EChB in Kirgistan und Mitglied der AUR.«
Der General nahm den Ausweis in die Hand und betrachtete es von beiden Seiten genau. An seinem Gesicht war zu erkennen, dass er nicht verstand, wer sein Mitreisender war. Nikolaj berichtete von seinem Dienst, von der AUR, dem jährlichen Plenum und davon, dass es in der AUR einen Vorsitzenden und Generalsekretär gibt, der über den Rat für religiöse Angelegenheiten den Zugang zum Ministerrat der UdSSR hat.
Der General hörte aufmerksam zu. Als Nikolaj kurz seine Funktion und seinen Dienst erklärt hatte, fragte der General:
»Und was haben sie gerade gelesen? Das ist bestimmt eine Bibel!«
»Das war das Neue Testament, ein Teil der Bibel«, antwortete Nikolaj.
Er erzählte ausführlich von der Bibel, über das Neue Testament und schließlich über die zentrale Person des Neuen Testamentes – Jesus Christus. Dann öffnete er das Buch und wies auf das dritte Kapitel im Zweiten Timotheusbrief hin, das er gerade gelesen hatte und reichte das Buch dem General.

»Lesen sie selbst diesen Text; aufmerksam und laut. Und erklären sie, wer über wen diese Worte geschrieben hatte.« Der General nahm das Neue Testament und las halblaut. Als er mit dem Kapitel fertig war, sagte er:

»Das hat irgendein Ausländer geschrieben, der bei uns in der Sowjetunion gewesen war und unser Leben gesehen hatte. Er zeichnete ein Porträt unserer mittleren Arbeiterschicht.«

»Warum nur der mittleren Arbeiter?«, fragte Nikolaj. »Kann das nicht auch ein Porträt eines Soldaten oder eines Generals sein? Oder sind Generäle anders?«

»Ja, sie sind anders!«, versicherte der General fest.

»Anders?«, mischte sich seine Frau ein. »Ist denn Georgij dir dankbar, dass du ihn befördert hast? Ist er heute dein Freund? Ist er denn kein Verräter, der dich vor dem Verteidigungsminister beschuldigt, weshalb du jetzt zu Rechenschaft gezogen wirst? Leider sind auch Generäle nicht anders.«

Nikolaj unterstützte die Frau und fügte bei:

»Richtig. Ich denke auch, dass das ein Porträt des Menschen im Allgemeinen ist – sei es ein Arbeiter oder General. Außerdem hat das kein Ausländer über einen Menschen in unsrem Land geschrieben. Das schrieb Apostel Paulus vor zwei Tausend Jahren; geleitet vom Heiligen Geist, gemäß dem Willen Gottes. Lesen sie aufmerksam den Anfang des Kapitels: ›Das aber sollst du wissen, dass in den letzten Tagen schlimme Zeiten eintreten werden...‹ Früher war das nicht so; Paulus spricht von der Zukunft. Und wenn wir in diesen Worten den moralischen Zustand unserer Zeitgenossen sehen, dann leben wir in den letzten Tagen.«

Der General schwieg. Er war einverstanden. Dann erzählte er eine traurige Geschichte vom Verrat seines früheren Freundes, auch eines Generals, und von seinem jetzigen Termin im Verteidigungsministerium.

»Ich mache mir wirklich Sorgen«, bekannte er offen. »Ich könnte den Rang des Generals verlieren. Was soll ich dann tun?«

»Bewirb dich bei ihm als Helfer«, riet seine Frau und nickte Richtung Nikolaj.

Der General schwieg. Nikolaj nahm Stellung zu dieser Aussage und erklärte:

»Anders als im Militär wählt bei uns das Volk. Aber es werden nur Gemeindemitglieder gewählt. Zuerst muss ihr Mann Buße tun, sich taufen lassen und ein christliches Leben führen – dann könnte er zum ähnlichen Dienst gewählt werden.«

Die sechs Stunden verflogen schnell im Gespräch.

Der General verabschiedete sich herzlich von Nikolaj und bat um Gebet für ihn. Nikolaj versprach dies zu tun und schenkte ihm ein Evangelium. Im Herzen dankte er Gott, dass er ihm diese Begegnung geschenkt hatte und ihm half, wieder den Heiland und sein Wort zu bezeugen!

Als sie landeten, wurde Nikolaj vom General zur Limousine (Tschajka) eingeladen, die direkt an der Flugzeugtreppe wartete. Sie brachte Nikolaj direkt zum Gebetshaus der EChB, wo am Eingang zu lesen war: »Der Allunionsrat der Evangeliums-Christen-Baptisten«.

Der General betrachtete die Aufschrift, lächelte, holte aus der Tasche einen Notizblock und notierte sich die Adresse der Gemeinde.

Sie wünschten einander alles Gute und trennten sich. Nikolaj betete für den General und seine Frau, damit auch sie in Gott Frieden für ihre Herzen finden. Aus Erfahrung wusste er, dass unter der Uniform eines Generals ein ebenso unruhiges Herz pochte, wie bei anderen Sündern.

Es sei noch eine Begegnung im Flugzeug erwähnt. Das war ebenfalls während einer Reise nach Moskau. Neben Nikolaj nahm ein Vater mit seinem Sohn Platz. Sie kamen ins Gespräch. Der Vater arbeitete als Fahrdienstleiter in einem Fuhrpark, und der Sohn studierte im vierten Semester an einer technischen Fachhochschule. Sie waren über Moskau nach Minsk zu Verwandten unterwegs. Sie waren wirklich gottlos. Nikolaj nahm wie gewöhnlich eine kleine

Bibel zur Hand und begann zu lesen. Mischa (so hieß der Sohn) schaute interessiert hin, um den Buchtitel herauszufinden. Schließlich fragte er:

»Was ist das für ein Buch?«

»Die Bibel«, antwortete Nikolaj. »Und du, Mischa, hast du schon mal die Bibel gelesen?«

»Nein. Aber ich habe viel über dieses Buch gehört.«

»Was genau? Gutes oder Schlechtes?«

»An unserer Fachhochschule wird der wissenschaftliche Atheismus unterrichtet. Dort wird nur schlecht über die Bibel gesprochen. Doch von einigen Studenten habe ich viel Gutes darüber gehört.«

»Was war das Schlechte und das Gute konkret?«

»Gutes hörte ich nicht viel. Die Bibel sei ein interessantes antikes Buch mit vielen weisen Aussagen und guten Ratschlägen. Große Gelehrte haben sie gelesen und sich positiv über sie geäußert. Sie genießt große Achtung bei den Gläubigen; sie könne sogar den Charakter verändern. Schlecht ist, dass sie die Menschen von der Wirklichkeit wegführt, sie verbietet Freude; als ein gewöhnliches Buch wird sie vergöttert und verschließt den Menschen die Augen auf das Leben; sie macht gute Menschen zu Fanatikern; sie erlaubt Rache und Blutvergießen. Deshalb bringen die Christen ihrem Gott Opfer und verlieren den Verstand. Oder ist das nicht so? Bei uns war ein gläubiger Student. Er las ständig die Bibel und trug sie immer bei sich, und dann wurde er ausgeschlossen.«

Nikolaj hörte lange der Schilderung des Studenten zu. Dann unterbrach er ihn und sagte:

»Willst du meine Meinung über die Bibel hören? Ich lese sie seit mehr als dreißig Jahren. Wie du siehst, habe ich den Verstand nicht verloren.«

Und Nikolaj sprach über die Bibel:

»Sie ist nicht nur das älteste Buch, sondern ein göttliches Buch, das heißt von Gott selbst. Sie beinhaltet nicht nur weise Ratschläge, sondern sie ist das Wort Gottes und seines Sohnes Jesus Christus. Die Bibel verändert nicht nur den Charakter, sondern ermöglicht die Wiedergeburt, sodass der Mensch ganz neu wird. Sie genießt tatsächlich bei den Gläubigen eine hohe Autorität und wird täglich gelesen. Ja, fast alle berühmte und gelehrte Menschen lasen die Bibel und äußerten sich positiv dazu. Sie widmeten ihr Gedichte und Lieder. Soll ich einen unserer Dichter Ivan Nikitin zitieren, der die Bibel liebte, sie ständig las und mit dem Evangelium in der Hand starb?«

Nikolaj zitierte das Gedicht »Erschöpft vom harten Leben«. Die letzten Zeilen lauten:

Wie süß sind diese Zeilen,
Das Lesen im Gebet,
Das Weinen und die Lehre,
Die meine Seele hegt!

Mischa lauschte aufmerksam. Er schwieg eine Weile und fragte dann:

»Warum wird dann so viel Schlechtes über die Bibel gesagt?«

Nikolaj antwortete nicht sofort auf die Frage. Er griff den von Atheismus gesäten Zweifel auf:

»Ihr werdet gelehrt, dass die Bibel von der Wirklichkeit wegführt – das ist eine Lüge. Im Gegenteil! Die Bibel öffnet dem Menschen die Augen, damit er die Realität sieht. Lesen wir Offenbarung 3:14-18... Der zweite Korintherbrief 4:4... Sie sagen, dass die Bibel die Menschen zu Fanatikern macht und sie den Verstand verlieren. Und was sagt die Bibel dazu? Lesen wir Ersten Korintherbrief 6:9-11... Hier zum Beispiel eine historische Tatsache von Saulus in Apostelgeschichte 8:1-3 und 9:1-21... Wie viele Menschen sind auch heute besser geworden! Keiner von ihnen hat den Verstand verloren. Und wenn in den letzten Jahren jemand von den Gläubigen in eine Psychiatrie gesteckt wurde, so weißt du selbst, dass dort die besten Dichter und die besten Leute eingesperrt wurden, weil sie einigen Regierenden nicht gefielen. Mischa, als bei euch behauptet wurde, dass in der Bibel die Freude verboten wird und Rache sowie menschliche Opfer erlaubt werden, wurde da aus der Bibel zitiert?«

»Nein, irgendwie ging das unter; wir glaubten auch so«, gestand der Student.

»Kann man so die Wahrheit erkennen? Man muss beide Seiten anhören und dann urteilen! Oder nicht? Die Bibel ruft zur Freude auf, sogar zur ewigen; so steht es im Philipperbrief 4:4, im Ersten Thessalonicherbrief 5:16 und im Römerbrief 12:19.«

»Es reicht! Das war genug Propaganda!«, mischte sich der Vater von Mischa ein. »Ich habe eure Bibel gelesen und weiß, welcher Unsinn dort steht.«

»Welche Bibel war das?«, verwunderte sich Nikolaj.

»Diese... hm... von Jaroslavskij!«, erinnerte er sich.

»Von Jaroslavskij? Das ist aber eure Bibel, nicht unsere. Eurer Bibel beinhaltet tatsächlich viel Unsinn. Schade, dass ihr bis heute die echte Bibel nicht gelesen habt!«

»Egal! Wir sind Ukrainer und bei uns gilt: Ich glaube erst, wenn ich anfasse«, fuhr der Vater unbeirrt fort. »Hast du Gott gesehen? Unsere Astronauten haben Gott nirgends gefunden.«

»Glaubst du, dass dein Sohn dich liebt?«, wollte Nikolaj wissen.

»Daran besteht kein Zweifel.«

»Und warum? Du siehst doch seine Liebe nicht!«

»Doch. Er kümmert sich um mich, hilft mir und nennt mich zärtlich Papa.«

»So kommt die Liebe zum Ausdruck, aber die Liebe selbst siehst du nicht. Und weißt du, ob dein Sohn Verstand hat?«

»Natürlich. Wenn er keinen Verstand hätte, würde er nicht studieren.«

»Aber den Verstand selbst sehen wir auch nicht! Laut deinen Worten müsste er keinen Verstand haben! Und dein Gewissen? Wer hat es je gesehen? Doch wie laut spricht es. Jeder Mensch hat ein Gewissen. Nun, das Ende von deiner Behauptung: Ich glaube erst, wenn ich anfasse – ist völlig absurd. Zwar sehen wir Gott nicht, aber er existiert. Wir sehen seine Liebe nicht, aber wir erleben sie in allem. Ja, wir sehen Gottes Verstand nicht, aber wir erkennen ihn in seinen Schöpfungswundern und in Naturgesetzen. Gott abzulehnen, nur weil wir ihn nicht sehen, ist eine Torheit. Gott sehen? Die Bibel sagt: ›Glückselig sind, die reinen Herzens sind, denn sie werden Gott schauen!‹ (Mt 5:8)

Apropos haben die Astronauten gar nicht nach Gott gesucht; außerdem können sie ihn nicht finden. Sie flogen lediglich 300 Kilometer hoch, und die Welt ist doch grenzenlos. Die Bibel sagt, dass Gott ›in einem unzugänglichen Licht wohnt‹. Das ist so, als würde jemand in den fünften Stock eines 100-stöckigen Gebäudes gehen und erklären: ›In diesem Haus wohnt niemand!‹ Gleichzeitig würde jemand aus dem obersten Stockwerk rufen: ›Wir sind hier, ihr habt uns bloß nicht erreicht!‹

Mit unseren Augen sehen wir Gott nicht, doch bald werden wir ihn sehen, wie es im Ersten Johannesbrief 3:2 heißt. Jetzt erkennen wir den Schöpfer aufgrund seiner wunderbaren Schöpfung. Manche behaupten, das habe die Natur erschaffen, und der Mensch stamme vom Affen ab. Aber woher kam der erste Affe?«

»Aus einer Zelle«, antwortete der Vater.

»Und die vielfältige Tierwelt? Auch aus einer Zelle?«

»Von mir aus soll es Gott geben. Aber er kann uns nichts vorwerfen: Wir haben nicht getötet, wir sind keine Sünder und keiner darf uns verurteilen«, rühmte sich der Vater.

»Du arbeitest doch als Fahrdienstleiter in einem Fuhrpark. Sag mal, habt ihr Busfahrer, die noch nie eine Verkehrsregel missachtet haben?«

»Natürlich gibt es solche. Fast alle. Einige von ihnen fahren seit Jahrzehnten unfallfrei, ohne Fehler.«

»Das kann nicht sein. Sie haben alle mal eine Verkehrsregel missachtet. Sie haben sich nur damit gerettet, dass sie die Strafe gezahlt oder gebettelt hatten, oder einfach nicht erwischt wurden. Vor dem Gesetz sind alle schuldig. So sind die Menschen. Wenn nicht die eine Sünde, dann die andere. Wie geschrieben steht: Alle haben gesündigt und verfehlen die Herrlichkeit, die sie vor Gott haben sollten! Vor Gott sind alle schuldig. Alle müssen Buße tun, um die Vergebung der Sünde zu empfangen. Dir wird übrigens die schlimmste Sünde zugerechnet!«

»Mir? Die größte Sünde? Welche?«, staunte der Vater.

»Ja! Du stehst in einer Reihe mit schlimmen Sündern. Lasst uns lesen, was die Bibel über dich sagt.«

»Was? Über mich steht in der Bibel?«

»Ja. Christus selbst, der Sohn Gottes, spricht von dir: ›Wer an ihn [Christus] glaubt, wird nicht gerichtet; wer aber nicht glaubt, der ist schon gerichtet, weil er nicht an den Namen des eingeborenen Sohnes Gottes geglaubt hat.‹ Hier sagt Christus, dass der Unglaube die schlimmste Sünde ist. Die anderen Sünden wachsen aus dem Unglauben. Wenn du nicht an Gott glaubst, dann bist du der größte Sünder! Du sollst an Christus als den Erlöser glauben. Dann erlebst du die Vergebung der Sünden und kommst nicht ins Gericht, sondern wirst das ewige Leben haben. Möge der Herr dir dabei helfen! Die Wahl liegt bei dir! So spricht die Bibel. Und Alexander Puschkin sagte einmal: ›Das Schicksal deiner Zukunft, Freund, liegt jetzt in deinem Willen!‹ Und du sollst nicht einfach an Gott glauben, sondern ihm dienen, denn Dämonen glauben auch.«

Damit endete das Gespräch, denn das Flugzeug landete bereits. Zum Abschied schenkte Nikolaj den Beiden ein Evangelium. Das tat er immer nach solchen Gesprächen. Er betete, dass das Wort Gottes in ihren Herzen Raum findet, und zwar auf einem guten Boden.

* * *

In Erinnerung bleibt ebenfalls die Begegnung mit der ersten Astronautin Valentina Tereschkowa.

Nikolaj flog dienstlich nach Moskau. Davor bekam er von zwei Gemeindemitgliedern in Frunse, Nikolaj und Polina Tschumovy, einen Brief mit der Bitte, diesen Valentina Tereschkova persönlich zu überreichen. Sie war damals die Vorsitzende des Komitees der Sowjetfrauen. Der Brief war eine Fürbitte zwecks Adoption zweier Waisenkinder nach einem tragischen Unfall des Bruders von Tschumovy. Beide Kinder lebten im Baltikum. Alle Anträge an die höchsten Instanzen am Wohnort und in Kirgistan waren vergebens. Deshalb beschlossen Tschumovy, sich an eine Frau mit Macht zu wenden, um die Adoptionsrechte zu bekommen.

Nikolaj, der eine besondere Liebe zu Waisen hatte und die Wichtigkeit des Briefes erkannte, wollte diesen nicht einfach in den Briefkasten werfen, sondern persönlich überreichen.

Er begab sich zum Gebäude des Komitees der Sowjetfrauen und fand heraus, im welchen Geschoss das Büro der Vorsitzenden war. Gegen zehn Uhr näherte sich dem Gebäude eine Limousine in Begleitung der Polizei. Tereschkova war gekommen.

Als sich die Eskorte entfernt hatte, begab sich Nikolaj zum Gebäude und eilte hinein. Am Eingang wachten zwei Polizisten, die ihn zurückriefen, aber ihren Posten nicht verließen. Nikolaj lief schnell ins erste Obergeschoss. Dort befanden sich auch zwei Polizisten. Er versuchte wieder schnell vorbeizuhuschen. Doch sie nahmen die Verfolgung auf. Nikolaj legte einen Zahn zu und staunte darüber, wie gut er der Polizei entwischt. Zum ersten Mal in seinem Leben rannte er so schnell. Der Brief! Hier war er: in der Tasche am Herz! Er musste ihn persönlich überreichen. Der Brief trieb ihn an und Nikolaj schrie:

»Retten sie mich, Valentina Tereschkova, retten sie mich!«

Er stürmte in ihr Büro. Tereschkova war allein. Sie stand auf, gab den Polizisten ein Zeichen zum Gehen und fragte den atemlosen Läufer:

»Was ist los? Wer sind sie? Und warum sind sie zu mir gerannt?«

Als Nikolaj wieder Luft bekam, erklärte er ihr alles: offen und ehrlich. Sie las den Brief. Anschließend versprach sie, die Bitte zu erfüllen; es würde eine offizielle Antwort kommen. So geschah es auch. Jetzt lebt die Familie Tschumovy mit den Kindern in Amerika. Sie freuen sich und preisen Gott. Dank Valentina Tereschkova...

»Haben sie noch weitere Anliegen?«, fragte sie.

»Ja«, antwortete Nikolaj und stellte ihr drei Fragen. »Glauben sie an Gott? Kehrt der Astronaut mit der gleichen Weltanschauung zurück, mit der er ins All gestartet war? Was war das Wichtigste beim gemeinsamen Flug ins Weltall?«

Nikolaj dankte ihr herzlich für den Empfang, die Gutmütigkeit, Unterstützung und Offenheit. Zur Erinnerung schenkte er ihr eine Taschenbibel. Denn er wusste: »Das Wort Gottes ist lebendig und wirksam und schärfer als jedes zweischneidige Schwert, und es dringt durch, bis es scheidet sowohl Seele als auch Geist, sowohl Mark als auch Bein, und es ist ein Richter der Gedanken und Gesinnungen des Herzens.« (Heb 4:12)

Seiner Bitte nach wurde Nikolaj von einem Polizisten zum Ausgang begleitet. Er verließ die Einrichtung mit Lob und Preis im Herzen, weil Gott ihm die Gelegenheit geschenkt hatte, einer solch berühmten Frau von Jesus zu erzählen.

* * *

Gott schenkte Nikolaj auch eine Begegnung mit dem wichtigsten Mann der Kirgisischen Sowjetrepublik.

Damals wurden diese Sowjetrepublik noch von der kommunistischen Partei unter der Leitung des Ersten Sekretärs T. Usubaliev geleitet. Er lud die Vertreter der vier größten Konfessionen Kirgistans ein: einen orthodoxen Priester, einen Leiter der Adventisten, einen führenden moslemischen Mullah und den Oberpresbyter der Baptisten. Somit gehörte Nikolaj auch zu den Gästen.

Im Büro des Ersten Sekretärs versammelten sich auch viele andere wichtige Beamten von Kirgistan.

Das Ziel war das Kennenlernen der Konfessionen und ihre Mitarbeit in der Zeitschrift »Literarischer Kirgistan«. Alle Vertreter der Konfessionen kamen zu Wort. Nikolaj berichtete über die Lehre der Evangeliums-Christen-Baptisten sowie ihrer Tätigkeit und schenkte allen Anwesenden ein Neues Testament.

Jede Konfession durfte in der Zeitschrift ihre geistlichen Artikel und Predigten publizieren. Laut Chefredakteur würden neue interessante Artikel das Image der Zeitschrift und die Leserzahl steigern. Dies lief nur wenige Jahre. Es war ein großes Zeugnis von Gott in einer weltlichen Zeitschrift. Irgendwann wurde Nikolaj mitgeteilt: Die kommunistische Partei habe den Zugang zur Zeitschrift geöffnet und sie schließe ihn auch! Doch der Teufel wachte zu spät auf, denn die Menschen hatten bereits von Gott und anderen religiösen Strömungen in Kirgistan erfahren!

* * *

Besondere Kraft und Allmacht Gottes erlebte Nikolaj beim Austreiben von Dämonen. In seiner langjährigen Praxis nahm er nur zweimal an einem solchen Dienst teil.

Beim ersten Mal luden die Verwandten einer Besessenen die Brüder zu ihr nach Hause ein. Sieben Brüder erklärten sich für die Austreibung der Dämonen bereit. Sie dachten an Jesu Worte: »Diese Art fährt nicht aus außer durch Gebet und Fasten.« Deshalb fasteten und beteten die Brüder einen Tag und brachen abends zu dieser Familie auf.

Nach einem Gespräch mit den Verwandten betraten sie das Zimmer der Besessenen. Sie stellten sich um das Bett der Betroffenen, die mit einem Bettlacken zugedeckt war. Jeder der sieben Brüder legte seine Hand auf ihren Körper; und sie beteten nacheinander. Als der dritte Bruder zu beten begann, hörten alle einen lauten Schlag, ähnlich einem Knall, und das Gebet war unterbrochen.

Die Brüder öffneten die Augen und sahen den erschreckten Bruder in einer entfernten Ecke des Zimmers sitzen und hörten eine unangenehme krächzende Stimme:

»Auch du, Hurer, bist gekommen, mich auszutreiben? In dir selbst stecken Dämonen!«
Damit war die Austreibung beendet.

Ja, Satan hat eine gewaltige Macht, doch Christus ist um vieles stärker. Er besiegte alle Mächte der Hölle und des Todes! Diese Kraft gab er seinen Nachfolgern (Mk 16:17-18). Allerdings müssen diese Nachfolger einen starken Glauben und ein reines Herz haben.

Gott offenbart unser Wesen! Der Philosoph Gregorij Skovoroda sagte: »Hände, die andere reinigen wollen, müssen rein sein!« Ein Mann Gottes bemerkte: »Gott braucht jemanden, der geistig lebendig und treu ist, auch wenn er schwächelt. Eine lebende Leiche ist für kein Werk Gottes geeignet!«

Beim zweiten Mal war es ein Gebet über einen besessenen jungen Mann. Fünf Brüder erklärten sich bereit, auch Nikolaj. Nach einem offenen Gespräch und Bekennen untereinander verbrachten sie zwei Tage im Gebet und Fasten. Am dritten Tag besuchten sie den Besessenen. Noch bevor sie antrafen, erklärte dieser seiner Familie, dass Brüder unterwegs seien, aber ihn nicht bewältigen werden! Tatsächlich wollten die Dämonen lange nicht verschwinden.

Die Brüder beteten nacheinander, doch die Dämonen blieben. Der Besessene wurde so kraftvoll hochgeworfen, dass fünf Männer ihn nicht festhalten konnten. Der Kampf dauerte eine halbe Stunde. Schließlich warfen ihn seine Dämonen zu Boden und entwichen durch das Fenster, das krachend aus dem Rahmen geschmettert wurde. Der junge Mann lag auf dem Boden: bleich und völlig entkräftet. Sie legten ihn aufs Bett, wo er sofort einschlief.

Nach zwei Stunden wachte er auf und bat im ruhigen Ton nach Essen. Später wurde er nicht mehr von Dämonen geplagt. Er führte ein ruhiges christliches Leben: sang sogar im Chor und predigte.

Gott sei Dank, dass er auch heute alle »Zerschlagene in Freiheit zu setzen« vermag (Lk 4:18). Ehre sei Gott für die Befreiung aller, die es wünschen und zu ihm kommen! Den Dienern der Gemeinde Christi sei gesagt: schaut auf die Unglücklichen, die Satan gefangen hält. Hört auf das Stöhnen dieser Sklaven. Helft ihnen in Kraft Gottes, sich aus dem Netz des Teufels zu befreien. Sagt nicht, dass ihr keine Kraft habt. Dazu braucht es keine Kraft, sondern Glauben und christliches Leben nach dem Willen Gottes. Denn so steht es geschrieben: »Lass dir an meiner Gnade genügen, denn meine Kraft wird in der Schwachheit vollkommen!« (2Kor 12:9) Und noch: »Ich vermag alles durch den, der mich stark macht, Christus.« (Phil 4:13) Nicht eure Kraft soll sichtbar werden, sondern Gottes Kraft. Damit könnt ihr alles! Und wenn ihr eure Schwachheit seht, dann sind diese Worte für euch! Seid mutig, Brüder!

* * *

In diesem Zusammenhang wird noch eine Erinnerung wach. An einem Besuchertag am Donnerstag suchte ein unbekannter Mann Nikolajs Büro auf und fragte nach ihm.

»Kommen sie herein und nehmen sie Platz«, lud ihn Nikolaj ein.

Der Unbekannte trat ein, setzte sich und schwieg.

»Warum schweigen sie?«

Der Mann schaute sich um und wiederholte, dass er Nikolaj persönlich sprechen wollte.

Nikolaj staunte und betrachtete den Besucher mit irgendeiner inneren Unruhe. War dieser vielleicht psychisch krank? Doch die Kleider des Besuchers und sein Benehmen waren in Ordnung.

»Ich höre zu! Ich bin Nikolaj. Womit kann ich helfen?«
Er erhob sich und ging auf den Besucher zu.
Der Mann blickte ihn erstaunt an, stand ebenfalls auf und musterte Nikolaj von Kopf bis Fuß. Dann sagte er: »Nein, sie sehen anders aus. Ich habe mir sie anders vorgestellt. Als ich ihre geistlichen Artikel in der Zeitschrift ›Literarischer Kirgistan‹ las und von ihnen hörte, hatte ich eine völlig andere Vorstellung von ihrem Aussehen. Sie sind nicht einmal groß!«
Sie unterhielten sich lange. Zum Abschied meinte der Besucher, der sich als Schriftsteller erwies:
»Sie sind doch sehr bekannt. Verdreht das ihnen nicht manchmal den Kopf? Ich persönlich leide an dieser Krankheit.«
Nikolaj antwortete, dass er sich als einen kleinen Mann versteht. Und ein kleiner Mensch bleibt auch auf dem höchsten Berg ein Kleiner. Wenn etwas getan war, dann hatte es der Herr getan! Sein ist die Kraft und Allmacht! Ihm allein gehört die Ehre!
Beide lächelten und verabschiedeten sich freundschaftlich. Sie trafen sich auch in Zukunft.
Nach diesem Besuch überlegte Nikolaj: »Wenn nicht unsere menschlichen Schwächen wären, wer würde erkennen, dass das Geheimnis des Erfolgs allein in der Macht Gottes liegt? Wenn wir sagen, dass der Allmächtige es getan hatte – haben wir das überzeugendste Argument für die Gegenwart Gottes unter uns Schwachen! Nicht wir, sondern Gott tut Wunder. Und wenn die Menschen das Vollkommene sehen, stimmen sie uns zu!«

Leider hat der satanische Stolz einige Brüder überwältigt, und sie schreiben alle geistliche Erfolge sich selbst zu! Satan hält sie im starken Netz gefangen. Sie ziehen Gottes Gericht auf sich, denn Gott »widersteht den Hochmütigen«. Schlimmer noch: sie laufen in die Hölle, die für den obersten Großtuer, den Teufel, und seinen Dienern bestimmt ist!

Auf dem Grab von Gregorij Skovoroda steht gemäß seinem Wunsch geschrieben: »Die Welt wollte mich fangen, aber vergebens!«
Denkt daran, liebe Brüder! Die Welt will uns fangen! Sie breitet Netze aus! Sie jagt uns, will uns verschlingen, »wie ein brüllender Löwe«! Deshalb: »Wacht und betet, damit ihr nicht in Versuchung kommt! Der Geist ist willig, aber das Fleisch ist schwach.« (Mt 26:41)

* * *

Ein besonderer Segen für Nikolaj war seine Reise ins Heilige Land, nach Israel! Wie alles Große begann auch diese wunderbare Reise im Kleinen.

1990 fand die Baptisten-Jahresversammlung der Sowjetrepublik statt. Es trafen Brüder aus der AUR unter der Leitung des Vorsitzenden Vassilij Logvinenko ein. Am Samstagabend, nach der Sitzung, versammelten sich die Brüder bei Nikolaj und sprachen über Verschiedenes. Nikolaj fragte:

»Warum ist das so? Die Russisch-Orthodoxe Kirche sendet jährlich ihre Vertreter ins Heilige Land, und von unserer Baptisten-Vereinigung besuchte noch niemand als Pilger dieses Land, in dem unser Retter Jesus Christus aufwuchs, lebte, predigte und starb. Das ist ungerecht.«

Nikolaj machte einen Vorschlag:

»Bruder Vassilij, sie möchten bald von ihrem Dienst des Vorsitzenden der Vereinigung zurückzutreten. Machen sie davor noch ein besonderes Andenken für die Bruderschaft: Ermöglichen sie unserer Delegation eine Israelreise. Das ist der Traum meines Lebens.«

Das stimmte wirklich. Seit seiner Bekehrung liebte Nikolaj die Bibel und wollte brennend Israel besuchen, das Land von Jesus. Dieser Wunsch wurde noch größer, als er das Buch »Das Land, wo Jesus Christus lebte« von Doktor Frey gelesen hatte. Er träumte davon und glaubte, dass eines Tages seine Füße den israelitischen Boden betreten würden!

Die Brüder reisten wieder ab, aber sie vergaßen nicht die Bitte. Sie stellten einen Antrag. Dank einer ausländischen Mission, welche die ganze Vorbereitung und die Kosten auf sich nahm, kam die Israelreise zustande. Im Herbst 1991 flogen vierzehn Personen von der Baptisten-Vereinigung auf die Insel Zypern; von dort aus reisten sie mit dem Schiff nach Israel.

Als sie das Ufer betraten, zog Nikolaj seine Schuhe aus, kniete nieder und küsste die Erde mit den Worten:

»Ehre sei Gott, ich bin endlich im Heiligen Land!«

»Das Land ist zwar heilig, Nikolaj, aber nicht die Einwohner!«, bemerkte Ivan Gnida, der Leiter der Delegation.

Acht Tage lang, von morgens bis abends, durchreisten sie Israel. Sie besichtigten alle berühmten Städte, die in Verbindung zum Leben von Jesus Christus stehen. Sie schauten alles an, hielten es in ihren Notizen, Fotos und Videos fest. Schließlich reisten sie glücklich ab, mit einem direkten Flug von Tel Aviv nach Moskau.

Nach der Rückkehr berichteten sie in fast allen Gemeinden Kirgistans von der Reise ins Heilige Land. Alle Kinder Gottes freuten sich zusammen mit Nikolaj, dankten dem Herrn und beteten für Israel.

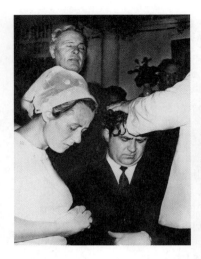

Ordination von Nikolaj zum Dienst.

Nach dem Anschlag.

Eine Wassermelone zur Erinnerung.

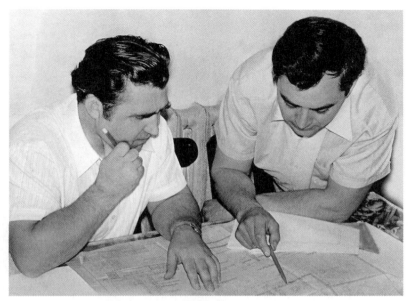
Nikolaj und Viktor Blank am Bauplan des Gebetshauses in Frunse.

Gottesdienst in der Gemeinde Frunse.

Mitten der Chorsänger der Gemeinde Frunse.

Ältestenrat von Kirgistan mit Gästen aus Moskau.

Unter den Brüdern des südlichen Kirgistans.

Das Treffen der EChB-Diener von Kirgistan.

Das Erntedankfest im Dorf Leninpol.

Unter den leitenden Brüdern der Gemeinde in Leninpol.

Der Besuch der Geschwister in Kant.

Nach der Taufe in der Gemeinde Kant.

Nach der Taufe in der Gemeinde Kara-Balta.

Das Republikanische Treffen der Ältesten. Rechts neben Nikolaj Sisov sitzt Jakov Duchontschenko, Oberpresbyter der Ukraine.

Bei einer Hochzeit im Dorf Belovodskoe.

Der Besuch der Brüder in Dschambul.

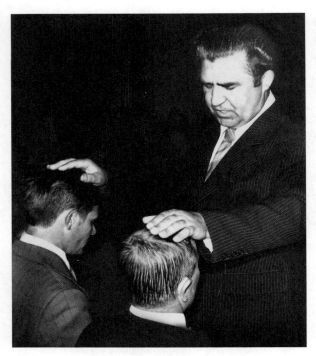

Die Ordination der Brüder für den Dienst.

Nikolaj Sisov tauft seinen ältesten Sohn.

Mit Brüdern im gelobten Land.

Abendmahl und Anbetung in Israel.

FÜNFTER TEIL

Dienst in Sankt Petersburg

Der Umzug

Im berühmten Buch »Die Pilgerreise« von John Bunyan wird der Sumpf der Verzweiflung erwähnt. In diesen Sumpf gerieten Christ und sein Gefährte Willig, der sogleich den Weg nach Hause einschlug, aber Christ kämpfte sich mühsam vorwärts. Eine schwere Last auf seinem Rücken und der tiefe Schlamm hinderten ihn daran, ans Ufer zu gelangen. Schließlich zog eine helfende Hand den Pilger aus dem Morast und stellte ihn auf festen Boden, damit er weiter ins himmlische Land pilgern konnte.

Nikolaj erlebte auf dem Weg ins himmlische Kanaan einen ähnlichen Sumpf der Verzweiflung. Das war Anfang 1992, als drei junge Brüder gegen ihn opponierten und offen seinen Rücktritt vom Amt des Oberpresbyters forderten. Nikolaj wusste, wenn er dem Republikanischen Rat den eigentlichen Grund seines Rücktrittes genannt hätte, wäre die Mehrheit der Brüder für ihn, und die meisten Mitglieder der Gemeinde in Frunse wären aus dem Baptisten-Verband nicht ausgetreten. Doch Nikolaj wollte keine Trennung der Brüder in Kirgistan und auch keine Spaltung der Gemeinde in Frunse. Deswegen bat er eindringlich den Republikanischen Rat, ihn vom Dienst des Oberpresbyters zu befreien. So geschah es auch. Er bekam ein Geschenk für seinen aufopfernden Dienst; seine Frau erhielt einen Blumenstrauß; abschließend wurde dafür gebetet, dass Gott ihn weiterhin als ein gutes Gefäß gebraucht.

Den seelischen Zustand von Nikolaj kann nur derjenige nachempfinden, der jahrelang gedient hatte und dann ohne jeglichen triftigen Grund abgeschrieben wurde.

Dreiundzwanzig Jahre im Dienst als Oberpresbyter, zuvor als Helfer des Ältesten in Frunse, mehr als fünfzig Jahre Jugendarbeit – und plötzlich verworfen... Jahrzehnte im Dienst für Gottes Volk – und dann Leere und Einsamkeit... Ist das nicht schwer, nach vielen Jahren des Dienstes unter dem Volk auf der hintersten Bank zu landen, und das zu Unrecht?

Auch Nikolaj geriet in den Sumpf der Verzweiflung. Diesen Sumpf durchschritten viele Männer Gottes auf ihrem Weg in die himmlische Heimat. David, der Mann nach dem Herzen Gottes, nannte dies das »Tal der Todesschatten« und betete zum Herrn: »Führe du mich auf den Felsen, der mir zu hoch ist!« (Ps 61:3) Der gottgefällige und gerechte Hiob sprach in seiner Trauer: »Mein Harfenklang ist zu einem Trauerlied geworden und mein Flötenspiel zu lautem Weinen.« (Hiob 30:31) Die Söhne Korahs klagten: »Was betrübst du dich, meine Seele, und bist so unruhig in mir? [...] Mein Gott, meine Seele ist betrübt in mir...« (Ps 42:6-7) Der große Prophet Elia bat Gott in seiner Verzweiflung um den Tod (1Kö 19:4). Der mächtige Johannes der Täufer durchschritt diesen Sumpf der Verzweiflung (Mt 11:2-3). Die Auflistung könnte endlos fortgesetzt werden. Sogar der Sohn Gottes selbst, Jesus Christus, erlebte diese schreckliche Einsamkeit und tiefes Herzeleid: »Meine Seele ist tief betrübt bis zum Tod!« (Mt 26:36-39; Heb 5:7)

Nikolajs Seelennot und seine Gebete erreichten Gott – und seine allmächtige Hand zog ihn aus dem Sumpf der Verzweiflung; Gott stellte ihn auf den Felsen der Hoffnung...

Das tat Gott durch Viktor Blank, der damals in Deutschland lebte und der Bruderschaft in Russland diente. Er lud Nikolaj nach Sankt Petersburg ein, um dort bei der Renovierung eines Gebäudes für eine Bibelschule zu helfen. Nikolaj sah in dieser Einladung die Führung Gottes und reiste nach St. Petersburg.

Arbeit und Dienst

In St. Petersburg wurde Nikolaj von Viktor Blank abgeholt und zum zukünftigen Dienstort gebracht. Von außen war das dreistöckige Gebäude weder schön noch gepflegt.

Es war ein ehemaliges Wohnheim für Frauen der berufsbildenden Schulen. Innen sah es noch schlimmer aus: Fensterscheiben, Wasser und Heizungen fehlten, die Toiletten waren verstopft und defekt. Die Zimmer stellten eine seltene Bildgalerie dar – Zeichnungen, die bei keiner Ausstellung zu finden sind! Überall herrschte Dreck und Unordnung...

Dieses Gebäude musste in einen würdigen Zustand gebracht werden; zum Leben und Lernen von Studenten des ersten Bibelcolleges in Russland: Logos.

Viktor begleiteten Freiwillige aus Deutschland, die ihren Urlaub unentgeltlich in die Sanierung des Gebäudes investierten. Eine Arbeitsgruppe löste die andere ab, und so arbeiteten sie zur Ehre Gottes, für sein Volk. Außer den Freiwilligen aus Deutschland halfen Freiwillige aus der ehemaligen UdSSR. Nikolaj half ebenfalls mit. Auch Viktor krempelte seine Ärmel hoch. Manchmal reiste er nach Deutschland zurück, um dort Geräte, Werkzeuge und Baumaterial zu besorgen. Außerdem unterstützten die Einwohner von St. Petersburg beim Renovieren, besonders die Mitglieder der EChB-Gemeinden. Wenn Viktor nicht vor Ort war, übernahm Nikolaj die Leitung und übernachtete völlig einsam im leeren Gebäude. Doch er jammerte nicht. Er sah darin den Dienst für seine Brüder in Christus.

Die Zeit lief davon. Das Gebäude musste zum Semesterbeginn fertig sein. Es reisten die ersten Studenten an, die mithalfen und ihre Zimmer einrichteten.

Zum 1. September waren zwei Stockwerke einsatzfähig: für den Unterricht und zum Wohnen für Studenten. Aus den kleinen Zimmern wurden große Klassenzimmer errichtet, auch eine großflächige Bibliothek, Büros, Räume zum Ausruhen und zum Beten...

Das erste christliche Bibelcollege Russlands startete rechtzeitig: am 1. September 1992.

Der Aufenthalt von Nikolaj in St. Petersburg schien jetzt zu Ende zu sein. Doch die Administration des Colleges und der Vorstand schlugen ihm vor, die Leitung des Colleges zu übernehmen. Nikolaj erwähnte seine Familie in Frunse (Frau und drei Kindern, die noch im Elternhaus waren); er wollte nicht getrennt von ihnen leben und für die Zugfahrten fehlte ihm das Geld; außerdem waren zwei seiner verheirateten Söhne in Amerika und er hoffte, bald von ihnen geholt zu werden; somit wäre er nur ein kurzfristiger Angestellter.

Die Administration bot ihm an, auf Kosten des Colleges in der Nähe eine Wohnung zu mieten und seine Familie zu holen. Sein zeitlicher Aufenthalt in St. Petersburg wäre kein Problem; er sollte so lange arbeiten wie möglich. Sie einigten sich.

So begann Nikolajs Dienst im christlichen College: zuerst als Leiter und bald darauf als Rektor sowie Studentenpastor. Am College organisierte er zusätzlich ein Fernstudium in Form von Abendkursen. Hier konnten die Mitglieder der St. Petersburger Baptistengemeinde theologische Disziplinen studieren. Den Unterricht leitete Nikolaj zusammen mit den Absolventen des Colleges. Es gab genug Arbeit.

Seine Frau und drei Kinder reisten an: zwei Schüler und eine Tochter mit abgeschlossener zehnter Klasse. Mit Zustimmung seiner Familie lehnte Nikolaj eine Wohnung ab, damit das fürs College dringend benötigte Geld nicht ausgegeben werden musste.

Sie wohnten mit den Studenten. Die Tochter wurde ins College eingeschrieben, allerdings ohne Stipendium, da sie in die USA auswandern wollte. Sie teilte sich ein Zimmer mit anderen Studentinnen. Ein Sohn schlief in Viktors Büro, wenn dieser nicht in St. Petersburg war und der andere auf einer Matratze auf dem Boden. So hausten sie: ohne zu murren und zu klagen.

Nikolaj wohnte mit großer Freude in einem Gebäude mit Studierenden. Viele Studenten nannten ihn »Väterchen«. Das freute Nikolaj herzlich, weil es zeigte, dass er noch gebraucht wurde. Studenten, Professoren und die

Administration lebten einträchtig beisammen wie eine große Familie.

Selten konnte Nikolaj sich vor Mitternacht schlafen legen; noch seltener bis sieben Uhr morgens durchschlafen. Von morgens bis abends umringten ihn Studenten. Sie teilten ihm alles mit: irgendeine Sorge, unruhige Nacht, schlechte Nachrichten von zu Hause, Sorgen um Familie, nicht erwiderte Liebe, das Warten auf die Hochzeit, dringend benötigte Kleidung oder Schuhe, das Bedürfnis nach einem gemeinsamen Gebet, einem Gespräch oder einem Ratschlag. Er nahm sie bereitwillig auf, hörte verständnisvoll ihre Probleme an und versuchte jedem zu helfen.

Die Studenten hatten das Recht auf ein kostenloses Mittagessen in der Mensa; Frühstück und Abendessen bereiteten sie sich selber zu – dafür gab es ein kleines Stipendium. Die Studenten kauften in umliegenden Läden ein.

Nikolaj beschloss ihnen zu helfen. Er machte mit den Leitern der umliegenden Sowchosen aus, dass günstige frische Produkte ans College geliefert wurden. So erhielten die Schüler wöchentlich eine direkte Lieferung: guten Schmand, frischen Quark, Gemüse und Früchte zu viel günstigeren Preisen als in den Läden. Jeder Kurs bestimmte einmal in der Woche jemanden, der den Verkauf im College durchführte und mit dem Leiter der Sowchose abrechnete.

Außerdem interessierte sich Nikolaj für humanitäre Hilfe und erbat für Studierende Eipulver, Mehl, Öl und Milchpulver. Anschließend verteilte er diese Lebensmittel unter seinen Studenten...

Abends verbreitete sich ein herrlicher Duft im College: Die Studenten backten Crêpes, kochten Kaffee und luden einander ein. Sie freuten sich über die zusätzlichen Rationen; und gemeinsam mit ihnen freute sich auch der Leiter.

Viktor unterstützte aus Deutschland mit Kleidung, Schuhen, Ausrüstung, manchmal auch mit Lebensmitteln und Gebrauchsgegenständen. Das wurde mit großen Autos ans College geliefert. Solche Tage brachten den Studenten viel Freude und zusätzliche Feste.

Hin und wieder benötigten die Studenten medizinische Hilfe. In jenen Jahren wurden gebührenpflichtige Termine im Stadtkrankenhäusern eingeführt. Aber die Studenten hatten kein Geld. Außerdem war dafür eine Wohngenehmigung notwendig, die in St. Petersburg nicht einfach zu bekommen war; zumal viele Studenten sich nicht in ihrer Heimatstadt abmelden wollten. Somit gab es große Probleme.

Nikolaj musste die Krankenhäuser, die Stadtverwaltung und das Gesundheitsamt besuchen, um sie von der Notwendigkeit der nicht terminierten und kostenlosen Behandlung von Studenten des Bibelcolleges zu überzeugen. Bald konnte eine Einigung mit einer Klinik erzielt werden.

Eines Abends nach dem Unterricht klopfte jemand schüchtern an Nikolajs Tür. Dort standen junge Mädchen, die sehr verlegen wirkten. Sie wollten etwas sagen, trauten sich aber nicht...

»Was ist los, liebe Schwestern?«, fragte der Leiter freundlich.

»Na ja... hier... es ist peinlich mit ihnen darüber zu sprechen...«

»Warum seid ihr dann zu mir gekommen? Ich muss eure Geheimnisse nicht wissen!«

»Wir haben sonst niemanden. Und sie können helfen.«

»Dann sagt, was ihr braucht?«

»Gut, wir tun es, aber wundern sie sich nicht. Galja hat Geburtswehen, die Zeit ist gekommen...«

»Na, das ist doch nicht peinlich oder verwunderlich! Wenn Galjas Mann Geburtswehen hätte, dann wäre ich sehr erstaunt, aber in ihrem Fall ist das natürlich. Geht und macht sie startbereit! Ich rufe im Kreißsaal an.«

Am nächsten Morgen wurde bekannt, dass alles in Ordnung sei. Die Familie Samojlenko war um ein Kind reicher geworden.

Einmal waren die männlichen Studenten in schrecklicher Aufregung. Sie waren irgendwie verwirrt und rannten aufgeschreckt während des Unterrichtes durch das College.
»Was ist passiert? Was ist mit euch los?«, fragte Nikolaj einen der Studenten.
»Ach... einfach furchtbar«, brummte er und eilte davon.
Schließlich erklärten die Schwestern, dass Jurij Krejman und einige andere Studenten zum Wehrdienst einberufen wurden. Deshalb wären die jungen Männer besorgt.
»Macht ihr euch auch Sorgen? Dann fahre ich direkt zum Rekrutierungsbüro mit einer Fürbitte; und ihr sollt beten!«
Sogleich bereitete Nikolaj das entsprechende Dokument mit Stempel und Unterschrift vor und begab sich zum Rekrutierungsbüro. Dort konnte jedoch keiner helfen. Sie erklärten ihm, dass die Militärpflicht auch für Studenten gelte. Nikolaj suchte das höhere Rekrutierungsbüro auf. Dort erhielt er die gleiche Antwort. Sie fügten noch bei, dass nur Studenten von höheren Bildungsstätten befreit werden.
»Und ihr College? Das ist doch keine höhere Bildungsstätte... Lediglich irgendeine Schule«, lachte der Kommissar. »Zudem ist sie nicht in unserer Stadt registriert. Nein! Ich kann ihre Studenten nicht befreien, dazu habe ich keine Berechtigung. Wenden sie sich an den Verteidigungsminister.«
»Aber er ist nicht so leicht zu erreichen! Und außerdem läuft die Zeit davon! Unsere Jugendliche können in den nächsten Tagen einberufen werden. Wenn sie keine Fristverlängerung ausstellen können, dann verraten sie mir, wer dieses Problem lösen kann!«
»Wenden sie sich an die Stadtverwaltung«, antwortete der Kommissar.
»Dann rufen sie bitte dort an, damit ich noch heute empfangen werde«, bat Nikolaj inständig. »Es ist so schwer dort einen Termin zu bekommen.«

»Gut! Ich rufe an!«, versprach der Kommissar.

»Tun sie es jetzt! Ich gehe nicht, bevor sie etwas unternommen haben«, drängte Nikolaj.

»Was für ein Rektor! Wenn jeder seine Studenten so beharrlich befreien würde, dann würde niemand mehr in der Armee dienen!«, bemerkte der Kommissar gutmütig.

»Unsere Studenten sind anders. Wenn alle jungen Leute so wären, dann würden wir gar keine Armee brauchen, denn es gäbe keine Kriege«, antwortete Nikolaj.

»Genug philosophiert. Sonst kommen wir in den Bereich des Unerlaubten. Ich telefoniere…«

Er wurde schnell mit der Stadtverwaltung verbunden. Aber das Gespräch dauerte lange. Genauer gesagt, hörte sich der Kommissar eine sehr lange Antwort an, als er darum bat, Nikolaj mit seinem konkreten Anliegen zu empfangen. Dann sollte Nikolaj das Büro verlassen, während er weiter telefonierte. Schließlich rief er Nikolaj wieder herein und teilte mit, dass die Stadtverwaltung ihn morgen um zehn Uhr erwartete.

Am nächsten Tag fand dort ein konstruktives Gespräch statt. Es bestand Hoffnung auf einen positiven Entscheid.

Nochmals mussten Dokumente für das Rekrutierungsbüro erstellt und der Rektor beim Kommissar vorstellig werden. Diesmal erkannte Nikolaj ihn nicht wieder: Er war sehr freundlich, bewirtete ihn mit Kaffee und nahm dankbar die Bibel an, die ihm Nikolaj zum Abschied geschenkt hatte. Er verkündete:

»Von jetzt an werden ihre Studenten in Ruhe gelassen. Ich habe es persönlich dem Rekrutierungsbüro befohlen. Sie dürfen gleich ihre Militärpflichtigen damit erfreuen, dass sie von der Wehrpflicht befreit sind.«

Voller Freude kehrte Nikolaj zurück zum College. Dort erspähte er schon von weitem eine Gruppe, die am Eingang auf ihn wartete.

Ein lautes »Hurra« und »Preist den Herrn« erklang durch das ganze Gebäude, als die Studenten die frohe Nachricht erfuhren. Abends fand eine gemeinsame Gebets- und

Dankeszeit statt, weil die Brüder weiter studieren durften. Die Studenten blieben länger wach als gewöhnlich: Ihre Freude ging in Lobpreis über. Jeder war sich bewusst, dass es viele Gründe zum Danken des Allmächtigen gibt!

An einem Freitagabend traf Viktor Blank mit einem großen Lastwagen an. Er brachte humanitäre Hilfe aus Deutschland für das College mit. Laut Gesetz wurde der Lastwagen verplombt und unterlag der Zollkontrolle. Allerdings arbeitete der Zoll am Wochenende nicht. Das Fahrzeug war gemietet und jeder weitere Tag verursachte zusätzliche Kosten.

Was nun? Zwei Tage bis Montag warten und noch einen Tag, bis der Lastwagen den Zoll passiert und abgeladen wird? Mehr als drei Tage Wartezeit bedeuteten tausende Mark an zusätzlichen Ausgaben für das College. Viktor entschied, alles am frühen Samstagmorgen abzuladen; Nikolaj sollte die Zollpapiere am Montag erledigen.

Gesagt, getan. Am Samstagmorgen wurde abgeladen und der LKW fuhr zurück. Nikolaj notierte eine Bemerkung auf den Transportpapieren und bescheinigte, dass die humanitäre Hilfe vom christlichen College entgegengenommen wurde. Bereits am Sonntagabend teilte der Fahrer telefonisch mit, dass sie die Grenze wohlbehalten überquert hätten, niemand hätte die Dokumente bemängelnd und sie würden Richtung Deutschland fahren.

Am Montagmorgen begab sich Nikolaj zum Zoll. Zwei Zollbeamte nahmen die Papiere entgegen und gingen nach draußen.

»Wo steht der Lastwagen?«, fragten sie.

»Wahrscheinlich schon in Deutschland. Er fuhr bereits am Samstag ab«, antwortete Nikolaj.

Abrupt blieben die Beamten stehen, schauten sich gegenseitig an und starrten auf Nikolaj.

»Wie? Sie waren doch schon mal hier und wissen, dass die Zollplombe nicht geöffnet werden darf, um abzuladen? Wie haben sie es gewagt?«

Sie führten Nikolaj zum Chef. Nikolaj schritt mutig voran im Wissen, dass die Studenten und das ganze Personal für ihn jetzt beteten. Zunächst hörte sich der Chef seine Inspektoren an, dann die Erklärungen des Rektors. Er schwieg. Plötzlich prustete er los. Er lachte laut und lange, sodass alle fürchteten, er sei verrückt geworden!

Endlich sagte er:

»Seit mehr als zehn Jahre arbeite ich beim Zoll, aber so etwas erlebe ich zum ersten Mal. Und wie konnte der Lastwagen die Grenze ohne unseren Stempel überqueren?«

Nikolaj erklärte, dass er selbst die Transportpapiere unterzeichnet habe und als Bestätigung ein Firmenpapier des Colleges über den Erhalt der Ware beifügte. Der Lastwagen habe bereits mit diesen Papieren die Grenze passiert.

»Wenn sie so weitermachen, werden wir bald überflüssig.« Er wandte sich an seine Kollegen: »Geht an eure Arbeit. Ich werde mich selbst um ihn kümmern.«

Es war ein freundschaftliches Gespräch über das christliche College in St. Petersburg, über die Seele und Gott, über das Zwischenmenschliche und die Beziehung zu Gott. Sie gingen als gute Freunde auseinander.

Das ganze College erwartete ungeduldig ihren Rektor. Als Nikolaj mitteilte, dass alles gut ausgegangen war, strömten viele Dankesgebete zu Gott für seine Wunder und seine Hilfe. Und Nikolaj dankte Gott für die erwiesene Gnade, weil er dank dieses Ereignisses den Chef des Zolls kennengelernt hatte. Wahrlich, alles, was Gott tut, ist gut, sogar sehr gut, wie es in der Bibel heißt (1Mo 1:31).

Bei Schwierigkeiten oder vor einem Treffen mit hochrangigen Personen bat Nikolaj die Studenten immer um Gebet und erklärte ihnen, wofür sie konkret beten sollten.

* * *

Der ständige Schlafmangel, die Überlastung im Dienst wirkten sich auf Nikolajs Gesundheit aus. Es traten Herzprobleme auf. Die Ärzte rieten zum Aufenthalt im Krankenhaus, doch Nikolaj lehnte ab, weil er im College gebraucht wurde.

Sonntagmorgens fand ein Studenten-Gottesdienst in der Turnhalle statt. Daran beteiligten sich Professor Petr Penner, Nikolaj und die Mitarbeiter des Colleges. Die Gottesdienste verliefen lebendig und abwechslungsreich. Bald kamen andere Menschen dazu, oft ungläubige. Nach dem Mittagessen, gegen Abend, besuchten die Studenten andere Gemeinden der Stadt.

Nach einer kurzen Nachtruhe erschien der Rektor beim Morgengebet der Mitarbeiter, dann erledigte er dringende Anliegen: Abschließen von Verträgen, Einsatzpläne schreiben, Briefe beantworten, telefonieren, Besucher empfangen, Organisationen besuchen und abends Gespräche mit Studenten führen.

Die Studenten vertrauten dem Rektor wie einem geistlichen Vater ihre Geheimnisse an. Sie erzählten von der nicht erwiderten Liebe, teilten ihre Sorgen mit, weihten ihn in ihre Pläne ein, redeten über Versuchungen oder bekannten Sünden.

Eines Abends klopften zwei Studentinnen an die Tür und fragten scheu:

»Was meinen sie, dürfen Studenten Spickzettel schreiben? Bald sind Prüfungen.«

»Ich bin fest davon überzeugt, dass alle Studenten Spickzettel schreiben dürfen und sollen«, antwortete Nikolaj. »Nur...«

»Alles klar! Wir haben sie verstanden!«, jauchzten sie und eilten glücklich davon.

»Wartet! Bleibt stehen!«, rief Nikolaj hinterher, doch sie waren spurlos verschwunden.

Am nächsten Tag warteten vor Nikolajs Tür viele Studentinnen.

»Wollt ihr einzeln oder alle zusammen hereinkommen?«, fragte er.

»Alle zusammen!«, jubelten sie.

Sie betraten das Gebetszimmer, beteten gemeinsam und Nikolaj fragte nach dem Grund des Besuches. Sie waren verlegen, doch dann traute sich eine:
»Stimmt es, dass sie gestern erlaubt haben Spickzettel zu schreiben?«
»Ja, das stimmt! Ich sagte, dass man Spickzettel schreiben darf und soll! Ich habe dies sogar empfohlen!«
»Haben sie auch mal Spickzettel geschrieben?«, fragte eine mutige Studentin neugierig.
»Ja! Ich schrieb sie vor dem Examen in der Militärschule und im biblischen Fernstudium in Moskau«, bekannte Nikolaj.
»Vielen Dank, wir haben daran gezweifelt.«
»Aber hört weiter zu, denn gestern haben die Schwestern in Christus nicht zu Ende gehört und sind davongeeilt«, bemerkte der Rektor traurig.
»Und was möchten sie noch sagen?«
»Die Spickzettel dürfen und sollen sogar gemacht werden, wie ich schon gesagt habe. Aber sie dürfen keinesfalls bei einer Prüfung verwendet werden!«
»Warum?«, fragten die erstaunten Studentinnen. »Was nützen die Spickzettel, wenn man sie nicht benutzen darf?«
»Das Benutzen der Spickzettel ist strikt verboten, weil das ein Betrug gegenüber dem Lehrer und sich selbst ist. Und Betrug ist vor Gott eine Sünde. Aber sie zu schreiben – das ist nützlich. Denn in eurem visuellen Gedächtnis bleibt jedes Wort und jede Zeile haften, die ihr auf dem Zettel notiert. Je öfter ihr sie abschreibt, desto besser kommen sie während der Prüfung in Erinnerung«, belehrte der Rektor.

Nicht sehr erfreut verließen die Studentinnen den Raum. Dennoch benutzten sie laut ihren Worten keine Spickzettel bei den Prüfungen, konnten sich aber dank dieser besser an den gelernten Stoff erinnern.

Ein anderes interessantes Gespräch fand mit jungen Männern und Frauen statt. Es handelte von Liebe.

»Dürfen sich Studenten verlieben?«, fragten die Mutigen.
»Sie dürfen und sollen sogar!«, antwortete der Rektor.
»Das ist super! Wir haben schon befürchtet, sie würden uns deswegen schelten«, sprudelte es aus allen heraus.
»Moment mal!«, dämpfte Nikolaj den Geist der Verliebtheit. »Sich verlieben – ja, aber nur wie Christus seine Jünger lehrt.«
Nikolaj schlug die Bibel auf und las aus dem Johannesevangelium (13:34-35):
»'Ein neues Gebot gebe ich euch, dass ihr einander lieben sollt, damit, wie ich euch geliebt habe, auch ihr einander liebt. Daran wird jedermann erkennen, dass ihr meine Jünger seid, wenn ihr Liebe untereinander habt.‹ Um einander lieben zu können, wie Christus uns geliebt hat, müssen wir stark verliebt sein. Seit also bemüht einander zu lieben – das ist möglich und sogar nötig für euch Christen. Es ist auch für die Welt notwendig, damit ihr ein Zeugnis der brüderlichen Liebe und der Liebe Christi seid.«

»Und dürfen die Studierenden des Colleges heiraten, bevor das Studium zu Ende ist?«

»Sie dürfen! Wir sind doch nicht im Kloster, sondern an einer Bibelschule! Aber diejenigen, die während des Studiums heiraten, müssen sich eine Wohnung auf eigene Kosten suchen, da es im College keine freien Zimmer gibt. Nur wer verheiratet das Studium beginnt, erhält ein Familienzimmer.«

»Und dürfen sich Studierende in ihre Lehrkräfte verlieben? Und wenn das bereits geschehen ist, wie soll man das zugeben?«

»Nur wenn ihr leiden wollt. Es lohnt sich nicht, darüber zu reden, weil diese Liebe einseitig ist. Alle Lehrer sind verheiratet. Sollte dennoch jemand von ihnen die Liebe erwidern, so werden beide aus dem College ausgeschlossen, weil das in Gottes Augen eine Sünde ist. Betet zum Herrn, dass euer Herz nicht von der Sünde beherrscht wird, sondern von der Liebe Gottes. Und Gott wird euch in eurer Liebe segnen und euch bei der Partnersuche helfen.«

»Und wie haben sie ihre Frau ausgesucht?«, wollten die Studenten wissen.

Nikolaj erzählte alles.

»Und welcher Altersunterschied darf zwischen den Verliebten sein?«, fragten die Studentinnen.

Darauf schilderte Nikolaj ein Ereignis aus dem Leben.

Als er noch in Frunse lebte, waren auf der Titelseite einer lokalen Zeitung zwei Fotos abgebildet: ein Gelehrter, der mit dem Nobelpreis gewürdigt wurde, und eine »Miss Schönheit«. Als das 18-jährige Mädchen sich in der Zeitung neben dem Nobelpreisträger sah, schrieb sie ihm folgenden Brief: »Das Schicksal selbst hat uns gefunden und nebeneinander gestellt, um der ganzen Welt zu zeigen, dass wir einander würdig sind. Kein Problem, wenn sie verheiratet sind, denn eine Scheidung kostet heutzutage nicht viel. Wir werden glücklich sein: Ich – eine junge Schönheit, sie – geachtet und reich. Unsere Kinder werden noch glücklicher sein: sehr schön und sehr reich. Ich warte gespannt auf ihre Einladung.« Die Antwort des 75-jährigen Professors lautete: »Ich bin sehr glücklich, dass wir nur in der Zeitung und nicht im Leben nebeneinander stehen. Ich wäre unglücklich, wenn das Schicksal uns unter einem Dach zusammengeführt hätte. Und unsere Kinder wären noch unglücklicher: mit meiner Schönheit und deinem Verstand!«

Es wurden noch viele Fragen gestellt. Dürfen Gläubige eifersüchtig sein? Was ist, wenn zwei leibliche Schwestern denselben Mann lieben? Gibt es eine Grenze des Erlaubten? Wenn ja, worin besteht sie für Verlobte, die schon standesamtlich getraut sind? Dürfen sich Verliebte küssen?

Zum Schluss beteten sie zusammen in der Hoffnung, dass Gott denen hilft, die ihr Schicksal ihm anvertrauen, wie es im Psalm 37:4-5 geschrieben steht.

Weit nach Mitternacht suchten die Studenten und Nikolaj ihre Zimmer auf.

Über viele andere wichtige Themen diskutierten die Studenten mit Nikolaj während seines Dienstes am College. Zum Beispiel über fröhliche und düstere Christen. Was sagt die Bibel über unsere menschliche Freude? Dürfen Gläubige lachen und Humor haben? Ist das Lachen während eines Gottesdienstes angebracht?

Sie sprachen auch über Kinder und Familienplanung. Was lehrt die Bibel dazu? Wie wird eine starke und glückliche Familie gegründet? Soll jung geheiratet werden oder erst wenn beide auf eigenen Beinen stehen und Erfahrung haben?

So verflog unmerklich ein Jahr...

* * *

Die ersten zwei Jahre des Bibelcolleges verliefen anfangs in der Stadt Beloretschensk (Gebiet Krasnodarsk); das dritte Studienjahr wurde in St. Petersburg absolviert. Somit fand die erste Abschlussfeier im Jahr 1993 statt: in einem überfüllten Gemeindehaus in St. Petersburg (Poklonnaja Gora). Bei dieser ersten Graduierung des russischen Bibelcolleges waren viele anwesend: Studenten, Mitarbeiter, Vertreter des Colleges im Ausland sowie einige Eltern der Studierenden.

Die Absolventen saßen in der ersten Reihe in traditioneller Kleidung eines Bachelors: Mäntel und Hütte mit Quasten. Begleitet vom Orchester kamen sie nach vorne und nahmen ihre Bachelor-Diplome entgegen. Viele warme Worte und wunderbare Wünsche wurden den Absolventen für den weiteren Weg mitgegeben. Es war ein richtiges Fest! Es blieb allen in guter Erinnerung: Absolventen, Lehrern, Vertretern des Colleges und natürlich Nikolaj.

Nach der ersten Runde kündigte das College eine neue Aufnahme von Studenten an. Nach kurzer Zeit war der erste Kurs belegt und am 1. September 1993 begann der reguläre Unterricht.

Ungeachtet der wunderbaren Beziehungen zwischen Studenten und Mitarbeitern des Colleges kam die Trennung. Auf den Ruf seiner Söhne, die in den USA lebten, wollte Nikolaj mit seiner Familie zu ihnen ausreisen. Die Tickets waren auf den 28. September 1993 datiert.

Am Vorabend versammelten sich alle Studenten, Mitarbeiter und Lehrer in der Mensa. Doch im Zentrum stand nicht das Essen, sondern gemeinsame Gespräche und Wünsche für Nikolaj. Als Zeichen der Liebe und zur Erinnerung überreichten sie dem Rektor ein Geschenk und ein Album, das die Studenten selbst gestaltet hatten. Ein solcher herzlicher Abend bleibt unvergesslich!

Studenten des Bibelcolleges »Logos«, heute »Christliche Universität Sankt Petersburg«.

SECHSTER TEIL

In Amerika

IM AUSLAND

Am 28. September 1993 begaben sich Nikolaj und seine Familie zum Moskauer Flughafen, um nach Amerika zu fliegen. Die Zollkontrolle passierten sie zügig.
»Haben sie Gold dabei?«, fragte ein Zollbeamter bei der Gepäckkontrolle.
»Nein«, antwortete Nikolaj ruhig.
»Was haben sie in den Taschen?«
»Bücher.«
Tatsächlich hatten Nikolaj und seine Kinder nur Bücher im Gepäck. Nur seine Frau bat darum, eine Tasche mit Sachen zu füllen: Decken, Wechselkleider für alle und ein wenig Geschirr.
»Stellen sie die Taschen zur Kontrolle ab.«
Die Taschen wurden durchleuchtet.
»Wozu so viele Bücher?«, wollten die Beamten wissen.
»Und was sind das für Bücher?«
Nikolaj erklärte, dass er viele Jahre als Geistlicher gearbeitet hatte und deshalb religiöse Literatur mit sich führe, und die Kinder hätten ihre Schulbücher mit. Als Nachweis legte er eine in Frunse beglaubigte Liste dieser Bücher vor.
»Gold, haben sie Gold? Wie viel Geld haben sie dabei?«, forschte einer der Zöllner energisch nach.
»In welcher Kirche waren sie Geistlicher?«, fragte der andere neugierig.
»Ich war Oberpresbyter der Evangeliums-Christen-Baptisten in Kirgistan«, antwortete Nikolaj.
Der Zöllner wandte sich an seinen Kollegen:
»Was für Gold? Schau sie dir an! Sie haben weder Ringe noch Ohrringe. Das ist kein orthodoxer Priester, sondern ein armer Baptist.«
Er hackte die Kontrolle ab und befahl:
»Nehmen sie ihr Handgepäck und gehen sie zum Flugzeug!«
Die Familie ging. Nikolaj wunderte sich, dass die Kontrolle so schnell erledigt war; und jetzt würde er das Land

verlassen, in dem er geboren und aufgewachsen war, in dem er Gott und Menschen gediente und so viel erlebt hatte. All das gehörte nun der Vergangenheit an. Was erwartete ihn im unbekannten Land?

Allerdings hatte Nikolaj weder Zukunftsängste noch bereute er die Vergangenheit. Er war sich sicher, dass Gott seine Wege leitete. Er vertraute sein Leben und seine Familie dem Allmächtigen an. Deswegen nahm er ruhig im Flugzeug seinen Platz ein. Wenige Minuten später erhob sich die Maschine und steuerte auf den anderen Kontinent zu.

Nach einem langen Flug ohne Zwischenlandung landete das Flugzeug in Amerika. Ein anderes Flugzeug brachte die Familie in die Stadt Spokane (im US-Bundesstaat Washington), wo sie erwartet wurden.

Als sie die Maschine verließen und das Flughafengebäude betraten, staunte Nikolaj noch mehr, da ihm nicht nur seine eigenen Kinder um den Hals fielen, sondern eine große Gruppe von Gläubigen ihn im fremden Land willkommen hieß. Dazu zählten ehemalige Mitglieder der Gemeinde Frunse, aber auch viele unbekannte Gläubige aus Spokane.

Nach der herzlichen Begrüßung bat ein Bruder, alle auf die Seite zu kommen und dankte laut und für alle sichtbar für diese Begegnung. Danach fuhr Nikolaj mit seiner Familie zu seinen Kindern!

»Sei gegrüßt, Amerika! Gott, segne uns hier«, flüsterte Nikolaj und blieb geborgen im Herrn, dem er sein Leben geweiht hatte…

Hier in Amerika sorgten sich die Ärzte um Nikolajs Gesundheit, die schon in Kirgistan angeschlagen war, als er einen Herzinfarkt erlitt. In St. Petersburg war er ständig überlastet und litt unter Schlafmangel. Hier wurde ihm empfohlen, sein Herz unbedingt im Krankenhaus behandeln zu lassen. Nikolaj nahm es als eine Führung Gottes an, weil er selbst nicht darum gebeten hatte, und war einverstanden.

Im Krankenhaus bekam er ein »eisernes Herz«, also einen Herzschrittmacher, der die Arbeit des Herzens regulierte, denn es hatte zum Teil Unterbrechungen bis zu 15 Sekunden. Nikolaj konnte jedoch nicht tatenlos herumsitzen. Entgegen der ärztlichen Empfehlung hantierte er bereits eine Woche später mit einem Rechen auf dem Kirchengelände – beschädigte dabei den Herzschrittmacher und landete erneut im Krankenhaus.

In Amerika gibt es auch Probleme. Dort ist kein Paradies auf Erden und die Dollars wachsen nicht auf Bäumen: man muss sie erarbeiten! Obwohl Nikolaj und seine Familie in der ersten Zeit staatliche Hilfe erhielten, war die materielle Not dennoch groß. Drei Familien teilten sich eine Dreizimmerwohnung: Nikolaj und zwei seiner Söhne mit Familien. Am schwierigsten war es morgens, wenn sich vor dem Badezimmer eine Schlange bildete. Deshalb standen einige früher auf. Das Schlafen war auch nicht sehr komfortabel. Nikolaj und seine Frau schliefen in einem leeren, kalten und ungemütlichen Betonkeller. Eine größere Mietwohnung war nicht möglich. So lebten sie: eng beieinander, aber einträchtig und im Frieden, zur Verwunderung vieler Bekannter und Verwandter.

Um die dürftige staatliche Hilfe irgendwie aufzustocken, arbeiteten Nikolaj und seine Frau als Postboten. Sie standen täglich um 2:45 Uhr auf und holten die Zeitungen ab, verpackten sie mit einem Gummiband (beim nassen Wetters in Folie) und verteilten sie. Die Zeitungen mussten an einer trockenen Stelle beim Eingang abgelegt werden, und zwar rechtzeitig, vor sechs Uhr morgens. Für Verspätungen und jede feuchte Zeitung wurde vom Postboten Geld abgezogen.

So arbeiteten sie jede Nacht. Fünf Jahre lang: ohne freie Tage, im Winter und Sommer, bei Frost und Hitze, Regen und Schnee. An Feiertagen und Sonntagen kamen zusätzlich Berge von Werbung hinzu. Jeder Stapel war einige Kilogramm schwer. Manchmal stürzte Nikolaj wegen Steine, Eis, verschneiten Bordsteinen oder einfach wegen der Eile.

An Wochenenden halfen die Schulkinder mit. An Werktagen schonten die Eltern ihre Kinder und ließen sie nachts schlafen, damit sie morgens nicht im Unterricht einschliefen.

Nach fünf Jahren wechselte Katja in eine Fabrik. Mit ihren sechzig Jahren arbeitet sie heute noch. Allerdings ist sie immer wieder von Kurzarbeit betroffen.

Nikolaj dagegen fand keine Stelle. Alle waren der Meinung, er sei kein Arbeiter mehr: in die Jahre gekommen und krank…

Zu den materiellen Nöten kamen neue Probleme hinzu. Nikolajs Familie suchte ein gemeinsames Grundstück, um Häuser zu bauen. Alle Kinder wollten beieinander wohnen. Doch wo sollte man ein solches Baugrundstück finden? Einige Freunde lachten sie aus: So etwas gibt es in Amerika nicht.

Einige Monate später klingelte das Telefon: »Haben sie Interesse an einem Haus mit großem Grundstück?« Sofort fuhren sie hin. Dem Schwiegersohn gefiel das Haus. Er erklärte dem Besitzer, dass er es nur dann kaufen würde, wenn das Grundstück aufgeteilt werden dürfe. Die Behörden genehmigten die Fläche in vier Teile aufzuteilen, um weitere Häuser zu bauen.

Um dafür von der Bank ein Kredit zu erhalten, war ein Startkapital notwendig. So kratzten alle ihre dürftigen Einnahmen zusammen. Aber es war noch Geld für die Anzahlung notwendig. Wo sollten sie es hernehmen? Deshalb liehen sie 100 bis 300 Dollar aus. Nur wenige waren bereit zu unterstützen. Nikolaj wandte sich an Freunde in Spokane und in anderen Städten Amerikas. Er telefonierte mit Kirgistan, Russland, Deutschland, wandte sich an Amerikaner, die er schon kannte, doch sobald er das Geld ansprach, konnte niemand helfen: Alle wurden scheinbar am selben Tag insolvent.

Nikolaj verstand, dass Gott ihm damit zeigte, wie die menschliche Freundschaft ist. Nikolajs Hoffnung auf diese Unterstützung sollte verweht werden. Ja, ein Freund ist wie ein Schatten am klaren Tag: Sobald Wolken auftauchen, ist er verschwunden. Es gilt die alte Volksweisheit: »Freunde lernt man in der Not kennen.« Allein Christus blieb für seine Jünger ein echter Freund – für immer. Nikolaj legte alles zu Füßen Christi: »Hilf, Herr, hilf!« Und er sang: »Machen Wolken dir den Himmel trübe, sage es Jesu!« Und der himmlische Freund half! Auf wunderbare Weise, wie es Nikolaj nicht erwartet hatte. Der genaue Betrag für die Anzahlung war vorhanden. Das war wieder ein Wunder Gottes! Ehre sei dir, Herr, für deine Wunder!

Heute wohnen auf dem Grundstück fünf große Familien von Nikolaj. Ihr Traum wurde wahr. Alle freuen sich und danken Gott dafür, dass sie auch in Amerika als Großfamilie einmütig beieinander leben können! Natürlich müssen die Schulden dreißig Jahre lang abbezahlt werden! Aber wenn Nikolaj und seine Familie sich an die Vergangenheit erinnern, danken sie Gott mit dem Psalmisten: »Jene rühmen sich der Wagen und diese der Rosse; wir aber des Namens des Herrn, unseres Gottes.« (Ps 20:8)

Der Dienst in Amerika

An seinem ersten Sonntag in Amerika besuchte Nikolaj eine russische Baptisten-Gemeinde. An diesem Tag wurde das Abendmahl gefeiert. Die Brüder baten Nikolaj, das Abendmahl auszuteilen, da es unter ihnen keinen ordinierten Bruder gab. Gleichzeitig fragten sie ihn, ob er nicht wenigstens vorübergehend den Dienst des Ältesten übernehmen könnte. Die Gemeinde war einstimmig dafür; und so war er hier von 1993 bis 1999 Ältester. In dieser Zeit wuchs die Gemeinde auf achtzig Mitglieder. Zuerst versammelten sie sich in einer amerikanischen Gemeinde, dann mieteten sie in einer anderen Gemeinde einen Raum für den Gottesdienst und die Chorproben. Sonntagmorgens musste der Gottesdienst um 8:00 Uhr beginnen und abends – wie bei allen um 17:00 Uhr.

Zwar war die Gemeinde gemessen an der Mitgliederzahl klein, aber einmütig. Die Gottesdienste verliefen interessant. Jedes Mal, besonders abends, gab es außer den Predigten eine Zeit für freie Beiträge (30-40 Minuten), in der sich sowohl Mitglieder als auch Gäste mit Liedern, Gedichten oder Zeugnissen beteiligen durften. Vor der Abendversammlung fand eine einstündige Bibelstunde statt. Alles war lebhaft; beteiligen durfte sich jeder.

Mit Freude erinnern sich die Gemeindemitglieder an die gemeinsamen Mahlzeiten im Speisesaal, die in einer Atmosphäre der brüderlichen Eintracht und Liebe stattfanden.

1999 wurde Nikolaj auf seine eindringliche Bitte und in Zusammenhang mit seiner Krankheit vom Dienst als Ältester befreit. Er verblieb jedoch in der Gemeinde als Ehrenpresbyter, der beratend unterstützte.

Im selben Jahr schlossen sie sich mit einer anderen russischsprachigen Gemeinde der Stadt zusammen. Nikolaj, seine Frau und Kinder wurden Mitglieder der Gemeinde »Licht des Evangeliums« und dienen dort.

In Kliniken

Am 5. November 1998 ereignete sich ein Autounfall und Nikolaj befand sich elf Tage auf der Intensivstation, teilweise bewusstlos. Wenn er bei Bewusstsein war, versicherte er seinen Lieben, dass er leben werde! Das hätte ihm Gott geoffenbart. So geschah es auch! Das Auto hatte einen Totalschaden. Nikolaj erlitt schwere Verletzungen am Brustkorb und an der Lunge. Bei der Entlassung erhielt er ein Sauerstoffapparat zum Atmen, da seine Lunge den Körper nicht ausreichend mit Sauerstoff versorgte. Einige

Male musste er zur Untersuchung in die Klinik. Er wurde jedes Mal für eine Nacht an verschiedenste Geräte angeschlossen, um den Sauerstoffgehalt im Blut und die Herzfunktion zu prüfen.

Nach solch einer nächtlichen Untersuchung bestellte der behandelnde Arzt Nikolaj zu sich ins Büro und fragte:
»Sie sind Nikolaj?«
»Ja, der bin ich!«
»Wenn sich jetzt ihre Verwandten nach ihrem Zustand erkundigt hätten, so hätte ich empfohlen, sie schnellstmöglich zu beerdigen, denn laut allen Ergebnissen sind sie tot!«

Der Arzt zeigte ihm die Grenzwerte des Sauerstoffes im Blut, bei dem der Mensch gerade noch lebt. Nikolajs Werte lagen drunter.

»Aber ich lebe doch!«
»Deswegen habe ich auch nicht gesagt, dass sie heute beerdigt werden sollten. Es ist ein Wunder!«, staunte der Arzt.

Nikolaj wusste auch, dass es ein Wunder Gottes war. Darum dankte er immer wieder und lobte seinen allmächtigen Gott, der auch heute große Wunder tut!

* * *

Es vergingen vier Jahre und wieder erlebte Nikolaj und seine Familie ein gewaltiges Wunder Gottes: die Heilung von einer fürchterlichen Krankheit. Nikolajs Herzenswunsch ist, den Menschen von der Güte Gottes und von seinen Wundern zu erzählen. Dies soll unsere Herzen zur Dankbarkeit bewegen, zum Lob, Preis, Anbetung und Gottesfurcht gegenüber dem allmächtigen und liebenden Schöpfer!

D*rei Stellen aus der Heiligen Schrift seien zitiert: »Denn er verwundet und verbindet; er zerschlägt, und seine Hand heilt.« (Hiob 5:18) »Wir wissen aber, dass denen, die Gott lieben, alle Dinge zum Besten dienen...« (Rö 8:28)*

»Da spricht der Jünger, den Jesus lieb hatte, zu Simon Petrus: Es ist der Herr!« (Joh 21:7)

Wenn wir den Weg des Evangeliums gehen, gibt es in unserem christlichen Leben keine Zufälle. Manchmal lässt Gott nicht nur das Angenehme und Erfreuliche zu, sondern auch Leiden, Beschwernisse, böse Menschen, Krankheiten, Einsamkeit, materielle Nöte, Schwermut und vieles mehr.

Anfang November 2002 entdeckten die Ärzte bei Nikolaj einen bösartigen Tumor: in Nasenhöhlen, Jochbein, Augapfel und Stirnhöhle. Die Analysen bestätigten diese Vermutung zweimal: eine besonders gefährliche Variante von Krebs – ein Melanom.

Es stand eine schwere und ernsthafte Operation bevor, die in Spokane nicht gemacht werden konnte. Deswegen wurde Nikolaj nach Seattle überwiesen, wo nur zwei Professoren solche Operationen durchführten.

Die Untersuchung übernahm ein Professor, der berichtete, dass er in seiner langjährigen Praxis als Chirurg bereits hunderte verschiedene bösartige Tumoren operiert habe. Aber eine solche Operation habe er nur bei sechs Personen durchgeführt, wo denen vier gleich danach verstarben.

Nikolaj versicherte, dass er überleben würde, weil Gott es ihm bereits bestätigt hatte. Das war noch lange vor der Operation. Als die Diagnose gestellt wurde, versammelte sich die ganze Großfamilie bei Nikolaj zu Hause: dreizehn Kinder und zwölf Enkel. Alle beteten zu Gott und baten um Gnade. Nach dem Gebet hatten alle den inneren Frieden und die Gewissheit, dass die Operation gelingt und Nikolaj wieder nach Hause kommen wird.

Vor der Abreise zur Behandlung erzählte Nikolaj seiner Gemeinde von der Krankheit und bat um Gebete für die Operation.

Im Glauben und Hoffen auf Gott reiste er am 8. Dezember 2002 nach Seattle. Sein ältester Sohn begleitete ihn und blieb lange dreizehn Tage bei ihm im Krankenhaus.

Die Operation war für den 12. Dezember geplant. Doch morgens am 11. war noch nicht klar, ob sie stattfindet. Vor allem der Anästhesist sträubte sich dagegen, weil Nikolaj mit seinem kranken Herz an der Narkose sterben könnte. Spät abends wurden zusätzliche Untersuchungen gemacht und Gott löste alle Probleme. Alle Werte waren im Normbereich und Nikolaj wurde operiert. Die Operation dauerte fünf Stunden und war erfolgreich, obwohl es Komplikationen gab; aber davon später.

Die Onkologen baten Nikolaj nach eineinhalb Monaten zu einer Kontrolle in Seattle zu erscheinen, weil sie fünf weitere verdächtige Geschwüre fanden. Vor der Entlassung betrat der Onkologe das Zimmer und sagte dem Sohn, dass Nikolaj noch maximal zwei Monate leben werde. Deswegen solle ihm nichts verboten werden: Der Kranke solle essen und machen, was er wolle, um seine letzten Tage in vollen Zügen zu genießen! Aber der Mensch denkt und Gott lenkt! Die Untersuchung nach eineinhalb Monaten ergab, dass der Krebs völlig weg war. Und sogar die Narbe im Gesicht war aus der Ferne kaum sichtbar.

AUFERWECKT ZUM LEBEN

Obwohl Nikolaj das ärztliche Wissen und Können würdigte, war er tief davon überzeugt, dass darüber sein Gott stand! Gott segnete die Hände des Chirurgen und der Ärzte, er schenkte ihnen Weisheit für die gelungene Operation! Er ist es, der aus dem Körper die schreckliche Krankheit vertrieb! Gott selbst! Deswegen verbeugen sich Nikolaj, seine Familie und Freunde vor dem Herrn; sie geben die Ehre Gott, der zum Leben auferweckte und durch sein mächtiges Wort ein Wunder tat.

Denn während der Operation verließ Nikolajs Seele den Körper. Sie war auf dem Weg zu Gott. Es war so schön und angenehm über der Erde zu schweben. Nikolaj wusste um seine liebe Frau, Kinder und Enkel auf der Erde, aber er war deswegen nicht besorgt.

Plötzlich erblickte er seinen leblosen Körper in einem großen hellen Raum. Der Körper lag auf dem Operationstisch, bedeckt mit einem weißen Tuch. Um ihn rannten aufgeregte Krankenschwestern und Ärzte. Sie riefen laut und zeigten auf den Körper. Plötzlich unterbrach die laute Stimme des Professors diese Hektik:

»Nein! Er wird leben! Das hat er gesagt. Heute beten für ihn hunderte von Menschen. Hört mit dieser Panik auf!«

Sonst verstand Nikolaj das gesprochene Amerikanisch nicht gut, aber hier konnte er jedes Wort des Professors verstehen.

Nach seinen Worten beruhigte sich das Personal. Und die Stimme Gottes rief Nikolaj wieder in den Körper zurück, weil er die Gebete der Heiligen erhörte. Deswegen verlängerte er sein Leben!

»Herr«, sprach Nikolaj, »ich will zu dir. Mir geht es so gut!«

»Schau auf die Erde«, ertönte die Stimme vom Himmel. »Siehst du die Gebete für dich aufsteigen?«

Nikolaj blickte hinab und sah die Erde wie einen großen Globus; er sah sie von allen Seiten gleichzeitig. Von vielen Orten strebten hellblaue Streifen zum Himmel empor, ähnlich den Lichtstrahlen; andere durchdrangen die Dunkelheit wie Blitze, flossen zusammen und flogen empor.

Aus Spokane, Vancouver, Seattle, Alaska, Ostküste Amerikas, Kanada, Deutschland, Russland, Ukraine, Kirgistan, sogar aus Australien schwebten blaue Lichtstreifen zum Himmel, wo die Engel sie abwechselnd in goldene Gefäße sammelten und zum grellen Glanz trugen, wo der Thron Gottes war.

Dieser Ort erinnerte an das Nordlicht; es war nur um vieles heller. Dieses Licht wurde von Flammenstößen gespeist, ähnlich dem Feuer im Ofen. Darüber prunkte ein gewaltiger Regenbogen, der um vieles schöner und heller war, als der irdische Regenbogen. Vor Freude und Entzücken wollte Nikolaj weinen, doch er hatte keine Tränen. Er konnte nicht weinen!

»Wie sollte ich diese Gebete nicht erhören?«, sprach dieselbe Stimme aus dem Himmel weiter. »Gehe zurück!« Entgegen seinem Wunsch glitt Nikolaj gehorsam tiefer und tiefer und schlüpfte schließlich in seinen kalten und leblosen Körper. Dies fühlte sich an wie das Anziehen eines Taucheranzugs, der gerade aus dem kalten Wasser gezogen wurde. Es war nicht angenehm, doch Nikolaj tat dies im Gehorsam, weil Gott dies befohlen hatte.

Auf diese Weise schenkte Gott Nikolaj das Leben wieder: dank der Gebete der Gemeinden, seiner Frau, Kinder, Enkel und Freunde. Gott wirkt auch heute Wunder!

»Wer ist dir gleich, herrlich in Heiligkeit, furchtgebietend in Ruhmestaten, Wunder vollbringend?« (2Mo 15:11) – so sang Israel nach der Überquerung des Roten Meeres. Im Einklang mit dem Volk Gottes wiederholte Nikolaj diese Worte.

Warum beschloss er aber, dieses Erlebnis anderen zu erzählen und nicht in seinem Herzen zu verheimlichen?

Nachdem er aus dem Krankenhaus entlassen wurde, dankte er seiner Gemeinde für die Gebetsunterstützung und besuchte auch die Gemeinde »Pilger«, in der Bruder Alexander Kaprijan als Ältester diente. Dort bedankte er sich für alle Gebete und berichtete kurz davon, wie er diese Gebete sogar gesehen hatte.

Am darauf folgenden Montag rief Bruder Alexander an und bat Nikolaj, sein Erlebnis im Audioformat aufzuzeichnen. Nikolaj war nicht sofort einverstanden. Nach allen Erlebnissen fürchtete er sich davor, etwas Eigenwilliges zu tun. Sie beschlossen dafür zu beten. So wie der Herr antwortet, so solle es geschehen. Am nächsten Morgen öffnete Nikolaj das Wort Gottes und las im Psalm: »Was wir gehört und gelernt haben und was unsere Väter uns erzählt haben, das wollen wir ihren Kindern nicht vorenthalten, sondern den Ruhm des Herrn erzählen dem späteren Geschlecht, seine Macht und seine Wunder, die er getan hat… Damit diese auf Gott ihr Vertrauen setzten und die Taten Gottes nicht vergäßen und seine Gebote befolgten.« (Ps 78:3-4,7)

Nikolaj nahm dieses Wort wie eine Offenbarung Gottes an und teilt heute die Güte Gottes und seine Wunder mit anderen, denn der Herr »ist derselbe gestern und heute und auch in Ewigkeit«! Diese Erinnerungen sollen den Glauben an den Allmächtigen mehren, die Hoffnung auf seine Barmherzigkeit stärken, die erste Liebe zum Herrn sowie seinem Erbe entflammen und seine Kinder mit Gottesfurcht erfüllen. Denn die heutige junge Generation übersieht die Güte Gottes in ihrem Leben und erkennt die heutigen Wunder Gottes nicht; sie ehrt den allmächtigen Gott nicht richtig! Die Eltern müssen ihren Kindern von den Wundern des Herrn erzählen, die sie als ältere Generation erlebten.

ZUM NACHDENKEN

Zum Nachdenken hatte Nikolaj genug Zeit. Lange Tage und nicht selten schlaflose Nächte im Krankenhaus hinterließen ihre Spuren. Nikolaj überlegte viel, überdachte die Prioritäten, entdeckte neue biblische Schätze und zog aus seiner Krankheit nicht wenige Lektionen. Einige davon möchte er mit anderen teilen.

* * *

Zunächst ein Wort an alle Leidende, Schwerkranke, Arme, ungerecht Beschuldigte, Einsame, Verlassene, Unterdrückte, Bedrängte, Hungernde, Verfolgte und Gefangene, an alle, die den inneren Frieden verloren haben – lest Hiob 5:18: »Denn er verwundet und verbindet; er zerschlägt, und seine Hand heilt.«

Das Erste, woran Nikolaj immer dachte und was ihn ermutigte: Gott »verwundet und verbindet«. Das linderte die Schmerzen und stärkte den Glauben und die Hoffnung auf den Herrn. Heute erinnert er alle Leidende an diese Worte. Nehmt sie zu Herzen. Diese Erkenntnis, dass Gott »verwundet und verbindet«, wird euch in Krankheiten und Nöten stärken, euer Leiden lindern und euch Hoffnung auf seine Barmherzigkeit schenken.

Wenn ihr versteht, dass Gott das Leid vorübergehend zugelassen hat, werdet ihr alle Umstände und diese Not in einem vollkommen anderen Licht erkennen.

Darüber hinaus werdet ihr erfahren, dass diese zeitlichen physischen und moralischen Schwierigkeiten für euch selbst und eure Mitmenschen nützlich sind, und dass sie zur Verherrlichung des Herrn dienen, wie geschrieben steht: »Wir wissen aber, dass denen, die Gott lieben, alle Dinge zum Besten dienen...« (Rö 8:28)

»Meine Leiden dienten mir zum Besten«, sagt Nikolaj. »Ich erkannte, was ich zu lassen habe, und womit ich Gott und Menschen dienen könnte. Diese nicht einfachen Umstände waren nützlich für meine Reinigung und Heiligung, wie Christus im Johannesevangelium sagt (15:1-2). Das von mir Erlebte stärkte den Glauben meiner Freunde, erweckte eifrige Gebete füreinander und bewirkte letztendlich unseren innigen Dank und Lob für Gottes wunderbare Taten. Und junge Menschen wurden von Ehrfurcht vor dem Allmächtigen erfüllt.«

Auch für euch, meine Lieben, kommt Hilfe und Rettung, es braucht nur Geduld, um ohne Murren auf die wunderbare Wende zu warten, die Gott vorgesehen hat. Denkt an die Auferstehung von Lazarus.

Lazarus wurde krank. Er und seine Schwestern waren davon überzeugt, dass Jesus unverzüglich kommen werde, um ihn zu heilen, denn Jesus liebte diese Familie – das wussten sie. Deshalb ließen sie Jesus ausrichten: »Herr, siehe, der, den du lieb hast, ist krank!« Und sie warteten. Sie warteten zwei Tage, aber Jesus kam nicht. Dann starb

Lazarus – und Jesus war immer noch nicht da. Lazarus wurde bestattet – und Jesus erschien nicht. Es vergingen weitere vier Tage – von Jesus keine Spur... Die Schwestern waren sehr traurig und begannen zu murren. Ist dies nicht in ihren Worten zu vernehmen, mit denen sie Jesus empfingen: »Herr, wenn du hier gewesen wärst, mein Bruder wäre nicht gestorben!« (Joh 11:21)

Aber der Herr verspätete sich nicht! Er kam, Lazarus wurde auferweckt, die Schwestern freuten sich und viele glaubten und verherrlichten den Herrn!

Der Herr kommt auch zu uns! Er kommt rechtzeitig, auch wenn wir lange warten müssen und es schwierig wird. Doch er kommt und wird ein Wunder tun. Und wir werden Gott loben und preisen. Vergesst den Dank nicht!

* * *

In seiner letzten Krankheit lernte Nikolaj drei Lektionen.

Erstens: Wir müssen Gott für den wundervoll geschaffenen Körper danken. Habt ihr Gott für eure Augen, Ohren, Nase, Mund, für jedes andere Organ schon gedankt? Wenn nicht, so tut es heute, denn: »Gott sah alles, was er gemacht hatte; und siehe, es war sehr gut.« (1Mo 1:31) Deshalb gehören diesem wunderbaren Schöpfer würdige Ehre und Dank von allen seinen Geschöpfen, auch von euch. Verneigt euch, preist unseren Schöpfer!

Die zweite wichtige Lektion ergibt sich aus dem Gesagten und betrifft alle Christen: Wir müssen bedenken, dass unser Körper ein Tempel des in uns wohnenden Heiligen Geistes ist. Deshalb verwöhnt den Körper nicht, macht aus ihm keinen Götzen, aber pflegt und bewahrt ihn heilig, und dient damit dem Herrn, wie im Römerbrief geschrieben steht (12:1-2).

Dritte Lektion: Diese hat Apostel Paulus in einem Brief an die Korinther sehr gut erklärt (1Kor 12). Lest dieses Kapitel – und ihr werdet davon überzeugt sein, dass sowohl im menschlichen Körper als auch in der Gemeinde alle

Glieder einander und Christus brauchen. Wir sind alle verschieden. Wir haben unterschiedliche Berufungen und Fähigkeiten. Nicht alle bekleiden hohe und sichtbare Ämter in Gemeinden, aber auch die äußerlich unbedeutenden Glieder sind für andere und Christus wichtig. Wirklich alle? Viele sind doch nutzlos und unangenehm? Nein, alle sind wichtig! Auch der menschliche Körper hat Glieder, die nichts Gutes tun, doch sie sind sehr notwendig, solange Gott unseren Körper noch nicht verändert hat. Heute finden sich in Gemeinden auch solche Glieder, die später außerhalb der Gemeinde sein werden, aber vorläufig sind sie notwendig: für die Abhärtung, Erziehung und Heiligung der anderen.

Die Glieder der Gemeinde sollen aus dem Gesagten eine Lehre ziehen: Seid nicht stolz und erniedrigt einander nicht, sondern findet eure Berufung, euren Platz in der Gemeinde und tut demütig eure Pflicht, vergreift euch nicht am Platz des Nächsten.

Das beinhaltet auch eine Lektion für alle verantwortlichen Diener: Helft allen Gliedern der Gemeinde, ihre Fähigkeiten zu entdecken und stellt jedem Glied einen Dienst zu Verfügung. Dann werden die Ortsgemeinden ihre von Gott bestimmte Mission erfüllen; und wir werden ein glückliches, einmütiges und schmerzfreies Leben haben. Möge Gott uns dabei helfen!

* * *

Noch einige Worte an alle Beter, die fleißig Fürbitten praktizieren: einzeln oder in Gruppen.

Lest zu Beginn einige Verse aus der Heiligen Schrift: 1Mo 18:1-33, 19:29; sowie Hiob 42:7-9 und 1Tim 2:1-4.

Diese und viele andere Bibelstellen unterstreichen die Bedeutung der Fürbitte im Gebet. Unsere Gebete bewahren diejenigen vor Strafe, die Falsches reden und ungerecht verurteilen, wie Hiobs Freunde. Durch Gebete rettet Gott unsere Verwandten aus der verdorbenen Welt, wie Lot und seine Familie. Unsere Gebete bewirken, dass Gott seine Strafen überdenkt, sowohl für einzelne Menschen als auch für ganze Städte und sogar Länder, wie es mit Sodom und Gomorra war. Solche Gebete gefallen Gott, wie Apostel Paulus an Timotheus schreibt. So singen wir auch in einem Lied:

In Stunden der Entmutigung,
Wenns gar zu trübe geht,
Gibt Trost mir und Ermutigung
Ein wundersüß Gebet.

Außerdem sind solche Gebete ein Segen für die Beter. Sie erhalten (wie Abraham) Offenbarungen über die Welt um sie herum; Gott belohnt ihre Gebete mit hundertfachem Segen (wie Hiob) und macht ihr Leben ruhig und still, wie das Wort Gottes es durch Apostel Paulus verspricht.

Darum betet, meine Lieben, betet und verzagt nicht. Lasst eure Anliegen vor Gott kundwerden. Betet ohne Unterlass. Betet allein und in Gruppen; betet privat und im Gebetshaus; betet und glaubt, dass solche Gebete dem Herrn angenehm sind. Und er wird euch erhören und segnen!

Der Herr segne euch und behüte euch! Der Herr lasse sein Angesicht leuchten über euch und sei euch gnädig! Der Herr erhebe sein Angesicht auf euch und gebe euch Frieden! Amen.

* * *

Während der zwei Wochen im Krankenhaus begegnete Nikolaj vielen Ärzten, Krankenschwestern und Personal. Einige verrichteten die gleiche Arbeit, aber sie gingen unterschiedlich mit Patienten um. Einige sorgten mit ihrem Auftritt gleich für schlechte Laune und verschlimmerten die Schmerzen. Andere dagegen wirkten wie ein heller Sonnenstrahl im Zimmer – und es war nach Singen zumute, die Schmerzen verschwanden, alles schien schön und erwünscht, sogar die Spritzen; die liebevolle Stimme und der freundliche Umgang förderten die Genesung.

Nikolaj erlebte erneut, wie wichtig es ist, überall und in allem ein Mensch zu bleiben. Wir sollen unbedingt Gutes tun, einander nette Worte zusprechen, Kranke trösten und ermutigen, den leidenden Seelen Aufmerksamkeit widmen und gewissenhaft seinen Pflichten nachgehen. Nikolaj erlebte die Kraft und die Wichtigkeit des freundlichen Wortes: Es schafft Wunder! Es ist so leicht auszusprechen und so gewichtig in der Auswirkung.

Schade, sehr schade, dass viele Menschen und darunter auch Christen sich nicht an liebe und freundliche Worte erinnern, die sie dem Nächsten sagen könnten. Selbst in der eigenen Familie, mit den Liebsten wird unfreundlich geredet.

Seid ein Sonnenstrahl im Reich der Finsternis, spendet einen freudigen Lebensstrahl an jedem Ort: zu Hause, in der Schule, auf der Arbeit, in der Gesellschaft, in der Gemeinde, beim Besuch, in Gefängnissen und in Krankenhäusern. Es ist nicht nötig, den Menschen die Laune zu verderben – sei es mit Gejammer, finsterem Blick, langweiligen und teilnahmslosen Gesicht, scharfen Vorwürfen oder Urteilen.

Denkt daran, dass jeder Christ ein Brief Christi ist, der immer und überall ein Wohlgeruch sein soll. Vergesst es nicht! Sprecht gleich am frühen Morgen jemanden ein freundliches Wort zu, lächelt bei Begegnungen, erfreut den Nächsten mit irgendeiner Wohltat. Ihr werdet damit sowohl euren Nächsten als auch euch selbst eine Freude machen!

* * *

Einige Worte zum Besuch von Kranken… Das Gefühl eines Kranken beim Besuch von seinen Liebsten ist unbeschreiblich. Das muss erlebt werden! Christus schätzt den Krankenbesuch hoch, denn er spricht: »Ich bin krank gewesen, und ihr habt mich besucht…« (Mt 25:36)

Wie viel Freude bereitet ein Besuch! Den Wert eines Krankenbesuches versteht man am besten im Krankenbett.

Wollen wir Gutes tun, solange wir und unsere Nächsten leben. Lasst uns unseren Freunden Blumen schenken, und nicht erst am Grab. Lasst uns Freundliches über unsere Verwandten reden, und nicht erst auf ihrer Beerdigung. »So lasst uns nun, wo wir Gelegenheit haben, an allen Gutes tun...« (Gal 6:10)

Bis heute stehen vor Nikolajs Augen seine Frau, die Töchter und der Schwiegersohn (laut Nikolaj sind sie alle seine Kinder) – als er nach der Operation aufwachte. Um einen geliebten Menschen zu besuchen, nahmen sie eine lange und gefährliche Reise mit dem Auto auf sich. Und welch eine schöne Überraschung machte sein leiblicher Bruder Petr mit seiner Tochter Natascha. Ein angeschlagener Mann, der wegen seiner kranken Beine und des Rückens kaum laufen konnte, opferte seine Bequemlichkeit und ertrug die Strapazen der Reise, um seinen Bruder zu besuchen. Nikolaj wird diese Visite niemals vergessen!

Leider gleichen viele Besucher Hiobs Freunden: Entweder reden sie nicht mit dem Kranken und verstärken damit sein Leiden, oder sie beschuldigen ihn einer Sünde.

»Gib zu, warum du krank bist! Welche Sünde steckt dahinter?«, fragten einmal einige Brüder eine kranke Schwester im Krankenhaus.

»Ich weiß nicht, womit ich mich vor Gott schuldig gemacht habe. Wir sind doch alle Sünder. Vielleicht war da was, aber ich kann mich an nichts erinnern.«

»Aha, du verheimlichst etwas. Du willst nur Mitleid und dich damit rechtfertigen, dass wir alle Sünder sind. Wir werden nicht für dich beten, bis du deine Sünde bekennst!«, sprachen die Brüder zum Abschied und gingen.

Die Schwester versuchte sich an eine schwere Sünde zu erinnern, die sie bekennen könnte; sie überlegte lange – und fand nichts. Aber sie wünschte sich, dass die Brüder mit ihr beteten, wie es im Jakobusbrief steht (5:14-15). Schließlich dachte sie sich etwas aus. Als die Brüder wieder kamen, sagte sie:

»Brüder, ich bin schuld. Wir sind doch alle Sünder. Auch ich habe gesündigt.«

»Wie genau?«, triumphierten die Brüder.

»Ich habe mich mit meiner ungläubigen Nachbarin zerstritten und bezeichnete sie mit einem schlimmen Schimpfwort«, antwortete die Kranke.

»Mit welchem?«

»Ich schäme mich, es zu wiederholen. Aber wir haben uns inzwischen versöhnt. Ich bat sie um Vergebung.«

»Nein, fasse Mut und wiederhole dieses Wort.«

Weil die Schwester das Gebet der Brüder sehr wünschte, sagte sie ein Schimpfwort. Nun waren die Brüder zufrieden mit ihrem Bekenntnis und beteten für sie, salbten sie mit Öl und verließen die Kranke. Jetzt fiel die Schwester auf die Knie und bat Gott unter Tränen:

»Vergib mir, Herr! Vergib mir die Lüge und dieses abscheuliche Wort! Nun weiß ich, dass ich gesündigt habe! Aber ich wollte, dass die Brüder mit mir beten. Ich musste irgendetwas bekennen. Herr, vergib mir diese aufgezwungene Sünde.«

Ähnliche Bespiele sind nicht wenige. Deshalb sollten Besucher folgenden Rat beachten: Beschuldigt den Kranken nicht sofort. Seht doch, der Kranke liegt im Bett und seine Augen sind zum Himmel gerichtet, zu Gott; die Besucher dagegen laufen mit gesenktem Kopf und blicken zu Boden. Oft ist es so, dass Kranke, die sich prüfen und beten, viel reiner und heiliger sind als diejenigen, die zu ihnen zum Gebet kommen.

Die Bibel spricht vielseitig über Gründe einer Krankheit und des Leidens. Es kann eine Strafe Gottes sein, aber auch andere uns unbekannte Gründe können dahinter stehen. Lest Johannesevangelium 9:1-3. Gelesen? Dann macht euch auf und besucht Kranke. Seid allerdings vorsichtig und verleitet sie nicht zur Sünde!

* * *

Einige Worte zu Trennung und Liebe. Diesmal war Nikolaj dreißig Tage im Krankenhaus; davor noch länger. Während seines langjährigen Dienstes war er öfters von seiner Familie getrennt. Deswegen weiß er aus Erfahrung, dass bei der Trennung mit Liebsten die echte Liebe stärker entflammt, die falsche Liebe dagegen verblasst und erlischt! Die Liebe ähnelt einem Feuer: Ein großes Feuer brennt bei starkem Wind noch besser, und ein kleines Feuer verlischt endgültig.

Wenn Ehemänner beim Verlassen des Hauses sofort andere Frauen angaffen (hübsche Gesichter und schlanke Beine), dann fehlt ihnen die wahre Liebe. Das Gleiche gilt für Ehefrauen.

Männer, die ihre Familie wenig lieben und deren Arbeit mit langen Geschäftsreisen verbunden ist, sind in großer Gefahr. Seid wachsam, bewahrt euch und eure Familien, denn sonst geht ihr und eure Familie zugrunde, und zwar hier auf der Erde und für ewig!

Wir sollen so leben, dass jeder sich nach Hause hingezogen fühlt, wo wir von unseren Liebsten geliebt werden. In der Trennung werden das Zuhause und die Beziehungen innerhalb der Familie anders wahrgenommen.

Ehefrauen dürfen nicht vergessen, dass sie eine schöne Atmosphäre im Haus schaffen sollen. Bedenkt das, damit es eure Männer immer nach Hause zieht!

Eine der Söhne Nikolajs ging sehr ungern zur Schule. »Wie Josef nach Ägypten«, verglich er. Nach der Schule raste er nach Hause; und wenn er dort ankam, küsste er sogar die Türklinke mit den Worten: »Mein liebes Zuhause!«

Einmal befand sich Nikolaj nach einer Reise mit Glaubensbrüdern auf dem Heimweg. Unterwegs unterhielten sie sich über vieles, auch über Familie.

»O, bald sind wir zu Hause! Ich habe Heimweh: nach meiner Frau, den Kindern und sogar nach dem Hund«, bemerkte einer sehnsüchtig.

Ein anderer erwiderte:

»Ich verstehe das nicht. Geht es uns hier etwa schlecht? Mich lockt es nicht nach Hause. Wieder Streit, Geschrei und langweilige Abende. Nein, ich will lieber mein ganzes Leben außer Haus verbringen!«
Was können wir tun, wenn das Zuhause nicht anlockt, wenn es dort schlecht ist? Betet zu Gott! Er kann alles verändern, auch eure Beziehung zueinander. Aber das müsst ihr wollen und den Herrn darum bitten, denn selbst könnt ihr nichts verändern. Ohne eure Zustimmung wird Gott nichts ändern, denn er schuf uns mit einem freien Willen.
Unser Zuhause soll uns mit unwiderstehlicher Kraft locken. Das Haus der Gläubigen ist eine kühle Oase mit frischem Wasser in der glühenden Wüste der sündigen Welt. Wahrlich, die Welt gleicht Ägypten, wo das Volk Gottes gelitten und geschmachtet hat. Also, sobald sich die Möglichkeit ergibt, verlasst Ägypten und eilt zu der ersehnten Oase!

* * *

Da Nikolaj den kalten Atem des Todes erlebte, will er auf die Kürze des Lebens hinweisen. Jemand sagte: »Die Alten müssen sterben, die Jungen können sterben.« Egal wie lange jemand lebt, es scheint ihm viel zu kurz. Für jeden von uns ist ein Grabstein vorbereitet: mit unserem Namen und Geburtsdatum; der Todestag wird noch ergänzt.
Im Wort Gottes heißt es: »Es ist nur ein Schritt zwischen mir [uns] und dem Tod!« (1Sam 20:3) Heute rot und morgen tot.
Der Mensch muss gehen... Doch wohin und womit? Die Bibel spricht deutlich davon: »So gewiss es den Menschen bestimmt ist, einmal zu sterben, danach aber das Gericht...« (Heb 9:27) Es sterben Alte und Junge, Arme und Reiche, Kranke und Gesunde, es scheiden diejenigen, die lebensmüde sind, und diejenigen, die sich am Leben festklammern. Wir sterben, weil Gott es so festgelegt hat.
Irgendwann wird es keinen Tod mehr geben. Auch einige Leser werden nicht sterben, weil sie Zeugen der Ent-

rückung der Gemeinde Christi werden. Aber noch trennt der Tod eine unzählbare Schar vom Leben! »Jeder kommt an die Reihe«, singen wir. So wird es sein. Aber was geschieht danach? Kurzsichtige Philosophie behauptet, dass der Mensch spurlos verfault.

Das ist eine unmenschliche Theorie. Wir sind jedoch Menschen, keine Tiere. Betrachtet euch selbst, den Verstand und das Gedächtnis. Betrachtet die sichtbare und unsichtbare Welt, und ihr werdet nicht nur ihre Gesetze entdecken, sondern auch den Schöpfer dieser Gesetze. Seht, wie alles lebt und diesen Gesetzten unterliegt. Lest das Wort Gottes, und ihr werdet die Wahrhaftigkeit der biblischen Worte verstehen. Denkt über euren Tod nach, betet zu Gott und lauscht auf den Ruf eures Herzens. Und ihr werdet die Stimme der Seele hören, ihr Seufzen und Sehnen nach Gott, ihren Wunsch nicht zu sterben, ihren Drang zum neuen Leben.

Der Mensch wird aus dem irdischen Leben scheiden, danach folgt die Auferstehung und das Gericht (Heb 9:27 und Joh 5:25-29). Ob der Mensch das will oder nicht – er wird auferstehen und Rechenschaft für seine Taten und Worte ablegen müssen.

Mit leeren Händen sind wir in diese Welt gekommen – und so werden wir auch gehen. Doch wie haben wir unsere Talente eingesetzt, die Gott uns schenkte? Gott vertraute uns diesen Reichtum an, damit wir ihn weise gebrauchen, zum Nutzen für andere und zur Ehre Gottes. In die Ewigkeit werden wir nichts mitnehmen, aber unsere Taten werden uns folgen. Sie werden für uns eine große Bedeutung haben! Lest was Apostel Paulus dazu sagt (1Kor 3:11-15).

Wir haben die Wahl. Entweder-oder. Eine goldene Mitte existiert nicht. Wir müssen uns beeilen, solange wir noch leben, denn der Mensch kennt seinen Todestag nicht. Es wäre so schade, wenn wir wegen unserer Sorglosigkeit oder aus Leichtsinn verloren gehen würden.

Es ist schlimm genug, wenn andere dich betrügen, aber noch schlimmer ist der Selbstbetrug. Denn das Wort

Gottes warnt: »Irrt euch nicht: Gott lässt sich nicht spotten! Denn was der Mensch sät, das wird er auch ernten.« (Gal 6:7) Eine alte chinesische Weisheit lautet: »Nicht nehmen, was der Himmel schenkt, bedeutet sich selbst betrügen und bestrafen.« Freunde, bestraft und betrügt euch nicht selbst!

* * *

Nikolaj hatte ein schweres, aber glückliches Leben. Er kann mit einem guten Gewissen in den Himmel gehen.

Einige Leser fragen vielleicht: Wie konnte er in schwierigen Situationen Ruhe bewahren und die Hoffnung auf Gott nicht verlieren?

Da gibt es mehrere Gründe. Einer wird im Psalm 32:8 erwähnt: »Ich will dich unterweisen und dir den Weg zeigen, auf dem du wandeln sollst; ich will dir raten, mein Auge auf dich richten.«

Dieser Bibelvers wurde Nikolaj als Erinnerung an seine Bekehrung geschenkt. Es blieb sein Lieblingsvers. Oft wurde ihm dieser Vers gewünscht: »Mein Auge auf dich richten!« Auch heute schmückt dieses Wort sein Wohnzimmer.

In schweren Prüfungen begab sich Nikolaj nach draußen, wandte sein Gesicht zum Himmel in der Gewissheit, dass dort der Thron Gottes ist. Ob am bewölkten Tag oder in der dunklen Nacht mit glänzenden Sternen – er wusste, dass Gottes Augen im Himmel ihn auf dem richtigen Weg führen. Das machte ihn ruhig und demütig, es schenkte ihm neue Kraft für seinen schwierigen, aber gesegneten Dienst.

Ehre sei dir, Herr, für dein Auge, das über mir wacht! Nikolaj jubelt mit David: »Die Messschnüre sind mir in einer lieblichen Gegend gefallen, ja, mir wurde ein schönes Erbe zuteil.« (Ps 16:6)

Wahrlich, glückselig ist der Mensch, für den Jesus Christus sein guter Hirte war und bleibt! Lest Psalm 23 – und ihr werdet es erkennen.

Wenn nun jemand ein gesegnetes Leben wünscht, dann muss er heute Jesus Christus in sein Herz aufnehmen. Jesus wird sein guter Hirte bleiben, sogar im Tal der Todesschatten. Und der Gläubige wird mit David singen: »Nur Güte und Gnade werden mir folgen mein Leben lang, und ich werde bleiben im Haus des Herrn immerdar.« (Ps 23:6)

* * *

Am Ende seiner Memoiren denkt Nikolaj, dass sein Tod eigenartig ausfallen könnte, weil schon seine erste und zweite Geburt außergewöhnlich waren. Vielleicht wird er nicht sterben, sondern den Herrn bei der Entrückung der Gemeinde von Angesicht zu Angesicht sehen.

Sollte es jedoch heißen, Nikolaj sei gestorben, glaubt es nicht – er ist nur in eine bessere Welt übergegangen, in eine Welt ohne Leid und Tränen, ohne Nöte und Krankheit, in eine Welt der Unsterblichkeit, der Liebe und der Vollkommenheit.

* * *

Seine Erinnerungen beendet Nikolaj mit einigen Worten aus der Heiligen Schrift:

»Verwundert euch nicht darüber! Denn es kommt die Stunde, in der alle, die in den Gräbern sind, seine Stimme hören werden, und sie werden hervorgehen: die das Gute getan haben, zur Auferstehung des Lebens; die aber das Böse getan haben, zur Auferstehung des Gerichts«, spricht Christus (Joh 5:28-29).

»Und ich hörte eine Stimme aus dem Himmel, die zu mir sprach: Schreibe: Glückselig sind die Toten, die im Herrn sterben, von nun an! Ja, spricht der Geist, sie sollen ruhen von ihren Mühen; ihre Werke aber folgen ihnen nach.« (Offb 14:13)

»Er selbst aber, der Gott des Friedens, heilige euch durch und durch, und euer ganzes [Wesen], der Geist, die Seele und der Leib, möge untadelig bewahrt werden bei der Wiederkunft unseres Herrn Jesus Christus!« (1Th 5:23)

Die Kinder bekommen den väterlichen Segen.

Beim Lesen der Bibel.

Bei den Lieblingsbüchern.

Erfreuliche Last.

Nikolaj und
Katja Sisov.

Das letzte Familienfoto:
Nikolaj und Katja Sisov mit ihren Kindern und Enkeln.

Noch zusammen.

Mit der Geliebten bei den Lieblingsblumen.

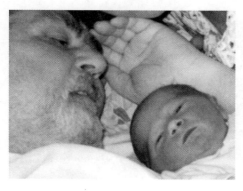

Zwei Wochen vor Nikolajs Tod kam ein Enkel zur Welt, der Nikolaj genannt wurde.

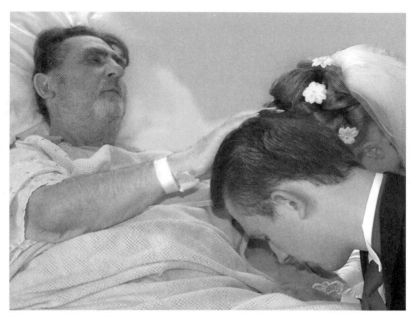
Der letzte Hochzeitssegen.

Die Tage der Pilgerreise.
Mit den Worten aus dem Lied »Mein Zuhause ist im Himmel...«